戦略的経営理念論

人と組織を活かす
理念の浸透プロセス

瀬戸正則 [著]
Seto Masanori

中央経済社

はしがき

　経営学の領域に身を置く研究者の一人として，主たる研究対象である中堅・中小企業を取り巻く経営環境に目を向けると，コンプライアンス経営の推進など，組織内部の統制強化という観点から，企業価値の向上に向けた経営戦略のあり方が厳しく問われる現状が見て取れる。このようななか，経営組織に関する議論の多様性や奥深さを，日々痛感している。

　思い返せば，1982年に青山学院大学を卒業後，就職した郷里広島の自動車メーカーで，アドミニストレーション部門を中心に多様な部署で職務経験を積みながら，理論的な専門性を高めたいとの想いを強くし，広島大学の社会人大学院の門を叩いたのが，今から12年前のことである。

　その際に自らに課したテーマは，「人生の新たなステージへの挑戦」である。これは，それまでのキャリアを'棚卸し'し，人生の意味ややりがいという観点からいま一度'内省'しながら，新たなステージに立ちたいとの想いに至ったことがきっかけであった。

　「企業組織はいかに運営されているのか，いかなる運営が組織を効率的に機能させ，社会にとって有益なものとなり得るのか」といった問題意識を起点に，同大学院の教育理念でもあった『理論と実践の融合』という奥深いテーマの具現化を目指し開始したのが，経営の根幹をなすとされる「経営理念」の浸透研究である。

　「経営理念の浸透を促進するミドル・マネジメントの役割・機能」を，具体的な研究テーマに掲げて取り組んだゼミナール活動は，自己実現志向の強い大学院生の多様な価値観に触れ，受容しながら新たな知見を得る場であった。

　このような環境において，地道に理論化をすすめていく研究は，現代の企業が抱える経営課題，組織で仕事をするなかで直面する問題，組織横断的なマネジメントに係わる体系的課題などについて，俯瞰的な視点から丹念に紐解いていく，まさに漸進的な活動であったと言える。

　経営に係わる哲学や思想といった，いわば人間の'深層心理'に着目するため，面接調査を主体とした筆者の研究は，既存の多様な理論に学際的に触れながら資料を調べ，人間行動を見て，言葉の奥にある心（本質）を観る姿勢で語

りを聴き，得られたインプリケーションを論理的に考察して論文化する作業の繰り返しであった。

　世間にはびこる'常識'や，当たり前とされている'通念'に対し，「なぜか？」という素朴な疑問を常に抱きながら，数字だけでは見えて来ないものに目を凝らし，実践との融合が可能な研究成果を積み上げていくプロセスは，まさに一進一退の連続であったと言える。

　概念定義に係わる学術的な定説がないとされるほどに，長い歴史のなかで多様な議論が重ねられ，研究の拡がりを見せる経営理念ではあるが，経営戦略を策定する際の基軸であり，経営活動の指針や指導原理であるといった説が主流である。

　また，'理念経営'という表現で，メタレベルの理論的考察を意図したものと思われる研究が，近年増加している。このような理念に内包された要諦を，経営組織内外に浸透させることが，理念ベースの戦略を経営成果につなげる際の要となるとの議論も根強い。具体的には，理念の浸透を図る経営行動は，組織成員の積極的なコミットメントを引き出しながらパフォーマンスを高め，経営課題を解決しながら企業目的を達成し得ることにつながるとの指摘である。

　こうした先行研究の議論を背景に，経営組織が理念の浸透を図ることで享受し得る要諦を，戦略視点から論究するために自ら掲げる研究テーマの正統性や論理性について，意を強くしている。そして，研究成果の社会還元を可能な限り図っていく今後のステージを想い描きつつ，戦略的経営理念論の構築に向けた研究のさらなる深化に努める日々を過ごしている。

　本書は，2012年3月に広島大学より博士の学位を授与された博士学位論文を加筆修正の上，出版したものである。大学院における研究成果の集大成である当論文の執筆過程では，本当に多くの方々のご指導とご支援を賜った。

　大学院時代に研究指導の主査をお務めいただいた恩師である，東洋大学教授（広島大学名誉教授）の井上善海先生には，大学院博士課程後期に進学以降，現在に至るまで，研究ノウハウはもとより研究者としての心得など，幅広く丁寧にご指導いただき，一言では言い尽くせないほどのご厚情を賜った。現在，筆者が大学教員の立場で目指す研究を突き詰めていける環境を得られているのも，先生より頂戴した力強いご指導・ご支援の賜であり，心より厚く御礼申し上げる次第である。

また，大学院博士課程前期の主査として修士論文を，博士課程後期以降は副査として博士論文のご指導を賜った広島大学教授の原口恭彦先生，同じく副査をお務めいただいた岡山理科大学教授（広島大学名誉教授）の村松潤一先生，広島大学大学院特任教授（同大学名誉教授）の戸田常一先生からは，ご専門の立場からさまざまな考え方やポイントなどを踏まえ，厳しくも温かいご指導を賜った。この場を借りて，謹んで御礼申し上げたい。

　さらに，日本経営学会や日本マネジメント学会をはじめ，筆者が所属する多くの学会関係の先生方からも，研究報告や論文投稿などを通じ示唆に富むご助言を多々頂戴した。なかでも，筆者同様に経営理念研究を精力的にすすめておられる，東海大学教授の槇谷正人先生，帝塚山大学教授の田中雅子先生，北陸学院大学短期大学部准教授の野林晴彦先生には，大学院生として学会での研究報告を精力的に進めていた頃より，貴重なコメントなどを頂戴している。甲南大学教授の北居明先生には，ミクロ組織論，組織文化論ご専門の立場から，学会活動を通じて忌憚なきご助言を賜っている。本当に有難く，御礼申し上げたい。

　なにより，現在勤務している広島経済大学においては，学校法人石田学園理事長の石田恒夫先生，前学長の前川功一先生，現学長の小谷幸生先生はじめ多くの先生方より，研究・教育活動に対しさまざまなご支援を賜っている。おかげで，充実した研究・教育環境を得ながら日々精進を重ねることができ，その成果の一端として今般の単著出版に至ったことも含め，心より感謝申し上げる次第である。

　これまで，何かとお忙しいなか，面接調査やアンケート調査にご協力賜った企業の代表者，管理職の皆さまには，多くの貴重なご示唆，ご意見，関連資料などを頂戴した。お世話になったすべての方々のご理解・ご厚情にも深謝申し上げたい。

　このような意に応えていくため，経営の第一線で重責を担う多くの企業人から得られる知見の重さを実感しながら，一つひとつ発掘する想いで研究に勤しんでいるが，企業において良かれと信じて打たれた策の評価は，十年いや数十年待たなければ見えてこないものかも知れない。いろいろな事象が輻輳する厳しい社会環境のなかで，必ずしも直ちには把握し得ない評価に向き合い，教訓を引き出し，知恵を明文化しながら汗を流しておられる人びとに謙虚に目を向け，彼らが織りなす経営行動から，今後も意欲的に学んでいく所存である。

さて，2016年は筆者の地元である広島にとって，歴史的な出来事が折り重なる年となった。なかでも特筆すべきは，9月10日に達成された広島東洋カープの25年ぶりセントラル・リーグ優勝である。熱狂的なファンの一人としてのみならず，経営学者の端くれとしての目でカープの優勝をとらえると，さまざまな想いが頭をよぎる。

　とくに優勝決定以降では，強烈で印象的なシーンが多かった。例えば，優勝決定直後に黒田博樹投手と新井貴浩内野手が，男泣きで抱擁したシーンである。彼らを，企業でいう基幹的中堅幹部社員にたとえるならば，本書で取り上げている「ミドル・アップダウン・マネジメント」を，身を挺してすすめた好例と言えるのではないだろうか。

　つまり，彼ら二人の一挙手一投足は，'機動力野球' というカープが志向する理念のもと，リーグ優勝という明確に掲げられた組織目標の達成に向けた姿勢そのものであった。今回の偉業は，監督（企業でいう社長）と中堅・若手の選手（企業でいう一般従業員）との間をはじめ，さまざまに生起するコミュニケーション・ギャップを彼ら自身の活きた言葉が見事に解消しながら，組織を統合した結果によるものと評したい。

　また，引退を決意した黒田博樹投手が，最後の優勝報告会の場で多くのファンが見守るなか，約33秒の間マウンドに跪いて涙した姿も，未だ記憶に新しい。まさに，カープファンを超えて多くの感動を導いたシーンであったが，一人のプロ野球投手として仕事を愛し，20年間お世話になった職場とも言えるピッチャーマウンドに対する心からの敬意と感謝の意を表した真摯な姿勢として映ったのは，筆者だけではなかろう。

　いわゆる '男気' を見せながら，大いなる夢・目標を成し遂げた，一人の仕事人としての信念から溢れる，純粋で謙虚な姿勢と映るからこそ，「優勝おめでとう」の言葉以上に「ありがとう」の感謝の言葉が飛び交うなかで，幾多の人々の目に焼きつき，感動の涙を誘ったのである。

　企業研究をすすめる一人としては，黒田・新井両選手のパフォーマンスは，中堅・中小企業が，限定的な経営資源を有効活用しながら理念経営に挑戦する際の，貴重なポイントの示唆でもあると受け止めたいところである。さまざまな感動シーンに想いを馳せながら，本書の原稿をまとめることができたのは，筆者にとって望外の幸せであった。

最後に，出版事情が厳しいなか，特段の研究実績もない無名の筆者に対し，初の単著出版の機会をお与えいただいた，株式会社中央経済社の山本継社長，そして編集に際しひとかたならぬお世話になった経営編集部の納見伸之編集長に，心から厚く御礼申し上げる次第である。

　さらには，これまでの研究活動において紆余曲折を経るなかで，陰に陽に激励いただいた知人・友人，何より心の支えとなってくれた妻・孝子や子どもたち，長年にわたり筆者の新たな挑戦を応援してくれた亡父，そして母や弟に対しても，この場を借りて感謝の意を表したい。

　本書を通じ，多くの関係各位より賜ったご厚意を，実務領域や研究領域で広く活躍されている皆さまに対し，研究成果の一端として少しでも還元できれば幸いである。

2017年5月

広島・武田山の研究室にて

瀬戸　正則

目　次

第1章　実務・実践的課題からとらえる経営理念 ── 1

1．中小企業経営を取り巻く環境 …… 1
- 1.1　中小企業の組織動向 ── 1
- 1.2　中小企業の人材動向 ── 2
  - 1.2.1　組織における人材の係わり・2
  - 1.2.2　人材の確保・3
  - 1.2.3　人材の育成・開発・4
- 1.3　中小企業の経営特性 ── 4

2．経営理念をめぐる状況 …… 6
- 2.1　企業の社会的責任への着目 ── 6
- 2.2　理念経営への着目 ── 7

3．経営理念を活かす戦略的組織成員行動への着目 …… 8
- 3.1　組織一体感を醸成する経営理念 ── 8
- 3.2　中小企業経営論にもとづく立論 ── 9
- 3.3　組織一体感を導出する戦略的人材マネジメントの解明 ── 10
- 3.4　中小企業経営の一貫性に着目した議論の必要性 ── 11

第2章　学説からとらえる経営理念 ── 13

1．経営理念とはなにか …… 13
- 1.1　経営理念に対する一般的解釈 ── 13
- 1.2　経営理念に関する多様な学説 ── 13
- 1.3　経営理念の浸透に関する学術的な議論 ── 23

2．経営理念の機能 …… 25

3．中小企業の経営理念に着目する意義と課題 …… 26
- 3.1　経営理念に関する学術的な議論の動向 ── 26

3.2　中小企業に関する研究動向と課題 —— 27
3.3　中小企業経営論の視点からとらえた経営理念研究の
　　　方向性 —— 29

第3章　経営理念の必要性と有効性 ———— 31

1．経営理念問題の所在 …………………………………… 31
1.1　中小企業の場合 —— 31
1.2　ベンチャー型中小企業の場合 —— 32

2．理論的および実体的側面から知見を得る視点 ………… 33

3．異質多元的な中小企業を包括的にとらえる視点 ……… 34

4．理論的および実体的側面からの解明に向けた考察 …… 38
4.1　経営理念の浸透に係わる定義および浸透促進の必要性・
　　　有効性 —— 38
　　4.1.1　経営理念浸透の意味づけ・38
　　4.1.2　経営理念浸透の必要性・有効性・39
　　4.1.3　経営理念と組織パフォーマンスとの関係性・40
4.2　経営理念の浸透が組織・人に及ぼす影響 —— 41
　　4.2.1　経営トップの意思決定・42
　　4.2.2　顧客との相互作用・43
　　4.2.3　個人・関係・集団・組織アイデンティティ・46
　　4.2.4　社会的アイデンティティ・48
4.3　ミドルの結節機能 —— 49
　　4.3.1　組織内における結節機能・49
　　4.3.2　経営理念の浸透に向けてミドルが発揮するリーダーシップ・53
4.4　組織文化が果たす機能 —— 55
　　4.4.1　組織文化着眼の背景および概念定義・55
　　4.4.2　主なパラダイムをもとにした組織文化・60
　　4.4.3　組織文化の逆機能・62
　　4.4.4　逆機能の露呈態様と対応策・62

4.5　組織変革のプロセス —— 64
　5．経営理念に関する既存研究の限界と総括 ················ 66

第4章　経営理念の戦略的活用事例 —— 77
　1．面接調査をもとに論究する方法 ················ 77
　2．事例選定において着目する中小企業の経営特性 ········· 82
　　2.1　中小サービス業 —— 82
　　2.2　ベンチャー型中小製造業 —— 86
　3．選定事例を取り巻く経営環境 ················ 87
　　3.1　中小規模の企業を研究対象とする意義と限界 —— 87
　　3.2　中小サービス業の現状と課題 —— 93
　　　3.2.1　中小企業経営に影響を及ぼすサービス経済化・94
　　　3.2.2　中小サービス産業における生産性向上の基本と課題・94
　　　3.2.3　サービス産業を支える人材とその課題・95
　　　3.2.4　中小サービス産業に求められる人材マネジメント・97
　　3.3　冠婚葬祭業の現状と課題 —— 97
　　　3.3.1　業態の定義と特徴・98
　　　3.3.2　需給動向と経営課題・100
　　　3.3.3　互助会の組織特性と課題・101
　　3.4　同族経営の現状と課題 —— 102
　　3.5　中小ベンチャー企業の現状と課題 —— 104
　　　3.5.1　靴下製造業の現状と環境適応・104
　4．選定事例の概要 ················ 106
　　4.1　面接調査対象企業の概要および面接対象者（インタビューイ）
　　　 —— 106
　　　4.1.1　Ａ社【中小企業】・106
　　　4.1.2　㈱コーポレーションパールスター【ベンチャー型中小企業】・108
　　4.2　面接調査の手順 —— 109
　5．分析の理論的枠組みと視座 ················ 111

5.1 問題の所在 —— 111
5.2 分析視座の構築 —— 113
    5.2.1 非組織的経営活動が中小企業の個別経営に及ぼす影響・114
    5.2.2 相互作用を促進するミドルの機能・114
    5.2.3 経営理念の浸透促進における相互作用・115

第5章　理念が戦略的に活きる経営の本質 —— 119

1．経営理念の全容 —— 119
1.1 A社の事例 —— 119
1.2 ㈱コーポレーションパールスターの事例 —— 122

2．組織運営の変遷 —— 123
2.1 A社の事例 —— 123
2.2 ㈱コーポレーションパールスターの事例 —— 124

3．人材育成の基本的考え方 —— 125
3.1 A社の事例 —— 125
3.2 ㈱コーポレーションパールスターの事例 —— 126

4．A社における発見事実の解釈 —— 127
4.1 経営トップ発話内容の要約 —— 129
    4.1.1 経営理念の概念定義・機能・129
    4.1.2 経営理念の浸透方策・基本的考え方・129
    4.1.3 経営理念の浸透促進に向けた工夫・苦労点・130
    4.1.4 経営理念浸透の阻害要因・130
    4.1.5 経営理念浸透促進パターン・130
    4.1.6 経営トップの意思決定と経営理念・131
    4.1.7 経営理念浸透促進の補完施策・131
    4.1.8 人材育成上の課題・131
    4.1.9 ミドルに求められる資質・131
    4.1.10 経営理念浸透効果の評価・132
    4.1.11 人的な相互作用・132

4.2　ミドル発話内容の要約 ── 132
　　　　4.2.1　経営理念の概念定義・活用法・132
　　　　4.2.2　ミドルの役割・機能，能力要件・133
　　　　4.2.3　部下の経営理念意識度測定・133
　　　　4.2.4　人的な相互作用・134
　　　　4.2.5　ミドルの戦略的キャリアパス・134
　　4.3　インタビューイ発話内容からの論点整理 ── 135
　　4.4　経営理念浸透に係わる主要キーワードを抽出した発話内容の差異 ── 140
　　4.5　多様なアイデンティティへの着目 ── 141
5．㈱コーポレーションパールスターにおける発見事実の解釈 ……………………………………………………………… 143
6．調査結果の分析 ……………………………………………………… 147
　　6.1　非組織的経営活動が個別経営に及ぼす影響 ── 147
　　6.2　相互作用を促進するミドルの機能 ── 148
　　6.3　経営理念の浸透促進における相互作用 ── 150
7．人材が果たす機能から得られた知見 ……………………………… 152

第6章　経営トップと中核人材が戦略的に導く理念経営 ──────────────── 155

1．経営理念浸透の必要性・有効性 ……………………………………… 155
　　1.1　中小企業の経営特性と経営理念 ── 155
　　1.2　経営組織としての内部統合・外部適応 ── 156
　　1.3　個人・組織・社会的アイデンティティの知覚 ── 157
　　1.4　人的資源の活性化 ── 159
2．経営理念の浸透促進プロセス ………………………………………… 161
　　2.1　経営理念浸透のプロセスパターン ── 161
　　　　2.1.1　形式知的プロセス・161

   2.1.2　暗黙知的プロセス・164
  2.2　経営理念浸透促進プロセスの概念 —— 164
 3．経営理念浸透の促進機能・作用 ———————————— 165
  3.1　トップ・マネジメントの機能 —— 165
  3.2　ミドルの結節機能 —— 166
  3.3　相互作用 —— 168
  3.4　アイデンティティの知覚と受容 —— 170
 4．経営理念の浸透を阻害する組織文化の逆機能 ———————— 173
 5．経営理念の浸透促進要件に関する検討 ————————— 175
  5.1　経営理念浸透の必要性・有効性 —— 175
  5.2　経営理念浸透の基本プロセス —— 176
  5.3　経営理念浸透を促進するミドルの機能 —— 177

第7章　戦略的経営理念論の構築に向けて ———————— 181

 1．戦略的な経営理念浸透促進の方策 ————————————— 181
  1.1　A社の事例から —— 181
  1.2　㈱コーポレーションパールスターの事例から —— 184
  1.3　経営理念の浸透促進に向けて —— 186
 2．中小企業の経営特性に係わる学説への貢献 ———————— 187
 3．中小企業経営の実務・実践的課題解決への貢献 ————— 190
 4．戦略的経営理念論が目指す方向 ————————————— 191

[資料編] ——————————————————————————— 193
 資料1　「経営理念の浸透レベルに関する経営者意識調査」
    実施企業一覧 ———————————————————— 193
 資料2　経営理念の浸透レベルに関する経営者意識調査 ——— 195

資料3 「経営理念の組織内浸透に関する経営者意識調査」
　　　 実施結果（A社：第2次調査） ———— 196
資料4 　経営理念の浸透に関する「ヒアリングポイント
　　　 チェックリスト」———————————— 204
資料5 　A社「面接調査」記録 ———————— 209
［参考文献］——————————————————— 227
［索引］————————————————————— 239

第1章
実務・実践的課題から とらえる経営理念

1．中小企業経営を取り巻く環境

1.1 中小企業の組織動向

　中小企業[1]という経営組織は，構成員数が限定的であることから，職位にもとづく階層をピラミッド型で形成する組織体系ではなく，どちらかと言えば，非階層的なフラット型の組織体系を形成しているケースが多い（**図表1-1**）。
　これは，意思決定が迅速で指揮命令が直接伝わる効率的な組織であり，そのプロセスは厳しい環境変化を繰り返す現代において有効と言える。ただし，中小企業に散見される独善的（ワンマン）経営の場合には，社員は指示待ち化して自発力が低下する懸念がある。また，ミドル・マネジメント[2]（以下，ミドル）が育ちにくい横一列の組織に陥る場合もあり，自律的，自発的な言行の定着に向けた意識改革が必要である。
　ピラミッド型の組織体系の場合，職位階層が増えればピラミッドが複雑化し，意思決定が遅延することによる経営効率の低下といった懸念がある。しかし一方で，経営トップ[3]の責任をミドルへ部分的に分担することが可能となり，経営トップとしての本来業務の軽減につながるとともに，ミドルを育成する組織環境が整いやすい面もある。
　次に，中小企業を業界構造の面からとらえてみると，1960年代から増加してきた下請中小企業が一般的と言える。1981年には，中小企業の約7割が下請の形態をとっていた。下請システムは，親企業を頂点に一次下請・二次下請とし

[図表1-1] フラット型組織とピラミッド型組織

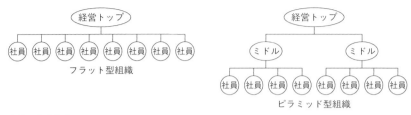

出所:筆者作成。

て中小企業を位置づけたピラミッド型で組織化されたものであり,長期的取引を基本としながら日本の経済成長のなかで発展してきた特殊構造と考えられる(安楽城［2008］)。

1.2 中小企業の人材動向

1.2.1 組織における人材の係わり

バーナード[4]は,組織を人間の集団ではなく,人間の活動の集合ととらえ,「2人またはそれ以上の人々の意識的に調整された活動や諸力の体系(システム)」と定義している。その上で,組織の活力(vitality)は,協働システムの中で諸力(forces)を提供しようとする個人の意欲次第で決まることを説いている。また,この意欲を喚起するためには,目的を遂行できるという信念(belief)が必要であるとしている。

その上で,組織の有効な成立と存続の前提として,以下の3要素の均衡を挙げている。まず,組織内の成員などさまざまな潜在要素を結合し相互作用を導く「コミュニケーション」,次に,個人の努力で組織目的の達成に貢献する意思を示す「貢献(協働)意欲」,そして,協働意欲の喚起に必要な「共通の目的」である(Barnard［1938］)。

コミュニケーションとは,**図表1-2**に示すように,言い伝えたいことが言葉などによる表現で記号化され,その情報を受け手側が自分なりに解釈し受容することによって成り立つものである(高橋［2008］)。

ファヨールは,組織運営に係る13の管理原則を提示している。主な示唆は,経営者をはじめとするトップ階層の戦略的または戦術的な命令の「統一性の原則」,次に,明確な指揮命令系統により規律や秩序が守られる「命令一元性の原則」,そして,責任権限の及ぶ範囲を明確にする「統制範囲の原則」である。

［図表1-2］ コミュニケーションのプロセス

出所：高橋［2008］をもとに筆者一部加筆。

　バーナードやファヨールが提唱する以上の示唆を，中小企業の経営活動に活かしていく上でも，最重要かつ普遍的な課題はヒト（個人）に係る形で集約されるのは言うまでもない。

　個人は，自分の欲求や個人的に抱く目的意識の実現に向けた意思決定，すなわち個人的意思決定を行う。その決定に対し，知覚し受容し得るメンバーが集まり，組織化され，その目的達成に向けた意思決定に係るさまざまな相互作用の体系が，組織としての活動となるのである。

1.2.2　人材の確保

　大企業に比べ，相対的に人材確保力が低い中小企業においては，人材の確保および定着，育成のための雇用処遇環境の整備，すなわち，経営組織としての人事管理の重要性が高まっている。前項で指摘したような，個人と組織との良好な関係性が問われるなかで，中小企業では多様な人材の活用が求められている。

　その背景には，従業員規模が小さいほど離職率が高く，若手正社員の定着率が低下しており，慢性的な人材不足を経験者の中途採用で補っている現状が指摘される。また，近年では中小企業志望の大卒者が増加する傾向にあり，中小企業における新卒若手採用の機会拡大を示す調査結果も出されている。

　しかし，新卒者の求人倍率を見ると，大企業と中小企業との間には依然大きな格差があり，雇用のミスマッチが解消されているとは言えない。そこで中小企業庁は，中小企業の人材確保支援を目的に，中小企業と新卒者とのマッチングを支援する事業として,「新卒者就職応援プロジェクト」を2010年4月に開始した。

　この事業では，新卒者等に対し，中小企業・小規模事業者の事業現場で働く上で必要な技能・技術・ノウハウを習得する機会を提供するため，中小企業・小規模事業者で実施する職場実習（いわゆるインターンシップ）について，助

成金を支給し支援している。

　また，育児等で一度退職し，再就職を希望する女性等に対し，職場経験のブランクを埋める機会を提供するための，「中小企業新戦力発掘プロジェクト」も実施されている。

1.2.3　人材の育成・開発

　現在，日本が直面している大きな変革期を中小企業が乗り切っていくためには，確固たる経営理念とその具体化戦略および戦術を実現していく人材の確保と育成が求められる。その取り組みを基盤としながら，多様なステークホルダー（stakeholder）[5]から見て価値のある企業に発展できるか否かに，中小企業としての命運・成否がかかっている（日本経済団体連合会［2006］）。

　こうしたなかで，国による中小企業政策は1999年の「中小企業基本法」の改正を境に，いわゆる弱者保護から，挑戦する企業に対する積極的な支援に方向転換された。

　現代は，他社との差別化を図った製品・サービスが提供できる競争力を持たない企業の存立は難しい時代である。中小企業が，自らの専門性や多様性に裏づけられた競争力を活かしながら発展することが，日本経済の活性化の原動力になり得ると指摘されている。

　競争力の源泉はまさに人材であり，経営能力の劣る中小企業にとっては，その確保や能力の育成・開発は喫緊の課題と言える。

1.3　中小企業の経営特性

　中小企業については，大企業との相対比較から指摘される三つの一般的経営特性が見られる。

　一つ目は，取締役会等による組織的で合理的な意思決定が定着している大企業とは異なり，とくに所有経営者（オーナー）経営の中小企業の場合は，経営トップ単独による非組織的な意思決定が多いことである。この傾向からは，経営トップの強いリーダーシップ発揮が迅速な意思決定や柔軟な企業行動につながるといったメリットとともに，唯我独尊的なワンマン経営に陥りかねないデメリットが指摘できる。

　二つ目は，大企業に比べ市場シェアが相対的に低いことである。よって，ベンチャー企業に見られるような競争に勝ち抜くための革新的な事業に取り組み

やすい反面，下請企業に見られるように経営の独自性が損なわれるリスクも負っている。

　三つ目は，ヒト・モノ・カネ・情報といった経営資源が質量ともに限定的であり，スケールメリット（規模の経済性）が得られ難いことである。それだけに，ニッチ（隙間）市場へ特化した商品・サービスの展開や独自技術による製品の高度化といった，中小企業ゆえの柔軟な経営戦略をもとに，経営資源の有効活用を図っていく必要性が指摘される。

　また，中小企業が成長（業績向上）を持続させるポイントとして，以下の三つが挙げられる。一つ目は，自社の経営行動を取り巻く経営環境の変化に適応させることである。二つ目は，他社と差別化により，事業の優位性を構築することである。三つ目は，長期的な方向性を指し示す将来構想としての戦略にもとづく経営行動をとることである（井上・木村・瀬戸編著［2014］）。

　すなわち，成長する中小企業とは，経営環境変化を的確にとらえて適応し，製品・サービスのレベルのみならず，事業レベルで他社との差別化を図って競争優位性を発揮するとともに，長期的な方向性を示す将来構想としての戦略を，経営理念を基底として構築している企業であると言える。

　中小企業の経営特性についてイノベーション（innovation）の観点から見ると，大企業に比べて経営組織がコンパクトであるといった特性を反映した，三つの特徴があると考えられる。

　まず，経営者が方針策定から現場での創意工夫まで，一貫したリーダーシップを発揮し取り組んでいることである。次に，日常生活で閃いたアイデアの商品化や，現場での創意工夫による生産工程の改善など，研究開発活動以外の領域においても継続的な創意工夫が図られていることである。そして，ニッチ市場におけるイノベーションの担い手となっている点も挙げられる。

　このように，中小企業におけるイノベーションへの取り組みでは，「経営者主導による創意工夫」に最も力点が置かれており，大企業に比べて「経営者の旺盛なチャレンジ精神」や「経営者の素早い意思決定」の傾向が強く，経営者の資質やリーダーシップが成功の鍵を握っている実態となっている。

　大企業は，社内の諸制度が合理的に整備されていれば，社長が誰であれ組織は取りあえず機能するが，中小企業の場合は，いかに的確な制度を用意していても，社長自身に社員の方を向いて共に前進していこうという強いパワーや姿勢が見えなければ社員はついて来ないとの指摘もある。

組織と人との関係について，一般的には「組織は人なり」と言われるが，中小企業の場合はまさに「経営者なり」と言われる所以が，以上の経営特性からも見て取れる。

2．経営理念をめぐる状況

2.1 企業の社会的責任への着目

経営理念に係わる歴史的経緯を見ると，わが国には経営理念という表現ではないものの，古くは大名家や商家の家訓に遡ることができるような藩や家の規範などが存在していた。明治期以前の経営実務の世界においても，会社の社訓や綱領，信条といった理念に相当する内容が出現していた。

しかし，経営理念に対する経営の実務家の関心は戦後に高まっており，研究者よりも理念の役割に注目していたとの指摘もある。田村［1965］によれば，朝鮮戦争の終結とともに日本経済の復興の見通しが立ち始めた頃から，実務家のなかで経営理念への関心が高まり，1950年代に「社是・社訓」などの名称で経営理念を作成する企業が急激に増加したとされる。そして，終戦後復興期の混乱が一段落した頃から，日本の企業は改めて自らの存在理由や使命を問う時期に入り，「企業は何のために，誰のためにあるのか」ということを再認識する事態に直面したと考えられている（三井［2010］，p.95）。

最近の企業動向を見ても，経済のグローバル化や地球環境保全意識の高まりなど，複層的な変化を見せる経営環境への柔軟な適応が，企業経営における中心的課題となっている。

企業が抱える諸問題の多くは，組織の大小や直接・間接を問わず，経営活動と深い係わりをもって発生してきたものである。社会に対する責任の自覚が企業に求められるなかで，経営組織としての存立基盤に位置づけられる経営理念の意義を再確認し，経営活動への反映を図る仕組みの確立が要請されている（黒田［1990］，p.120）と言えよう。とくに，非組織的行動の温存が指摘される中小企業においては，市場や技術変化の波への柔軟な対応が重要課題である（小川［1991］，p.183）。その意味においても，組織変革を図るマネジメントを機能させるための経営理念の浸透が求められる。

2.2 理念経営への着目

　経営理念の浸透を図ることは，単純なプロセスで示されるような行為ではないものと予見される。経営理念をテーマとした多くの先行研究の成果は，その定義や存在意義といった，経営理念の構成を検討する上での基本的視点に係わる内容が主流であり，経営理念を浸透させる具体的な仕組みは明確となっていない（浅野［1991］；北居・田中［2009］）。

　この点を踏まえ，本書では，これまでの議論から把握された経営理念の浸透問題に関する二つの基本的視点に着目する。

　一つ目は，組織に内在した信念や信条，観念といった価値観であり，見えないものとしてとらえられる経営理念について，経営活動を通じ，見えるものとして動かしていく側面である。二つ目は，経営理念は経営者の信条の表明といった形を採っていても，個人の単なる主観的な態度表明ではなく，何らかの論理性や一貫性[6]，さらには社会性を有していることで，批判や見直しを伴う浸透が可能なものとして，とらえられる側面である（三井［2010］，p.93）。

　また，中小企業のもつ個別経営の一貫性に焦点を当てる必要性が考えられる。この状態について，本書では竹内［1995］の議論を援用し，「経営を取り巻く社会現象などの背景や，経営組織としての特長を踏まえた個別的な経営が，経営理念との整合を図ることの意味づけや背景が理解できる，具体的な行為により遂行されている状態」と定義する。

　しかし，人材不足ゆえに非組織的な経営活動を温存せざるを得ない側面をもつ中小企業が，経営トップなど特定の人間の思想や行為の背景を組織成員に内在化(内面化)[7]させ，社会的な認知の獲得に至るためには，特定の思想や行為の意味を解釈し，理解し，受容していく組織成員の不断の努力が求められる(三井［2010］，p.94)ことは確かであろう。よって，経営理念が組織に定着し，経営目的の達成に向けた具体的行為として実現されるためには，意味解釈を喚起するプロセスを通じ，組織成員の心情にまで影響を及ぼしながら経営活動として実践される必要があるとの考え方が，本書で明示する研究成果を進展させる前提となり得る。

　経営活動の動態性は，そのプロセスを明示することで表現できる（小川［2009］，p.171）。小川［2009］によれば，大企業におけるマネジメントは，製品戦略，サービス戦略，組織戦略，情報戦略を，信頼－変化－連携－統合－バラ

ンスのサイクルに乗せて，戦略相互間の連動を利かして進めることと概念定義される(p.172)。また，事業プロセス上の各機能のバランスをとりながら，次なるフェーズの信頼－変化－連携－統合－バランスのサイクルにつなげていくマネジメントが，経営プロセスであるとしている (pp.173-174)。

　中小企業の場合，マネジメント規模が小さいことで，一定の信頼を前提とした経営プロセスをすすめることが可能と考えられる。しかし，中小企業においては，信頼や変化など一つひとつの過程に至ること自体，決して容易ではない。

　そこで小川［2009］は，中小企業における今日的な経営モデルとして，信頼－変化－連携－バランスといったフローを提示している(p.174)。当モデルの大企業との差異は，「統合」段階の有無にある。新事業が順調に進行すると，事業範囲や事業システムの規模が拡大し，全体効率化を図るための機能統合が求められるようになる。統合の段階は，新事業の展開が順調に進んだ状態を想定しているが，中小企業の場合は当段階に至るまでのプロセスが厳しいことから，中小企業モデルでは省略されている（pp.173-174）。

　また，経営理念を対外的には明確な文言で表明していないものの，社内では経営者が常に抱く戦略の基軸として理念を位置づけ，活用している例もある。第4章第2節第2項でベンチャー型中小企業における経営理念の浸透事例として取り上げる，㈱コーポレーションパールスター社（以下，㈱パールスター）では，顧客から寄せられる商品評価情報（単なる御礼を超えた'感謝'の声）を，顧客の真摯な想いが綴られた貴重な財産として，経営トップと従業員とで共有しながら，成員のモチベーション高揚の源泉として活用している。

　当該事例からは，経営トップの強い意思にもとづくぶれのない経営姿勢に対し，従業員をはじめ多様なステークホルダーの理解や支持があれば，理念の具現化を図る経営行動プロセスを通じた，ゴーイング・コンサーン（going concern）[8]の追求は可能であることが把握される。

3．経営理念を活かす戦略的組織成員行動への着目

3.1 組織一体感を醸成する経営理念

　近年，経営理念に対し，学術の領域のみならず実務領域においても注目が集まり，その重要性が改めて見直されている。企業において，組織成員に解釈さ

れ，受容され，各人が組織のメンバーとしてなすべき意思決定やとるべき行為を導きながら，経営目的を達成させる機能を果たすこと，すなわち，経営組織が合理的に行動する際の源として機能することが，成文化された経営理念が存在する本来目的ではないか。

このような根本的な問題意識をもとに，著者は経営理念研究を取り巻く背景や課題について，学術的あるいは社会的な見地から把握される内容を述べる。

また，先行研究からの示唆を中心にとらえた学術的な背景からは，後述するとおり，経営構造の小規模性から水平的・垂直的分業の程度が相対的に小さい中小企業を対象として，人間集団の視点から，理念を基軸とした経営のあり方を考察する研究の必要性が見出される。さらに，企業が自律的に社会的責任を自覚するなかで，企業の存立基盤といわれる経営理念の意義を再定義し，経営活動への実効ある反映を可能とする方策の確立に真剣に取り組む時機にあることが，社会的な背景として挙げられる。

所与の経営環境における経営理念研究の必要性とは，具体的にどのようにとらえられるのであろうか。非組織的な経営活動の温存が指摘される中小企業を対象に経営理念の浸透問題を研究する場合，中小企業経営論に依拠しながら，いかなる視点に立脚した議論を展開する必要があるのだろうか。そもそも中小企業においては，経営理念のいかなる作用が，経営資源を戦略的に有効活用するなかで人間集団をまとめ，一体感を醸成するエネルギーとなるのか。このような重要な意味合いに視点を置いた経営理念研究を，中小企業を対象に行う必要があるのではないだろうか。

以上が，本書における経営理念研究の問題意識である。

3.2　中小企業経営論にもとづく立論

本書の目的は，企業における経営活動上の根幹を表現し，経営成果を導くための内部統合や外部適応を図る際に重要な機能を果たすものとして，先行研究（鳥羽・浅野，1984；水谷内，1992a）で指摘される経営理念に着目し，その浸透を図る必要性や有効性および具体的プロセスについて，個別企業の事例をもとに論じることである。

対象とする経営組織は，先行研究において，非組織的な活動の集団的かつ自律的なコントロールが難しいといったミクロ的な視点から，経営組織としての限界が指摘される中小企業とする。そこで本書においては，個別経営のもつ特

長や課題を明らかにした中小企業経営論から得られる示唆も踏まえた考察を行う。

具体的には，中小企業が異質多元組織である（竹内 [1995]，p.12）ことを考慮し，多くの企業事例から一般性を見出すことよりも，個別経営のもつ一貫性や非組織的な経営活動に焦点を当て，経営理念の浸透促進を図る組織成員の役割や機能といったミクロ的な視角から研究成果を導くものとする。

については，組織内で垂直・水平的で網の目のようなコミュニケーションを積極的に促しながら，企業全体の士気向上を図るといった重要な役割が指摘されるミドルに着目する。経営理念の浸透を図るなかで，ミドルに求められる一貫性のある機能を明らかにしながら，経営理念の浸透促進プロセスを考察する。

3.3　組織一体感を導出する戦略的人材マネジメントの解明

経営理念の浸透プロセスに言及した先行研究の動向を見ると，経営理念は，どのような意思決定や行為を介して組織成員個々人への内在化[7]が図られているのかといった観点から，理念浸透の様相を具体的に評価できる発見事実や知見を明らかにした研究は乏しい。すなわち，経営の現場で見られる事象を研究者が逐語的に記述し，解釈し，明らかにした議論は多くない。

また，組織成員が顧客に働きかけるコミュニケーションについて，顧客の理解や共感，受容につながっていく相互作用の働きが先行研究で指摘[9]されている。この観点に着目しながら，組織成員の役割などミクロ的な視角から経営理念の浸透問題を検討した研究も少数である。そこで，成員が経営理念の浸透プロセスにおいて果たす機能や役割，さらにはその背景にある具体的な発話や行為から解釈される判明事実を明らかにしながら論をすすめる。

ミドルは，上意下達や下意上達をすすめる要職として，議論の過程においては，経営トップと組織成員とを結びつける結節点に位置しながら，経営トップが抱く経営に係わる理念や理想と，第一線の従業員が直面することの多い錯綜した実務の現実とをつなぐ役割を担うとされる（野中・竹内 [1996]，p.191）。

何よりミドルは，多義的で不確実で曖昧性に満ちた現場において，最適な解を戦略的に見出しながら，瞬時に判断し行動を迫られる存在である。しかし，現場における日々の活動を取り巻く情報から，自らの意思決定や言行を担保する普遍的で壮大な方向性を導出するためには，相応の時間とエネルギーを要する。したがって，経営行動の基軸である理念を戦略的に活用しながら，組織の

一体感を醸成し得る人材の育成・開発が重要となってくるのである。

　そこで，経営理念の浸透を図るなかで，ミドルはいかなる結節機能を果たすことが可能であるのかについて着目し，検討する。さらに，経営理念浸透の成否や効果には組織文化のあり様が大きく影響するとの先行研究の議論（梅澤［1994］；金井・松岡・藤本［1997］；松村［1999］）も踏まえる。

　その上で，経営理念が浸透するプロセスにおいては，組織成員による役割・機能の発揮を阻害する要因が，組織文化に係わる観点からどのように指摘できるのかについても検討し，経営理念に基軸を置いた経営活動をすすめる上での課題として明示する。

　なお，経営理念浸透の必要性や有効性に関する先行研究の一部では，企業業績との関係が検討されているが，業績の測定方法に課題が認められる。すなわち，財務業績への偏重は，故意の操作化，会計手法の非一貫性，回顧志向および短期志向をもたらすといった批判の存在である（北居［2005］，p.153）。この点も勘案し，本書ではあくまでも経営理念浸透のプロセスおよび，浸透がもたらす機能に着目した検討を行う。

3.4　中小企業経営の一貫性に着目した議論の必要性

　中小企業を取り上げた先行研究からは，第2章第3節第2項に後述のとおり，マクロ的またはミクロ的といった二つの側面から理論の潮流が見出される。しかしながら，個別企業において経営の根幹を表現する経営理念を扱う本書の目的（本章第3節第2項）を勘案すると，いずれの潮流においても理論上の限界を指摘せざるを得ない。

　具体的に言えば，経営理念浸透の必要性や有効性，プロセスについて，個別企業の事例をもとに検討する本書の場合，経営組織を単に集団的にとらえたマクロ的な視点からでは，個々の中小企業に潜在する特性を把握した考察は困難である。また，ミクロ的な視点から考察された研究の場合でも，事例企業から判明した事実を羅列した内容が中心であれば，理論的な知見や含意の把握は難しい。

　本書は，中小企業に係わる先行研究に指摘される理論的限界や弱点を踏まえながら，経営理念が浸透するプロセスにおいて組織成員が果たす機能といったミクロ的な視角から実態調査を行い，経営理念を基軸とした中小企業経営の必要性や有効性を検討するものである。具体的には，中小企業における経営理念

の浸透が，組織成員個々人のどのような意思決定や行為を通じて促進されているのかについて，調査にもとづく発見事実を忠実かつ論理的に解釈し，得られた知見を考察する。

　以上の方針にもとづいて得られる研究成果は，中小企業をマクロ的あるいはミクロ的にとらえた先行研究に指摘される，理論上の弱点を補完する形で，特定の中小企業経営に見られる個別具体的で一貫性のある発見事実を精緻化した結果と言える。同時に，経営理念の浸透問題に言及した既存研究に対する理論的な貢献をもたらし，中小企業経営の高度化・近代化に向けた一提案に資するものと考えられる。

《注》
1）概念定義や対象範囲などの詳細を，第4章第3節に後述している。
2）本書における定義は，部長や課長といった中間管理職のこととする。
3）本書における定義は，代表権をもつ経営者（企業の代表として経営にあたる人物）のこととする。
4）Chester Irving Barnard（1886年－1961年）は，アメリカ合衆国の電話会社の元社長であり，経営学者である。
5）企業の経営活動に影響を与える集団および個人のこと。具体的には，株主，従業員，顧客，取引先・金融機関，労働組合，業界団体，政府機関，地域住民，市民団体等を指す。
6）竹内［1995］は，個別経営のもつ'一貫性'に焦点を当てる意味合いに関連し，「一つの経営行為がどのような意味をもつのか，その裏に何があるのかという方向の研究が必要（p.13）」と指摘している。さらに，社会現象を把握する三つの方法として，観察帰納法，仮説演繹法，意味解釈法を挙げ，「社会現実を追及する場合も三つの角度からの検討が必要」と説明している。このなかで，意味解釈法について，「特殊で個別的な問題の意味を解釈し理解することにより，その本質を見抜く方法」としている（p.16）。
7）三井［2010］は，ある思想や言葉が本当に組織に内在化するためには，「ある状況のなかで，それを受容していく人々の『意味解釈』や『再解釈』が絶えず行われていることは確か」と述べている（p.94）。また竹内［1995］は，人が自らの価値観や態度を形成する際には，「他者に自分を関連づけ，それに同一化し，その価値や態度を内面化している」と述べている（p.46）。
8）継続企業の前提と訳される。企業会計上の企業存続に係わる前提条件の一つである。
9）サービス産業において，役務の生産者と消費者とが双方向のコミュニケーションを重ねるなかで指摘される，相互作用に言及した先行研究を中心に，第3章第4節第2項で後述する。

第2章
学説からとらえる経営理念

1. 経営理念とはなにか

1.1 経営理念に対する一般的解釈

　第1章第2節でも述べたとおり，近年，経営理念に対する注目が，学術の領域のみならず実務の世界においても集まっており，その重要性が再確認されている。とくに，コンプライアンス[1]に係わる不祥事が露呈するたびに，企業の経営責任を総合的に問い直す意味合いから，社会的責任の追及が企業規模の大小を問わず厳しくなっていると言える。
　このようななか，企業における経営理念の位置づけが組織全体の統制原理として高まり，理念浸透に向けた経営資源の投入が進行している。さらに，優れた企業では，公式的で明解な経営理念を基軸とした経営がなされているとの見方が，企業のマネジメント層を中心に一般化しているとの指摘もある。
　しかしながら，経営組織内に浸透や展開を図る具体的方法への認知や理解が十分に進んでいないなどの実態的な背景もあり，経営理念への着目は，その浸透・定着を図ることの意味合いや重要性を認識したレベルには至っていない。

1.2 経営理念に関する多様な学説

　経営理念の概念定義については，どのような議論がなされているのであろうか。多くの先行研究においてさまざまな視角から議論されている研究成果を整理すると，本項の**図表2-2**に示すとおり，信念，イデオロギー，価値観，世界

観,指導原理など,多様な見解が見出される[2]。たとえば経営理念とは,経営トップないし企業あるいは経済団体が公表した経営に係わる信念と定義でき,企業存続のための重要な経営要因の一つと位置づけられる。

企業における経営理念の現状を見ても,企業理念,基本理念,社是,社訓,綱領,経営方針,経営指針,企業目的,企業使命,根本精神,信条,理想,ビジョン,誓い,規(のり),モットー,めざすべき企業像,事業成功の秘訣,行動指針,行動基準,スローガンなど,さまざまな呼び方がなされている(奥村[1994],p. 3,pp. 7-8)。

経営理念のねらいや機能を表す言葉がそれぞれに熟慮され,社運を賭けるものにまで高めたいとする意思がうかがえる傾向にある。また,経営思想,経営哲学,経営信条などとほぼ同義に使用されているが,そのアプローチや研究方法は千差万別である(水谷内[1992a],p. 3)。

図表2-1による論点整理からは,概念定義上の主要なキーワードとして,信念,信条,価値観(奥村[1994])や,行動指針,行動規範(劉[1995])が挙げられる。しかし,経営理念については学術的に一貫した定義づけが明解になされておらず,さらなる議論の余地がある。

そこで本書では,先行研究が示すキーワードを援用し,経営理念について「創業者や経営の承継者の経営に係わる思想・哲学をもとに,何のための経営であるのかを表明したものであり,経営組織全成員で理解し共有すべき指針を明示した,動機づけおよびコミュニケーションのベース」と概念規定した。

なお,先行研究においては,経営理念のもつ特質についても,利潤理念としてとらえられる古典的・伝統的理念と,社会的責任理念としてとらえられる現代的理念に区別した上で,その変遷が明らかにされている(高田[1971],p. 149)。

経営組織に係わる学術的な議論は歴史があり,対象領域が広く奥も深い。経営組織や人の問題を検討していく上では,経営戦略論はもとより,組織論や人的資源管理論,社会心理学や認知社会学,経済学など多様な学問領域からの示唆も学際的に活用していく姿勢が求められるであろう。

また,経営理念の浸透に関する問題を,経営組織や人に係わる領域から研究する場合においても,学際的に得た知識をもとに,先行研究で示されている研究の背景や手法なども考慮しながら分析の視座を定め,経営活動として構築されている仕組みを解明していくことが,経営理念研究の進展につながる道筋と

[図表2-1] 経営理念の定義に係わる主な論点

主な論点（キーワード）	先 行 研 究 名	
信念，信条	間 [1971] 奥村 [1994] 北居・出口 [1997]	高田 [1986] 森本 [1995] 北居・松田 [2004]
価値，価値観，価値基軸，経営観，世界観	高田 [1986] 奥村 [1994] 清水 [1996]	水谷内 [1992b] 森本 [1995] 北居・松田 [2004]
イデオロギー	間 [1971] 劉 [1995]	森本 [1995] 北居・出口 [1997]
基本理念，経営目的，組織目的	中川 [1972] 高田 [1986]	Ouchi [1981] 清水 [1996]
行動指針，行動規範，指導原理，経営行動の規範	中川 [1972] 水谷内 [1992b] 清水 [1996]	浅野 [1991] 劉 [1995]
コミュニケーションのベース	伊丹・加護野 [2003]	
エートス	水谷内 [1992b]	
最終判断の拠りどころ，意思決定のガイド	Ledford, et al. [1995]	清水 [1996]
組織力の増強	Ledford, et al. [1995]	
組織文化の明示	Ledford, et al. [1995]	
企業としての社会的役割の明示	芝 [1986]	

注 ：先行研究名は発表年順に記載している。
出所：筆者作成。

考えられる。

　経営理念については，長年にわたり多くの研究成果が多様な論点から示されている。日本の経営理念史は古く江戸時代に始まるとされるが，日本の産業界で経営理念が明確に意識されるようになったのは，1956年に経済同友会が『企業の社会的責任』を主張し始めた頃からである。また，日本の学界がこの問題の調査・研究に本格的に取り組むようになったのは，1960年代以降である（浅野 [1991]，p.序iii，p.4）。

　経営理念の研究は，経営学，経営史，社会学といった三つの領域に大別される。経営学的研究では，経営者が抱く経営体の活動指針や，信念，信条，理想としての経営理念に焦点が当てられるが，経営史的研究や社会学的研究では，個々の経営者の信条を越えた，より一般的，普遍的な価値，あるいは経営体の活動原理に重点が置かれている。その上で，これらの研究では，伝統社会から

近代に至る経営理念の変遷や，経営理念を介した企業と地域社会との関係に分析の焦点が向けられている（平田［1983］，pp.21-32）。

伝統的な経営理念研究は，主に経営理念の作者に焦点を当てながら内容や構造，およびその形成過程に注目してきたが，近年の研究では，経営理念の読み手に焦点を当てながら，いかに浸透を図るかについての考察が求められている（北居［1999］，p.28）。

また，高［2010］の指摘のように，経営理念の浸透に係わる数少ない先行研究には，企業を一つの調査単位として扱うマクロ的な視角からの定量的調査に偏っている傾向が見られる。しかし，マクロ的視角によるアプローチだけでは，経営理念の浸透プロセスにおける組織成員に係わる問題を十分に検討することは難しい。求められるのは，組織成員を調査単位としたミクロ的な視角からの調査にもとづいた分析・検討である。

異質多元性が指摘される中小企業の個別経営に焦点を当てながら，組織のポテンシャルをいかに向上させるかについて言及した研究が求められていることは，竹内［1995］の指摘からも明らかである。

以上の示唆を考慮し，本書ではまず，経営理念や組織文化に対する社会的な関心がとくに高まってきたと指摘[3]される，1980年代以降の先行研究をレビューの対象範囲とした。そのレビュー結果から，多くの研究で言及されている主な論点を抽出し，論点毎に対象となる先行研究を発表年順に類別した（図表2-1）。

その上で，経営理念に係わる先行研究の成果が時代の変遷とともにいかに変化しているのかを体系的に明らかにし，考察するため，筆者が類別をもとに設定した8項目の観点からグルーピングを行い，各研究が示す主な論点を発表年代順に整理している（瀬戸［2009a］）。

なお，8項目とは，経営理念の定義（**図表2-2**），経営理念の構成要素（**図表2-3**），経営理念の役割・機能（**図表2-4**），経営理念と組織文化との係わり（**図表2-5**），経営理念と情報化戦略との係わり（**図表2-6**），経営理念とミドルによるリーダーシップとの係わり（**図表2-7**），経営理念浸透の必要性と組織パフォーマンスとの係わり（**図表2-8**），企業価値向上を図る経営戦略とリスクマネジメント・内部統制との係わり（**図表2-9**）である。

[図表2-2] 経営理念の定義

先行研究名	主な対象	主な論点（キーワード）
間 [1971]	組織体	イデオロギー，経営者の信念
中川 [1972]	経営者	企業経営目的，指導原理
Ouchi [1981]	経営者	基本理念
芝 [1986]	組織体	企業の社会的役割等を簡潔な言葉やシンボルで明示
髙田 [1986]	経営者，組織体	信念，信条，理念，経営観
浅野 [1991]	組織体	活動指針，指導原理
水谷内 [1992b]	経営者，組織体	行動規範，行動指針，価値観，価値基軸，エートス
奥村 [1994]	経営者，組織体	信念，世界観
森本 [1995]	経営者	信念，信条，理想，イデオロギー，企業の基本価値
劉 [1995]	経営者	企業の基本的精神，イデオロギー，行動指針
Ledford, et al. [1995]	経営者，組織体	組織文化の明示，意思決定のガイド，組織力の増強
清水 [1996]	経営者，組織体	○経営トップの最終的判断の拠りどころ ○企業の価値観，目的，指導原理
北居・出口 [1997]	－	信念，イデオロギー
伊丹・加護野 [2003]	組織体	価値観，世界観，組織の目的，経営行動の規範
北居・松田 [2004]	経営者	○公表された個人の信念・信条 ○組織に根づく価値観を明文化したもの

注：年代順に記載。
出所：筆者作成。

[図表2-3] 経営理念の構成要素

先行研究名	構成上の重要要素	（左記）重要要素の例示
間 [1984]	創業者の意思	社是・社訓，家憲・家訓の影響
髙田 [1986]	観念	経営目標観，経営組織観，経営経済観，社会観
浅野 [1991]	信条	経営者個人の信条，経営者機能遂行の信条，企業そのものの信条
奥村 [1994]	階層性，領域性	－
劉 [1995]	階層性，領域性	－
伊丹・加護野 [2003]	組織目的	組織の理念的目的，組織目的と経営行動規範に係わるものが理念
北居・松田 [2004]	上位概念，下位概念	抽象的で理想を示した上位概念と，具体的で実践的な下位概念
北林 [2005]	上位概念，下位概念	上位および下位概念による成立

注：年代順に記載。
出所：筆者作成。

[図表2-4] 経営理念の役割・機能

先行研究名	役　割　・　機　能
鳥羽・浅野 [1984]	自戒や規範のための「企業内統合の原理」，方針に沿って組織をまとめていく「社内適応の原理」
間 [1984]	組織統合，組織成員の動機づけ，労使関係の安定，外部社会との適応
三ツ木 [1984]	○組織文化の創出 ○組織構成員に対する企業への愛着・忠誠心ないしその動機づけといった，組織構造のダイナミズムへの貢献 ○企業維持への付加価値の高揚
小野 [1987]	○組織的怠業を排除し，作業を科学的・合理的に遂行 ○より高い生産効率の確保と，より高い賃金支払確保との両立
黒田 [1990]	企業規定としての経営理念に対し，社会規定としての社会通念を反映させることで，企業構成員の一体化を促す契機の創出が可能
浅野 [1991]	意思決定基準の提供，組織内コンフリクトの低減，人材育成指針の提供，良好な企業イメージの創造
森本 [1995]	企業の独自性を示した存在の証明
劉 [1995]	統一原理，環境適応原理
Ledford, et al. [1995]	○経営理念の潜在的利点は，行動と決断を導く源であること，組織文化を表現できること，経営理念にもとづくプロセスがビジネスを動かすこと ○経営理念を理解する手段は，明確な声明，効果的なコミュニケーションと実現のプロセス，経営理念と日々の行動との強いリンケージ，進行中の確言と更新のプロセス
清水 [1996]	革新への抵抗の低減，情報共有，権限委譲，挑戦意欲，帰属意識，業績反映
逸見 [1997]	企業が経営危機に直面した際に乗り越えるための拠りどころ
武田 [1998]	企業の設立意義，存在理由，社会的存在理由の明確化
田舞 [2002]	社内のトップから管理職，従業員まで全体の方向性を束ねるために経営革新を実践する際のコア
伊丹・加護野 [2003]	モチベーション，判断，コミュニケーションのベースの提供
北居・松田 [2004]	企業内部の統合機能，外部への適応機能
宮田 [2004]	経営理念の5つの機能は，意味・目的・機能・問題・課題の本質や価値の追求など本質的思考の刺激，組織成員の動機づけの基軸形成，組織道徳の形成，価値観の共有，社会へのメッセージ発信
北林 [2005]	上位概念を時代の基軸に，下位概念を時代に合わせて読み替え

注：年代順に記載。
出所：筆者作成。

第 2 章　学説からとらえる経営理念　19

［図表2-5］　経営理念と組織文化との係わり

先行研究名	組 織 文 化 と の 係 わ り
間 [1984]	経営理念・経営的性格・経営心理は，行動様式面から経営文化を構成
高田 [1986]	経営者文化と経営体文化の個性的な秩序形成の原動力が経営理念であり，経営組織に個性的な秩序がある経営体文化をもたらす
佐野・若林 [1987]	組織風土や組織文化は経営理念そのものではなく，経営理念や経営戦略が生み出す現実の経営管理活動を通じ形成，発展するもの
浅野 [1991]	経営理念は，組織としての戦略能力や組織体質を形成あるいは変容させる
水谷内 [1992b]	組織文化の根幹をなすものが経営理念
咲川 [1998a]	戦略志向の全社文化が強い程，組織では全社的な経営理念がブレイクダウンされ，下位組織の具体的で独自の目標や行動原則を創出する傾向が強い
伊丹・加護野 [2003]	組織内浸透で，経営理念は組織文化の一部と化す
Panne, et al. [2003]	組織生存力を裏づけるのは，強固な組織文化，革新の経験，革新に向かった企業戦略
北林 [2005]	組織内浸透により，経営理念は組織文化の深いレベルで根幹化

注　：年代順に記載。
出所：筆者作成。

［図表2-6］　経営理念と情報化戦略との係わり

先行研究名	情 報 化 戦 略 と の 係 わ り
Daft & Lengel [1986]	○組織の本質は，不確実性と多義性の削減を図る情報処理にある ○不確実性の削減には情報の量が，多義性の削減には情報の豊かさが必要 ○組織構造と内部システムは，求められる情報の量と豊かさという二要因で決定され，それぞれの特性に応じた情報処理戦略が重要
岸 [1990]	○組織の情報化戦略では，不確実性の削減と多義性の解消重視が眼目。不確実性とは，組織内関係部門の活動調整に必要な情報量と，実際に組織が入手済の情報量との差異 ○組織は，情報の不確実性への対応で効率性を追求し，情報の多義性への対応で創造性を追求
Harp [1995]	経営理念を業績査定に反映させる際の眼目は，曖昧さのない有益な方法によるデータ収集，教育訓練の必要性明示，コストの精査，同様プロジェクトの集約，データの共有化
小橋 [2002]	「あいまい性」「多義性」「不確実性」という3概念は，以下の3段階による経時的モデルで位置づけが可能 ①あいまい性：問題の所在，対処方法（解）が不明確 ②多義性：問題の所在や解に関する複数の解釈が存在 ③不確実性：②の状態が社会的相互作用を通じて一義的な問題，解となる
岸 [2004]	組織化は多義性の削減プロセスであり，意味生成のプロセス

注　：年代順に記載。
出所：筆者作成。

[図表2-7] 経営理念とミドルによるリーダーシップとの係わり

先行研究名	リーダーシップとの係わり
Oren [1995]	経営ビジョンの実現に向けたマネージャーの成功要因は，変化の受容力の高さ，外部現実への気配り，自己パワーと形式的権限を区別できる感性，コーチングスタイルの確立，好機を活かすビジョンの保有，高度な専門性，個人間対立等悪影響の打開力
野中・竹内 [1996]	チームのリーダーとしてのミドル・マネージャーが，経営トップのビジョンとしての理想と，第一線従業員が直面する錯綜したビジネスの現実や，彼らのもつ現場感覚との矛盾や'ずれ'を発展的に解消し，両者をつなぐ戦略的な「結節点」としての役割を担い得る，組織システムが必要
Anita & Thibodeaux [1999]	○組織には，倫理的な戦略実現が重要 ○業績評価，販売促進，報酬や文化などの充実に向け，社風などの内在するフォーム（リーダーシップ，上層部サポート，コミュニケーション）が，どのような戦略実現過程でも重要な役割を果たす
Bartolome, et al. [2002]	○リーダーは，精神的に組織文化に対し受容的であること ○ビジョンの実現を可能とするリーダーの要件は，交渉能力，柔軟性，卑しさ，リスクの受容力，再建能力，保全（信頼性），感度，忍耐，好奇心
Hamm [2002]	○組織・階層構造，業績，リーダー自身の職務，時間管理の意味，社風の問題に関するリーダーのメッセージは，組織に並はずれた影響を及ぼす ○リーダーが適切に定義し，伝播，制御することにより，組織的な連携や責任の全うが実質的に高まる
Grojean, et al. [2004]	リーダーが倫理重視の組織風土づくりに影響与える7要件は，価値ベースのリーダーシップの発揮，例示，倫理的行為への明確な期待値の確立，倫理的な振舞いに関するフィードバック・コーチ・サポートの実施，組織的な価値を支持する振舞いに対する評価と報酬の提供，部下の個人差の認知，リーダートレーニングおよびメンタリングの確立
Walumbwa, et al. [2007]	組織の文化的価値観は，従業員の感受性を高め，リーダーシップ・スタイルの形成に影響及ぼす

注：年代順に記載。
出所：筆者作成。

[図表2-8] 経営理念浸透の必要性と組織パフォーマンスとの係わり

先行研究名	組織パフォーマンスとの係わり
Barnard [1938]	○組織は，コミュニケーション，貢献意欲，共通目的（協働目標）により，有効に成立 ○組織の存続は，それを支配している道徳性の高さに比例 　予見，長期目的，高次の理想こそ，協働持続の基盤
Collins & Porras [1994]	時代に影響されない永続的な経営理念が確立し，繁栄し続ける「ビジョナリー・カンパニー」となるには，基本理念の維持と組織の一貫性が重要
清水 [1996]	○経営トップは，組織の維持・存続に向け経営理念を提示し，浸透を図らなければならない ○経営者個人の崇高な道徳性ある信念と，従業員の欲求・動機，社会的要請の相互作用にもとづく経営理念の浸透が，経営トップの意思決定への理解と信頼をもたらす
野林 [2006]	○経営理念浸透度は，マネジメント層の経営理念浸透度でとらえられる ○経営理念が体現されたものとして，その浸透度を測り得るのが人事制度
松葉 [2007]	○理念主導型の経営は理念浸透を深め，CSやESの向上にもつながる

注：年代順に記載。
出所：筆者作成。

図表2-10では，第3章第2節で明示する本書のリサーチ・クエスチョンを解決するにあたり，レビューが必要と判断される論点を選定し，体系的な整理を行っている。

レビューの必要性を判断した論点は，経営理念を起草する際の基本的な視点としての概念定義，役割・機能・有効性である。また，経営理念と組織や人との係わりといった観点から，経営戦略，組織構造，組織文化，リーダーシップ，意思決定，行為，アイデンティティ，ミドルの結節機能との関係を取り上げる。経営理念の浸透に係わる概念定義や，理念が浸透する場としての組織が変革するプロセスの定義や意味づけについても考察する。

[図表2-9] 企業価値向上を図る経営戦略とリスクマネジメント・内部統制との係わり

先行研究名	リスクマネジメント（以下，RM）・内部統制との係わり
奈良［1995］	有効な RM は，経済的課題と人間関係的課題の連結に大きく依存 その連結失敗時には，リスクの潜在的威力が増大
徳常［2003］	RM は，企業保全や現状維持に向けた企業防衛のマネジメント
小林［2004］	RM は，日常生活や職場で何気なく実行しながらリスク回避や保有を行う，日常的で不可欠な機能。組織では構成員意識にバラツキがあり，リスク対応にムラが出る点が問題
徳谷［2004］	○組織風土は，創業経営者の経営理念が企業全体に浸透し，長年の月日を経て社員の心と行動に反映され，資質として定着するもの ○RM は企業経営戦略のなかで位置づけ，日常業務での運用が望まれる
藤江［2004］	新たな RM 概念の研究では，無形資産を含めた企業価値ベースでの再考と，リスクコミュニケーションのマネジメント・プロセスへの組込み，クライシス局面における組織認識や解釈のあり方が中心テーマ
島田［2004］	○企業不祥事が示唆する問題は，企業価値に影響を与える広範なリスク識別ができず対応の仕組みも社内に未構築であること，法令遵守を含む行動規範などが未確立で，組織成員への周知も不足であること，職務権限・範囲が不明確で適正な牽制が機能しないこと，下位職担当者の問題意識が通常報告経路では経営トップに伝達不可であること，企業価値に大きな影響を与える事故発生時の対応が事前に不明確でありこと，必要な専門性を有する独立した内部監査機能が存在しないこと ○重点的実施が必要な対応策は，RM と内部統制の一体的運用，法令遵守などに係わる行動規範と社内周知徹底，職務権限と責任の明確化，業務執行上の情報伝達経路から独立した報告経路の確立，内部監査機能の確立，企業価値に重大な影響を及ぼす事象発生時の対応方針確立
刈屋［2007］	COSO（米国：トレッドウェイ委員会組織委員会）が示す，事実上の世界標準である ERM（エンタープライズ・リスクマネジメント）の枠組みでは，企業の達成目的である「安定的な価値創造・成長」には，以下の4カテゴリーが含まれると規定 この内のいずれか一つ欠けても，目的達成は不可 ①戦略（企業ミッションを支援するハイレベルのゴール） ②操業・業務（効率的，効果的な資源活用） ③報告（信頼性の高い報告） ④法令遵守（コンプライアンス）

注：年代順に記載。
出所：筆者作成。

[図表2-10] 経営理念研究の主な論点と本書のレビュー範囲

分類上の視点	論　　点	レビューの必要性
経営理念を起草する際の基本的な視点	経営理念の概念定義	○
	経営理念の役割・機能・有効性	
	経営理念の内容項目	×
経営理念と組織・人との係わり	経営戦略との係わり	○
	組織構造との係わり	
	組織文化との係わり	
	リーダーシップとの係わり	
	意思決定との係わり（とくに経営トップ）	
	行為との係わり	
	アイデンティティとの係わり	
	結節機能との係わり（とくにミドル）	
経営理念の浸透	浸透に係わる概念定義，浸透プロセスのとらえ方	○
組織変革のプロセス	変革プロセスに係わる概念定義，意味づけ	○
経営理念と内部統制	リスクマネジメントの有効性との係わり	×
経営理念と経営実践	企業業績との係わり	×
経営理念史	経営理念の変遷	×

出所：筆者作成。

1.3　経営理念の浸透に関する学術的な議論

　経営組織におけるマネジメント層[4]のリーダーシップをはじめとする能力発揮や行動のあり方については，多くの先行研究で論じられている。その中から，経営理念の浸透促進を図る仕組みを検討する上で，関連づけながら考察することが可能な研究を抽出し，経営トップなど職位階層毎に明示した結果を図表2-11に示す。

　各理論が示唆する内容をそれぞれ考察した結果からは，職位階層を超えた理論的関連性が把握される。しかし本書では，経営理念の浸透促進に向けてミドルが発揮する機能に着目していることから，第3章第4節に詳細を後述のとおり，ミドル・アップダウン・マネジメントやアイデンティティに関する研究を中心に考察する。その上で，経営理念の浸透促進を図る観点からの検討を加える。

　また，学習することを，実践の共同体への周辺的参加から十全的参加（full

［図表2-11］　経営理念の浸透促進に資する行動要件を示唆している先行研究

先 行 研 究	主 な 行 動 要 件	
○賢慮型 　リーダーシップ 　（野中・紺野［2007］）	○揺らぎのない強固な意思と姿勢 ○反復的行動の率先垂範 ○他者と文脈を共有し，共通感覚を醸成	経営トップ
○ミドル・アップダウン・マネジメント 　（野中・竹内［1996］） ○アイデンティティ 　（日野［2010］など）	○下位職者に対する経営参画意識の醸成 ○個人（経営トップ）や組織との係わりに対する自覚の形成	ミドル・マネジメント
○アイデンティティ 　（日野［2010］など） ○正統的周辺参加 　（Lave & Wenger［1991］）	○個人（上司）や組織との係わりへの自覚の形成 ○経営参画意思の醸成 ○状況に埋め込まれた学びの体得	ロワー（作業管理者）

出所：筆者作成。

Participation）へ向けての，成員としてのアイデンティティの形成過程としてとらえている正統的周辺参加（Legitimate Peripheral Participation：LPP）の概念を援用する。

　その目的は，個人的なこだわりを他の成員と共有し承認を得ながら自分の役割を明確にしていくことで，組織自身も変容し再生産されていく（Lave & Wenger［1991］，p.188）との主張について，考察を深めながら知見を見出すことにある。具体的には，学習者は発話の熟達者と関わるなかで正統的周辺参加者になるといった議論を踏まえ，本書における事例研究の結果から具体的な事象がいかに把握されるのかについて明らかにする。

　なお，経営理念の浸透問題をテーマとした研究の必要性について，関連する先行研究の議論も引用しながら言及する。

　第1章第3節第1項では，企業の存立基盤と言われる経営理念の意義を再定義し，経営行動へ反映していくことに対する社会的要請といった観点などから，本書としての問題意識を提示した。この点に関し，先行研究では人間的な側面への配慮からの議論がなされている。たとえば，経営トップは経営基盤の確立に向けた利潤確保に努めるだけでは十分とは言えず，従業員や顧客の価値，欲求，動機を満たすことを絶えず心がけ，一層配慮しなければならない（清水［1996］，p.89）との指摘がある。

2．経営理念の機能

　先行研究では，経営理念のねらいや求められる機能についても，**図表2-12**のとおり数多くの議論がなされている[5]。このなかで，最も多くの研究で指摘されている論点は，経営理念には，革新への抵抗の低減を図りながら組織成員の人心の一体化をすすめることなどを示す，企業内部の組織的な統合（内部統合）や，外部組織や社会との適応（外部適応）を，経営組織として果たしていくための重要な機能が求められることである。

　また，経営理念にはモチベーションのベース，判断のベース，コミュニケーションのベースを提供する機能があることから，組織で働く人びとが経営理念を必要とするとの議論もある（伊丹・加護野［2003］；Ledford, et al.［1995］）。具体的には，組織で働く人びとには理念的なインセンティブを欲する傾向があり，正しいと思える経営理念に則りながら働く人びとのモチベーションは一段と高まることを指摘している。

　さらに，経営理念は人の意欲をかき立てるばかりでなく，行動し，判断する

［図表2-12］　経営理念のねらい・機能に係わる主な論点

主な論点（キーワード）	先　行　研　究　名	
内部統合（革新への抵抗の逓減） 外部適応	鳥羽・浅野［1984］ 黒田［1990］ 劉［1995］ 田舞［2002］	間［1984］ 浅野［1991］ 清水［1996］ 北居・松田［2004］
意思決定の基準，判断の拠りどころ	浅野［1991］ 伊丹・加護野［2003］	逸見［1997］
組織成員の動機づけ	間［1984］ 清水［1996］	三ツ木［1984］
モチベーションのベース	伊丹・加護野［2003］	
コミュニケーションベースの提供	Ledford, et al.［1995］	伊丹・加護野［2003］
価値観の共有	宮田［2004］	
日々の行動とのリンケージ，業績反映	Ledford, et al.［1995］	清水［1996］
組織文化の創出・表現	三ツ木［1984］	Ledford, et al.［1995］
企業イメージの創造・発信	浅野［1991］	宮田［2004］

注：先行研究名は発表年順に記載している。
出所：筆者作成。

際の指針を与えることから，判断基準として人びとは欲すること，同じ経営理念を共有する人びとによるコミュニケーションでは，伝えられるメッセージのもつ意味が正確に伝わることも示唆している。

　経営理念のもつ潜在的な利点に言及した先行研究では，行動と決断を導く拠りどころとして組織成員を動機づけることや，組織文化を創出・表現し，企業維持に向けた付加価値の高揚につながることを踏まえた多様な議論がある。

　しかし，以上の内容を見る限り，経営理念の役割や機能が実際の企業事例においては，いかなる条件・要件の下で，いかなるプロセスやフェーズを経て果たされているのかといった観点からの具体的な知見が得られず，ブラックボックスのままと言わざるを得ない。環境変動への厳しい対応を強いられる企業経営において，経営理念を基軸とした戦略の策定，および具現化に向けた全社的取り組みをすすめることにより，経営組織として享受することが可能となる利点についても，具体的事例からの把握は容易ではない。

　経営理念のもつ機能に言及した先行研究の多くは，組織成員の動機づけや業績反映を挙げているが，経営理念の有効性に関して言えば，たとえば，経営理念の具現化を意識した行為を，表彰や人事考課への反映といった形で評価する仕組みが機能する余地の検討が必要と考えられる。

3．中小企業の経営理念に着目する意義と課題

3.1　経営理念に関する学術的な議論の動向

　第1章第2節に前述したように，経営理念に着目した学術的な議論は，江戸時代の商業思想から考察した研究もある（浅野［1991］，p.序iii）など歴史は古く，これまで多くの研究者がさまざまな視角から行っている。経営学領域の学会や研究論文における経営理念に関する議論を見ても，単に現実離れした観念的，規範的なものとして掲げるのではなく，経営上の意思決定や行為の指標を策定する際の依拠としながら，組織内外への浸透を図っていくことの必要性や有効性に改めて注目が集まっている。

　この背景には，経営理念の活用が企業の成長や存続に資するとの理解が従来にも増して一般的になっている（高［2010］，p.57），実業界の動向があるものと考えられる。

経営理念は言わば，経営活動の原点として確認されるべき存在であることについては論を俟たない。事実，経営理念を取り上げた先行研究の動向を見ると，その定義や存在意義について，時代の要請を受けて極めて多義的に展開されている（三井 [2010], p.93）。

具体的には，経営上の意思決定や行為の基準・規範を包含した唯一根本的かつ不変の指針として概念定義した研究（中川 [1972]；浅野 [1991]；水谷内 [1992b]；劉 [1995]）をはじめ，組織内外に向けて経営理念の浸透を図ることの意義や重要性，その際に経営理念が果たす機能といった観点からも，さまざまな研究（鳥羽・浅野 [1984]；間 [1984]；三ツ木 [1984]；清水 [1996]；宮田 [2004]；北居・田中 [2009]；高尾・王 [2011]）がなされている。

たとえば高尾・王 [2011] は，最近の経営組織について，内部統制[6]の厳格化や狭義のコンプライアンスの推進に典型的に見られるような公式構造[7]（formal structure）への依拠が，益々増大している現状を懸念している。これは近代組織が，公式規則にもとづく官僚制モデルと，アソシエーション・モデル[8]（association model）の相補的な併存で成立してきたという，組織理論にもとづいている。そこで，合理性や安定性を指向しがちな官僚制モデルへの比重の高まりに対しバランスをとる役割を，経営理念が組織全般に浸透することで担うべきと主張している。

ただし，経営理念の浸透は決して容易ではないとの議論（梅澤 [1994]；金井 [1997]）もあるが，その理由については，十分な理論的説明がなされてきたとは言い難い。

3.2 中小企業に関する研究動向と課題

経営学領域の先行研究で示される成果のほとんどは，大企業を対象として見出された内容と言える。しかし，そのまま中小企業[9]に当てはめて考察できるか否かについては，明確な検討がなされていない（清水 [2003], p.23）。

経営理念に言及した先行研究を見ても，その多くは経済機能体ないし利益体として構成され，経済合理性にもとづく高次の経営行動が可能な大企業を対象になされている。一方，全企業数の99.7%[10]を占めている中小企業を対象とした経営理念の研究は，未だ多くない。

また，中小企業に関する多くの先行研究では，限定的な意思決定にもとづく'非組織的'な経営活動をなす人間集団の特異性が，中小企業の個別経営の上に

どのような影を落としているのかについて，あまり検討されていない（竹内 [1995]，p.5）。

　非組織的経営活動については，清成・田中・港［1996］が，大企業との比較において中小企業に見られる特性の一つに挙げ，中小企業は大企業に比べ，非組織的意思決定の役割が相対的に大きいことを指摘している（p.36）。これは，システム的な要素よりも属人的な要素にウエイトが置かれた意思決定のあり方への着目である。高い認知能力をもつ人材が，大企業に比べ相対的に不足している中小企業の現状も，非組織的な経営活動を生む背景としてとらえられよう。

　中小企業に関連する既存理論の動向を整理してみると，二つの潮流を見出すことができる。一つは，中小企業を企業体制の成立とともに衰退する命運にある存在ととらえ，その存立条件や基盤を分析対象としたマルクス経済学からの接近方法としての独占理論，あるいはその影響を受けた理論の展開である。

　大企業と中小企業との関係について，経営組織というマクロ的な視点からとらえ，中小企業を大企業の収奪対象として論じてきたマルクス主義的枠組みにもとづく二重構造論では，中小企業の発展性に着目することは少なく，市場における大企業との競争結果としての停滞的あるいは衰退的側面に分析の中心があった（寺岡［2003］，pp.21-22，p.27）。

　もう一つは，1960年代からの日本の高度経済成長が，中小企業関連の理論に変化をもたらすなかで台頭してきた中小企業成長論の展開である。具体的には，企業の量的および質的な成長性といったミクロ的な二つの側面から論じており，質的成長性の側面では経営における自立化の過程が重視され，中小企業が親企業による従属的支配を脱却し，一定の自立性をもって事業を行うことを成長の一過程ととらえている。その上で，成長方法の一つとして専門化を挙げている。

　中小零細企業を含めた中小企業の本質が，事業内容の専門化がもたらした経営組織としての異質かつ多元性にあることから，中小企業研究における最終的な目標が「中小企業とは何か」に応えること（石川［2004］，p.58，p.63）とされている。

　以上の理論動向を考察すると，二重構造論に見られるマクロ的なとらえ方では，異質多元的で個別性の高い側面をもつ中小企業のポテンシャルをいかに向上させるかといった考察は困難である。個々の企業に潜在する特性を探り，課題の解決を図っていくためには，ミクロ的な視点から中小企業の経営課題を検討していくことが求められると言える。

ただし，特定の中小企業をミクロ的に単独でとらえた先行研究のほとんどは，研究対象として取り上げた企業の事業概要や課題などの判明事実を整理した内容が中心であり，新たな理論的貢献が具体的に見えない。

中小企業研究においては，ミクロ的な視点から分析視座を構築し，研究成果の精緻化を図っていくことが，経営組織としての個別性や多様性に着目した研究の深化につながるものと考えられる。

3.3 中小企業経営論の視点からとらえた経営理念研究の方向性

企業は，一般的には経済機能体ないし利益体であり，経済合理的な行動主体であるものの，それは一面であって，人間集団としての重要な側面があることは前述した先行研究の指摘からも明らかである。大企業は，自然発生的でなく人為的な組織形成がなされることで，抽象化された存在に近いと言える（竹内 [1995]，p.4，p.11）。しかし，中小企業の経営を解明するためには，抽象化された企業を見る視点ではなく，具体的な人間集団の視点で経営活動を見ていかなければならない。

中小企業の組織特性について，中小企業経営論に立脚した先行研究からとらえてみると，理念を基軸とした経営の必要性を確認することができる。その推進上，必要と考えられる経営理論の構築に向けては，中小企業が規模の制約を抱える組織であるがゆえに，よりきめ細かな研究が求められるであろう。ただし，中小企業の存立条件が，経営者個人の'人格'的経験と個性に依存していることを考慮すると，得られる知見の一般化は困難である（中山 [1978]，p.294）。

むしろ，経営という特殊個別的現象を取り上げる場合には，中小企業経営にみられる'一貫性'に焦点を当てた研究をすすめることが，説得力を伴った成果につながるものと考えられる。たとえば，経営者の経験や信念もその企業においては有効に機能しているのであり（竹内 [1995]，p.13），そのことから一貫性が追求されてもよい。

《注》

1）法令等遵守のこと。コンプライアンス経営とは，法令や企業行動基準などのルールの意図を理解し，忠実に守る経営を意味する。今日の日本では，「企業理念と高い倫理基準にもとづく，公正で誠実な行動により，企業の社会的使命を遂行する経営」と，広義に解釈される

ことも多い。
2） 先行研究別に見た，経営理念の定義に係わる主な論点の詳細は，本章第1節の図表2-1を参照されたい。
3） 野林・浅川［2001］は，昨今の企業社会において経営理念が重要視されてきた経緯について，「1960年代後半の経営理念の注目に始まり，80年代からの企業文化への関心の高まり，80年代後半からのＣＩ（Corporate Identity）導入の流行，そして，90年代に入ってからは，多くの企業が経営理念の変更を行ってきている。ここ数年は，企業倫理と社会的使命の観点から，経営理念が再度注目されてきている」と分析している（p.37）。
4） 本書における概念定義は，経営トップおよびミドルとし，研究対象であるサービス業では人材の流動化が激しく，意思決定権限にも制約のある傾向が強いロワー（一般従業員）は含まない。
5） 先行研究別にみた経営理念のねらい・機能の詳細は，本章第1節の図表2-4を参照されたい。
6） 監査手続の一部として，約40年前に米国で取り入れられた経営管理手法。金融庁による内部統制の概念定義によれば，とくに業務の有効性・効率性の観点から，上場企業のみならず中小企業も適用範囲である根拠が見出され，企業の取締役に対する善管注意義務に含まれる概念との法的解釈も成り立つ。
7） 組織の規則により規定された，統制－応答行為コミュニケーションのパターンのこと。
8） 共通する目的による結合や共通する目的への自発的な貢献が強調され，目的への関係づけによって組織としての行為が成立する組織モデルのこと。
9） 中小企業の概念は，大企業との相対関係においてとらえられ，経済発展の各段階によって中小企業の定義や範囲は変化する（高田［2008］, p.91）。本書における中小企業の概念定義は，第4章第3節第1項に後述する。
10） 総務省「事業所・企業統計調査」にもとづく数値である。

# 第3章
経営理念の必要性と有効性

1. 経営理念問題の所在

1.1 中小企業の場合

　本書の研究対象組織は，先行研究において，非組織的な経営活動の集団的かつ自律的なコントロールが難しいといった，組織的限界が指摘される中小企業[1]とした。ねらいは，非組織的経営活動をなす組織において，経営者の強いリーダーシップなどを背景とした経営理念浸透への取り組みが，いかに人間集団を動かし結束させているのかに焦点を当てることにある。

　先行研究においては，経営トップから管理職，従業員に至るまでの意思や行動を意図する形に方向づける方法として，経営理念を基軸とした経営革新が，中小企業の経営課題といった観点から指摘されている。経営理念が創出する特殊な価値が，企業経営にポジティブな影響を与えることについても同様である（鈴木［2009］, p.15；田舞［2002］）。

　この示唆により，経営理念の浸透を重視した経営行動から創出される有効性は，企業規模の大小を問わずもたらされるものと認識される。ただし，経営理念が浸透していくプロセスやパターン，浸透を図る具体的な手法にまで言及されておらず，これらの観点については，企業規模に伴う差異の確認や検討が必要と考えられる。

　また，中小企業経営論に立脚した先行研究では製造業を対象とした内容が多く，今後はサービス業も含めた研究が必要といった指摘がある。この背景とし

て，19世紀から20世紀にかけて確立した経済理論の基礎は工業資本（製造業）の活動発展にあったこと，製造業部門は商業部門に次いで従業員数が多い業種であること，製造業の発展が新たなサービス需要を創出しながらサービス経済化を促進することが挙げられる（渡辺［2008］，pp.140-141）。

以上の認識をもとに，本書が研究対象とする業種の一つは，有形の物財を生産する製造業とは異なり，顧客との直接的な関係を保持しながら，無形かつ提供と消費の同時性が指摘される役務を提供する，サービス産業に属する冠婚葬祭業[2]とした。

冠婚葬祭業に対する顧客ニーズは，地域の慣習・慣例に沿った個別的で緻密な要求を伴う場合が多い。したがって，実践的な人材による高質な役務の提供が求められるが，とりわけ労働集約的な業務を円滑に遂行できる人材の確保が難しく，パート・アルバイトといった非正規雇用者比率が高い実態にある。多様な雇用形態を維持するなかで，個別的で緻密な顧客ニーズを的確に具現化する高質な役務の提供を追求していることは，当業種に見られる個別経営の一貫性を示す事象と言えよう。

このような企業を対象とした研究により，経営理念を基軸とした組織マネジメントのもとで，組織成員が顧客など社内外の多様なステークホルダーとのコミュニケーションを深化させながら，組織全体の結束力を高めている仕組みが明示できるものと考えられる。

本書における理念経営の有効性に関する検討は，人間同士の巧みな相互作用から創出されるとの想定にもとづいている。その上で，創業者や経営の継承者が経営理念に基軸を置いた強力なリーダーシップを発揮するなかで，組織成員の活性化が図られている中小企業を対象に，経営理念の浸透プロセスを考察する。

1.2 ベンチャー型中小企業の場合

第1章第1節第3項で前述した中小企業の経営特性について，イノベーションの観点から見ると，大企業に比べて経営組織がコンパクトであるといった特性を反映した三つの特徴があると考えられる。

まず，経営者が方針策定から現場での創意工夫まで，一貫したリーダーシップを発揮し取り組んでいることである。次に，日常生活で閃いたアイデアの商品化や，現場での創意工夫による生産工程の改善など，研究開発活動以外の領

域においても継続的な創意工夫が図られていることである。そして，経営者自身がニッチ市場におけるイノベーションの担い手となっている点も挙げられる。

イノベーションへの取り組みに特長のあるベンチャー型中小企業では，「経営者主導による創意工夫」に最も力点が置かれており，大企業に比べて「経営者の旺盛なチャレンジ精神」や「経営者の素早い意思決定」の傾向が強く，経営者の資質やリーダーシップが成功の鍵を握る実態となっていると言える。

以上のような特性が把握される経営組織であるからこそ，理念を基軸に据えた経営方針をトップ主導で遂行していくことが，より一層求められよう。

2．理論的および実体的側面から知見を得る視点

第1章第3節第2項で述べた本書の目的を達成するため，理論的および実体的側面から，以下のとおりリサーチ・クエスチョンを設定する。次の(1)および(2)は，本書のテーマにもとづいた，理論的かつ根本的な解明が必要と考えられる視点からの設定である。(3)は，経営理念の浸透促進を実践する場における課題と考えられる視点から設定する。

(1) 非組織的な意思決定や活動が指摘される中小企業において，経営理念の浸透促進を図ることの必要性や有効性は何か。
(2) 中小企業の経営理念浸透プロセスにおいては，組織内の結節点に位置づけられながら，経営活動上の重要な役割を担う人材として先行研究が指摘するミドルに対し，いかなる機能の発揮が求められるのか。
(3) 中小企業の経営理念浸透プロセスからは，いかなる浸透阻害要因が見出せるのか。

本書では，以上のリサーチ・クエスチョンを明らかにするため，中小企業経営に見られる個別性や一貫性に焦点を当てたケース・スタディ[3]を実施することとした。

なお，リサーチ・クエスチョンの内容と，レビュー対象の論点との関係を明示したのが，**図表3-1**である。

[図表3-1] リサーチ・クエスチョン毎のレビュー対象論点

リサーチ・クエスチョン	先行研究レビューの対象とする論点
(1) 中小企業において，経営理念の浸透を図ることの必要性・有効性	経営理念の概念定義・ねらい・機能 経営理念浸透の有効性 経営戦略との係わり 意思決定との係わり（とくに経営トップ） 相互作用との係わり アイデンティティとの係わり
(2) 経営理念の浸透においてミドルによる発揮が求められる機能	結節機能 リーダーシップとの係わり 組織変革との係わり
(3) 経営理念の浸透を阻害する要因	組織文化との係わり

出所：筆者作成。

3. 異質多元的な中小企業を包括的にとらえる視点

　わが国の中小企業は，業種的な多様性に加え，組織文化上の多様性も大きい（清成ら［1996］，p.161）経営組織である。その経営者に求められる管理者能力の特徴については，基本的には人間共同体の管理という点に発し，経済機能体として位置づけられる大企業の管理者能力とは本質的に異なるものとして考えなければならない。

　また，中小企業の組織は大企業とは異なり，機構は不完全であり，階層・部門両面において組織成員は経営管理職能の自律性に欠け，かつその行動も，論理一貫性よりむしろ臨機応変の日常性の方に行動基準が置かれている（竹内［1995］，p.87）。

　そこで，組織的な経営活動といった観点から中小企業をとらえてみると，過度に追求すれば組織成員の士気を低下させ，排除すれば放漫経営に至る傾向が見られる。この点から経営者に対しては，組織的な意思決定や行為と非組織的な対応とを臨機応変に使い分けるバランス感覚が求められるものと言えよう。

　ある一面から見れば，非組織的な手続きを介して策定されたような経営戦略であっても，他の要素を組み合わせることで，戦略全体でとらえれば組織的に策定された内容に転化することはあり得る。しかし，部分的には規則を遵守し正統的になされた決定でも，全体を俯瞰的に見ると，独善的で非組織的な結論に至っているようなケースの顕在化については，何らかの有効手段による未然

防止が必要ではないだろうか。このような視点から，経営理念の浸透を図る必要性や有効性に言及した先行研究は多くない。

中小企業に関する先行研究の動向を見ると，第2章第3節第2項で指摘したとおり，二重構造論に代表されるマクロ的な視点からとらえた理論と，高度経済成長期に台頭してきた中小企業成長論などのミクロ的な視点からとらえた理論による二つの潮流が認められる。

戦後はどちらかと言えば，中小企業をマクロ経済の一つのセクションとしてとらえ，組織に内在する経済力を動員して成長につなげていく，現実的な要請に応える方針ですすめられてきた。したがって，集団としてとらえた中小企業全体の経済性，経済力といった側面からの研究が主流であり，個々の中小企業に潜在する課題は第二義的な扱いであった（竹内［1995］, pp. 3 - 4）。

しかし，その後の直線的な経済成長の機会が豊富に存在した時代においては，個別経営における自助努力の目標や内容といった，ミクロ的な視角にもとづいた研究が，徐々に進展してきたと言える。

零細企業を含めた中小企業の本質は，事業内容の専門化がもたらした経営組織としての異質かつ多元性にあり（石川［2004］, p.63），「中小企業とは何か」を明らかにするためにも，組織に潜在する水面下のポテンシャルをミクロ的な視角からとらえ，その動員を図る具体的な仕組みや施策を明らかにすることが求められる。

中小企業という概念が多様な形態を包含しているがゆえに，中小企業経営の理論化は難しい（小川［1991］, p.190）といった先行研究の指摘もある。しかし，今求められるのは，中小規模の経営組織をマクロ的な視点から単に集団的にとらえた研究ではない。研究対象の経営組織をミクロ的にとらえながら得た判明事実を羅列した研究でもない。異質多元である中小企業のポテンシャルをいかに向上させるかに力点を置いた調査・分析結果から，理論的知見や含意が明示された研究である。

大企業においては，意図的に経済合理性の実現を目指す機能的な行動が当然のこととされ，理屈の通らぬことや筋道の立たないことを許さないような組織が，豊富で多様な人的資源によって形成されていく。しかし，人的資源に乏しい中小企業においては，理屈の通らぬことなどが存在しても，それを温存せざるを得ない組織的な限界がある上に，その対処に向けた集団的コントロールが可能な自律性を備えていない（竹内［1995］, p.19）ことは確かである。

中小企業は専門化された組織であることから，大企業以上に市場の変化，技術革新の影響を受けやすい面がある。一定の地域に集積していることも，変化の波を大きく受けることにつながっている。大企業は，大きな信用力や販売力により，変化に抵抗することが可能であるが，中小企業の場合は，市場や技術に変化があれば抵抗するよりも逸早く変化の波に乗り，新たな商機の獲得に利用する姿勢をもたなければ変化に潰されてしまうリスクが大きい。

この点から中小企業においては，経営環境への適応に向けた革新のマネジメントが，大企業以上に重視されければならない（小川 [1991]，p.183）。

中小企業の経営活動面において，経済合理的でない部分や人間的側面が課題視されるのは，従来からの価値観や習慣に流された組織的行動が多くなると，組織全体の革新能力が低下し，変化への抵抗が増大する（清水 [1996]，p.87）ことに起因していると考えられる。したがって，今後さらに環境変化が激しくなれば，企業変革の必要性は恒常化し，巧みに変革できない企業は淘汰される可能性が高まる。

革新への抵抗の低減は，組織成員の人心の一体化とともに，企業内部の組織統合を図る重要な目的である。内部統合や，外部組織や社会との適応を企業が果たすための重要な機能を経営理念が担うべきことを，経営理念浸透の有効性に言及した多くの先行研究（浅野 [1991]；清水 [1996]；北居・松田 [2004] など）は指摘している。

中小企業におけるマネジメントは，組織成員数が少ないことによる密接な人間関係を基盤に検討し，活用されなければならない。個人が組織の中に埋没せず，組織全体としての結束が固いといった中小企業にみられる強み（小川 [1991]，p.58，p.81）は，企業の目標が従業員の一人ひとりに正しく理解されれば，同じ目標に向かって邁進する原動力となる。そのためには，経営トップは日頃から，事業のあるべき姿について自分自身の考えを自らの言葉で語り続け，組織の体質づくりのために社是などの経営理念を浸透させるといった，根気の伴う努力が必要となる。

つまり，中小企業の組織で大切なのは一体感であり，大企業に比べ相対的に少人数の組織で競争するには，チーム力をフルに発揮しなければならない。現場組織にはじまり，中間組織，経営陣に至るまでの企業内部のチーム連携の良さが，まさに企業活性化に向けた大切な視点である。

とくに，このような階層を前提とした組織であれば，経営トップから現場ま

での経営理念の浸透や，経営原則の理解が大切となる。現場に対する実施権限の委譲や，組織の各層における適切なリーダーシップの発揮も，企業内の連携成果を上げるために重要となる（小川［1991］, p.40, p.60）。

このことからも，中小企業の場合，経営者自身の考え方や行為が組織の結束力の源泉となることがわかる。また，経営者にとって最も重要な職能は意思決定力であり，経営組織としての本来的な機能と，好ましい規範を維持しながらフォロワーに浸透させる能力である（竹内［1995］, p.85, pp.88-89）。フォロワー，とりわけ現場の一般従業員の士気を高めるためには，彼らに対する指導，激励，問題解決に向けた管理者[4]の協力が必要である。

ミドルは，経営者に向かっては現場の声を正しく伝達する責任があり，現場に対しては経営者の意思を正しく解釈し，有効な手法を具体的に明示しなければならない（小川［1991］, p.61）。この観点からも，一定の員数を有する中規模の中小企業ともなれば，ミドルの役割や責任の明確化は喫緊の課題となる（清成ら［1996］, p.198）。

これまでに取り上げた先行研究の指摘を踏まえ，中小企業経営論に依拠した視点にもとづく中小企業の組織特性をとらえてみると，理念を基軸に置いた経営の必要性を確認することができる。その推進上，必要と考えられる経営理論の構築に向けては，中小企業が規模の制約を抱える組織であるがゆえに，よりきめ細かな研究が求められるであろう。

ただし，中小企業の存立条件が経営者個人の'人格'的経験と個性に依存していることから考えると，そこから見出せる知見の一般化は困難（中山［1978］, p.294）と言える。

中小企業の異質多様性を勘案しても，普遍的原則を求める科学本来の研究法では，多くの困難を伴うものと認識される。たとえば，質問紙調査や面接調査によって研究成果に係わる一般性の担保を図っても，その結果が普遍妥当性を担保する内容であるとは限らない。したがって，とくに経営という特殊個別的現象を取り上げる場合には，個別経営における一貫性に焦点を当てた研究を重視することの方が，より説得力に富むものと考えられる（竹内［1995］, p.12, p.13）。

4．理論的および実体的側面からの解明に向けた考察

4.1 経営理念の浸透に係わる定義および浸透促進の必要性・有効性

4.1.1 経営理念浸透の意味づけ

経営理念が浸透する状態・様相について，先行研究はいかなる解釈や議論のもとに意味づけているのであろうか。

たとえば組織成員が，経営理念を表す言葉を知っているだけの状態から，経営理念を象徴する直接経験，他者の行動の観察，理念と現実とのギャップや矛盾に対する内省(reflection)[5]を通じ，自分なりの理念の意味に気がつくプロセスとして示されている（松岡［1997］，p.201）。矛盾のない一貫したプロセスではなく，解釈の異なりや経営理念と現実との矛盾が議論を通じて腑に落ちるプロセス（金井・松岡・藤本［1997］，p.32）との示唆もある。いずれも，経営理念の浸透をプロセスでとらえた立場である。

高尾・王［2012］は，経営理念が組織成員に浸透している状態について，経営理念が組織アイデンティティの表現であると成員が認知し，個人間で一様ではないものの，個人アイデンティティと組織アイデンティティとの重複が感じられる状態と述べている（p.40）。

個人アイデンティティとは，自己が他者とは異なるユニークな存在であるという自覚を指し，独自性，自分らしさ，こうありたいという価値観と解釈される（日野［2008］，p.56）。組織アイデンティティについては，平澤［2013］がAlbert and Whetten［1985］を引用し，「組織として我々は何者であるのか」といった自己反省的な問いの形で定義している。また，組織成員の解釈・行為を通じて組織全体の行動に重要な影響を及ぼしながら，時には組織戦略や変革を左右し得ると指摘しているが，その形成過程を示す議論は多くない（p.61）。

なお，組織に係わる概念は，取り巻く環境への埋没や経営理念が示す規範からの逸脱を回避しつつ，独自のアイデンティティを形成するとの前提でみておく必要があるものと考えられる。

経営理念の浸透をメカニズムととらえ，一次浸透メカニズムと二次浸透メカニズムとに分けた研究（Schein［1985］）もある。

一次浸透メカニズムとは，リーダー（たとえば，創業者や経営の承継者）自らの行動による浸透方法であり，リーダーの行動や意思決定・判断により，組織メンバーが，何が正しく何が間違っているのかといった価値基準を得ることができるものである。

　二次浸透メカニズムは一次浸透メカニズムを補強するものであり，両者の整合性が保たれている場合にのみ効果を発揮する。その上で，二次浸透メカニズムよりも一次浸透メカニズムの方が，経営理念の浸透においては一層効果を発揮するとしている（横川［2010a］，pp.220-221）。

　しかし，いずれの先行研究にも浸透の深まりが具体的にどのように自覚されるのかに関する言及がなく，その仕組みやプログラムが理解できるような踏み込んだ考察がなされていない。本書が研究対象としている中小企業特有の示唆であるのかも明確でなく，理論としての限界が見られる。

4.1.2　経営理念浸透の必要性・有効性

　経営理念の浸透に関する先行研究の意味づけは前述のとおりであるが，浸透を図ることの必要性や有効性についても，先行研究をレビューしておく必要があろう。

　企業の分権化が進み，個人の自律性や多様性が重要視されるなかで，組織成員の行動を意図する形に方向づけ，意思決定の拠りどころとなる経営理念の重要性は増してくるものと予想される。しかし，多くの研究者や実務家がその重要性について幾度となく言及していながら，研究の蓄積は意外に進んでいない現状にある。

　ただし，経営理念を浸透させることの有効性については，経営理念の個々人への内面化や定着は人びとの凝集性[6]を強め，企業への一体感や組織に対するコミットメントを高めること，経営理念と現実との関係が受容されることで，仕事の有意味性の向上が期待されることが挙げられている（北居・田中［2009］，p.51）。

　この点について，経営トップの行為に着目した先行研究がある。たとえば，トップ個人の道徳性ある信念と，従業員の欲求・動機，社会的環境の要請との相互作用にもとづいて見出された経営理念の浸透は，経営トップの意思決定に対する理解と信頼をもたらすと指摘している。また，組織成員による創造的行動が可能な組織，すなわち，貢献意欲が高い人びとによる相互コミュニケーショ

ンが円滑に行われ,共通目的の達成を常に目標としながらイノベーションの実現をめざしているような,活性化された状態にある組織において,経営理念の浸透を図る意味合いにも言及している(清水［1996］, p.90, p.92)。

　以上の示唆からは,経営トップが抱く企業経営に対する一貫した理想や意思,姿勢について,組織内の人びとが理解し信頼しながら,組織の共通目的との矛盾がないことに気づき,自らの欲求と両立するものと信じる状態に至るプロセスが重要であることがわかる。組織成員のパフォーマンス向上につながる創造的行動の喚起に向けても,経営トップ個人が自らの資質や信念をもとに発揮する,主体的なリーダーシップが重要であると理解される。

　しかしながら,長期的で一貫した理想にもとづく経営理念とは,いかなる具体的方針や方策により浸透していくものかについての例示に乏しく,中小企業特有の示唆か否かの確認も難しいことから,第2章第3節で前述のとおり,理論としての限界を指摘せざるを得ない。

4.1.3　経営理念と組織パフォーマンスとの関係性

　組織パフォーマンスの向上は,経営理念の浸透を図ることでいかにもたらされるのであろうか。経営理念主導型の経営が遂行される下での理念浸透施策の実行は,浸透度を深め精神の理解を進めるとともに,顧客満足(Customer Satisfaction)と従業員満足(Employee Satisfaction)の双方に,直接的または間接的につながってくるとされる(松葉［2007］, p.78)。

　経営理念の浸透を図るなかで,人事制度を活用することの有効性に関する論究もある。経営理念をトップダウンで浸透させ,組織内の諸制度に理念を定着させようと考える経営トップは,まず,組織成員の評価システムと経営理念との整合をとる必要がある。経営理念解釈の自由度を大きくした上で,ボトムアップによる理念の意味構築を導きながら浸透させようとする経営トップは,現場における試行錯誤や議論を重視する必要もある(北居・田中［2009］, p.56)。

　以上の示唆から,経営理念を組織パフォーマンスに結実させていくためには,経営トップによる柔軟な解釈や行為によるリードが必要と考えられるが,その具体例を明示した研究は乏しい。また,第2章および本章で取り上げた先行研究の示唆からは,経営理念を起草する際に着目すべき基本的視点や浸透させることの意義・メリットについて,理論的にとらえることは可能である。

　しかし,なぜ経営理念は浸透するのか,浸透とはいかなる状態・様相を指す

のか，浸透は組織や人にいかなる影響を及ぼすのかについて，具体的で体系的な事象をもとに解釈するには限界がある。

先行研究においては，企業の価値概念について，業績の観点からとらえた議論もなされている。しかし，業績の測定方法に関しては，財務業績への偏重が故意の操作化，会計手法の非一貫性，回顧志向および短期志向をもたらす（北居 [2005]，p.153）との批判がある。

まして中小企業の場合，大企業のような経営数値に係わる情報開示に乏しく，企業業績を客観的にとらえるのは難しい。たとえば，企業としての存立年数などの経営数値的な指標にもとづいた評価以外の視点から，企業価値をとらえていく必要があるものと考えられるが，価値評価に係わる指標を含めた具体的な議論に至った研究は多くない。

経営理念は普遍的・抽象的な価値観であり，企業活動を統合するために極めて重要であるものの，この価値観単独ではその効果が期待し難く，経営理念を活かす枠組みが必要となる（奥村 [1996]，p.227）。

経営活動のパフォーマンスが企業価値向上に至るプロセスとしてとらえた場合，その枠組みは経営理念の浸透促進を図る観点からいかに把握されるのであろうか。この点について，経営理念の浸透が組織やその構成員に及ぼす影響といった観点から，先行研究に対する考察を深めていく。

4.2 経営理念の浸透が組織・人に及ぼす影響

経営理念の浸透構造の解明を目的とした研究がある。高尾・王・髙 [2009] は，中堅の生産財製造業を対象に実施した，経営理念の浸透に係わる質問紙調査のデータを分析している。具体的には，経営理念を自分自身の行動に具体的に反映させているかどうかを示す「行動への反映」，経営理念の内容を理解・認知しているかどうかを示す「認識」，個人の価値観と齟齬しない形で経営理念を受容しているかどうかを示す「共感」の三次元で整理している。

その結果，上司の経営理念に対する姿勢は，部下の情緒的なコミットメントである組織としての一体感に作用すること，そのコミットメントは組織成員のパフォーマンスにも影響を及ぼすこと，上司の言動は教育訓練などの浸透施策によって大きな影響を受けることが判明している（髙 [2010]，p.58，p.64）。

経営理念浸透の実効性を上げる前提は，理念浸透を図ることへのマネジメント層の強いコミットメントであることが，定量的調査からも明らかとなってい

る。
　明文化された経営理念は，その一般性，普遍性，字面の難解さから文面を読んだだけでは理解し難い。しかし，その普遍的な魅力に引きつけられ理解に努めていこうとする側面もあるため，座学によって基礎的な学習を積み，理念形成の背景を理解するとともに，実地に経験を通じて学んでいくことが求められる（日野［2003］；Collins & Porras［1994］）。
　経営理念を受容する上では，学習のある部分は文脈（context：状況・背景）に依存し，重大な決定に際して上司，同僚，自己が経営理念にもとづいて意思決定をしたと感じることが重要である（日野［2003］，p.8）。
　経営理念に限らず，組織内外への浸透を図る際の重要な要因の一つとして，コミュニケーションのあり方が問われる（伊丹・加護野［2003］）。フォーマル，インフォーマルを問わず，部門を超えた組織横断的なコミュニケーションが，経営の第一線が発信する活きた情報や意見交換を根づかせる仕組みとして組織内に定着していれば，組織成員間に存する従来からの秩序やバランス感覚を超えた，忌憚のない意見が交わされるであろう。
　この意味からも，コミュニケーションのリード役でもあるマネジメント層に求められる機能に着目し，具体的に掘り下げた検討が必要ではないだろうか。
　そこで，経営トップの意思決定，顧客との相互作用，個人・関係・集団アイデンティティといった観点からとらえられる，マネジメント層が果たす機能について考察する。

4.2.1　経営トップの意思決定

　経営組織においては，直接的であれ間接的であれ，経営トップのみならず経営幹部，ミドル・マネージャー，ロワー・マネージャー，従業員，競合他社，供給業者，顧客，外部取締役，監査役など，多様な人びとが関わり合うことから，形成された経営戦略はそのまま実行されるとは限らない（大野［2008］，p.15）。
　戦略形成はもとより，実行過程においてマネジメント層が行う意思決定のあり方については，経営理念を基軸としてなされるといった基本姿勢を堅持することの重要性が，先行研究で指摘されている（浅野［1991］など）。しかしながら，経営理念の浸透を図るプロセスにおける意思決定のあり方に関する具体的な議論は，不十分と言わざるを得ない。

本書が対象とする中小企業は，経営資源が大企業と比較して脆弱である上に，経営トップの意思決定いかんで即深刻な経営状態に陥るリスクが潜在する組織である。その意思決定がもたらす悪影響の最小化を図る全社的な仕組みを有効に機能させることが，経営理念の具現化プロセスにおいて求められるものと考えられる。たとえば，当仕組みを構築する上でミドルが重要な機能を担うものと仮定すれば，彼らの機能発揮を導くような経営トップの行為に関する具体的検討も重要となろう。

4.2.2 顧客との相互作用

サービス業で指摘されるさまざまな特性に関する先行研究のレビューからは，役務生産者と顧客との相互作用といった観点を中心に，**図表3-2**のとおり多様な知見が得られた。とくに中小企業においては，経営トップはもとより組織成員がそれぞれの立場から顧客と直接接触することが多く，市場ニーズなどの動向把握や分析が大企業に比べて容易である（清ら[1996]）。そのため，市場における微妙な動向も迅速に把握することが可能と言える。

サービスに着目した先行研究においては，無形であるサービスを，提供者と顧客との相互作用を必要とするあらゆる経済活動（Looy[1998]）ととらえ，サービスの中核価値は売り手と買い手の相互作用で生産される（蒲生[2008]）といった主張がなされている。相互作用が機能する場においては，確実，あるいは不確実なコミュニケーションが双方向で成立している。この点を踏まえながら，サービス供給志向が強い業態と，顧客側に起点を置いたニーズ把握志向が強い業態とでは，消費者とのコミュニケーションの取り方に明確な差異が見られる現状を確認する必要もあろう。

たとえば，前者におけるコミュニケーションの内容は，提供する製品の情報や販売促進に関する情報が中心であり，基本的に一方向としてとらえられる。顧客ニーズの多様性の把握が，コミュニケーションを図る目的の前提となっておらず，製品提供元としての集中的・独善的な情報分析や意思決定を行っているためと思われる。

一方，顧客ニーズの多様性を前提としたコミュニケーションを図っている顧客起点型においては，マーケットに対し提供する製品・サービスに関する情報には，品質や生産履歴，使用方法，実際のユーザー意見・要望など，多様な付加情報の公開が求められる。

[図表3-2] サービス業における役務生産者と顧客との相互作用

先行研究名	主 な 知 見
Looy[1998]	サービスとは，無形であり，サービス提供者と顧客との相互作用を必要とするあらゆる経済活動
森[2001]	○エンターテイメント・ビジネスにおいては，従業員・顧客間の相互作用を具体化したストーリーが，顧客にとって感度のあるものとして記憶に残された場合には，組織文化の理解を深め，顧客満足度を高め，顧客ロイヤルティも高める。さらに，顧客間の相互作用（これが発生する場を顧客コミュニティと呼ぶ）を具体化したストーリーも同様な効果をもつ ○エンターテイメント・ビジネスにおいては，従業員間の相互作用は極めて強く，これが組織文化（その企業の価値観の集合体），ミッション（企業の存在目的〔経営理念〕並びに事業〔ドメイン〕を表現しているもの）の強化につながっている
近藤[2004]	○サービス・マネジメント・システムの要素は，それぞれ設計対象であるシステムの要素であり，サービス生産システムを作り上げる構造的側面 ○市場の求めるサービス・コンセプト，ニーズが存在するターゲットの確定，効果的で効率的なデリバリー・システム，顧客を動かすイメージの創出，従業員の行動パターンに影響する経営理念と文化はすべて，サービス企業のある時点での構造的要因を表す
藤田[2007]	○企業において，顧客との直接的接点がない組織成員にとって，顧客サービスという意味の一つの考え方は，従業員一人ひとりが顧客のことを思い活動していくという，従業員と顧客との心的なつながりを重視すること。外部の顧客のことを心に思って自ら活動することは，顧客の方を向いて個々人が一生懸命仕事をしていることであり，自組織を運営することと必ずしも同義ではない ○組織運営には，複数人の活動の間に指示・協力関係があることと，それらによって継続的な活動を可能ならしめることが必要。サービス連鎖とは，垂直軸・水平軸双方において個々人のサービス行動が因果となり，組織体としての成果物に結実して，顧客志向が組織内部から外部へと染み渡っていくさまを描くもの ○経営組織論および組織理論が扱う組織とは，設備や作り出されるモノを対象にしているのではなく，人びとの活動およびそれらの体系を対象にしている。組織活動そのものは，有形ではなく無形の性質をもつ。人による組織の運営は，製造の体系ではなくサービスの体系であるといった着眼が，サービス・マネジメントを顧客志向の文脈でとらえる上で重要 ○顧客志向の組織運営とは，顧客に役立つ何かを作り出していくために必要な活動を継続的に回していくこと。それらの活動の担い手は従業員一人ひとりであり，継続性をもたせ，それらを回していくことに責任を負うのは上位者 ○従業員同士，および下位者と上位者との間において，サービスの連鎖をうまく循環させていくためには，それぞれの立場からの貢献があることを十分認識しなければならない
蒲生[2008]	○製品の中核価値は工場で生産され，サービスの中核価値は売り手と買い手の相互作用で生産される ○製造業では売り手側が生産するが，サービス業では買い手・クライアントが生産に直接参加 ○サービスビジネスのロジックは，顧客の価値創造を支援するプロセスを促進する

	ことであり，顧客は価値の共同制作・生産者としての役割を果たす。企業の役割は，サービスプロセスの提供および顧客の消費プロセスにおいて，価値を顧客と共同制作し生産すること
村松［2010］	企業にとっては，顧客との接点が，確実性と不確実性とが混在した情報発信と収集の場として重要であり，顧客担当スタッフの能力とそれを引き出すマネジメントが機能する制度の構築，および定着が必要となる

注：先行研究名は発表年順に記載している。
出所：筆者作成。

　企業と顧客との相互作用がもたらす，双方向コミュニケーションの主役である顧客に対しては，商品やサービスの選択，苦情など問題解決への側面的な支援につながる情報を公開するとともに，顧客反応などの質的情報の積極的収集やフィードバックが重要である。顧客起点型の企業においては，コミュニケーションの内容は多様であり，双方向性を前提として多元的な流れが輻輳しながら形成される。

　企業にとっては，顧客との接点が，確実性と不確実性とが混在した情報発信と収集の場として重要であり，顧客担当スタッフの能力とそれを引き出すマネジメントが機能する制度の構築，および定着が求められる（村松［2010］）。

　事業遂行上の重要な経営資源である顧客担当スタッフをいかに有効活用していくかは，人的資源管理に係わる領域の課題である。顧客へのサービス提供に人的資源管理が大きく関わるのは，組織の戦略・文化に合った人材の採用，組織としての責任に基づく訓練，サービス提供への動機づけを与える報酬についてである（Schneider and Bowen［1992］, p.8）。

　これは，採用・訓練・報酬というプロセスを通じて育成された優れた人的資源が，高質の顧客サービスを創出し，サービスが消費者にとっても良い経験になるという図式が描かれることを示している。

　また，企業が掲げる理念や使命を最上位として従業員の選抜・評価・報酬・キャリア発達を推進していく人的資源管理は，とくに戦略的人的資源管理と呼ばれている（Tichy, et al.［1982］, p.55）。

　戦略という言葉で形容されるゆえんは，企業が掲げる経営理念やビジョンの実現に向けて，最上位層である経営レベルから中間層である管理レベル，日常業務を遂行するオペレーションレベルに至るまで下方展開していく点にある。このような観点からも，企業事例に対する考察を深め，経営理念の浸透促進プロセスについて具体的に検討する必要があるものと考えられるが，先行研究に

おいては理論上の限界が見られる。

4.2.3　個人・関係・集団・組織アイデンティティ

　企業としての社会的存在価値や人間の労働価値を再定義することの意義について，第1章第3節第1項で言及した。労働価値の高揚を図る場合，組織成員が高いアイデンティティや職務満足度をもとに，業務の効率性を追求していくプロセスが求められよう。

　アイデンティティに関しても，先行研究からは多様な示唆が得られる。たとえば，アイデンティティとは自分が何者であるかという自己定義ないし自覚であり，**図表3-3**に示すように個人（individual or personal），関係（relational），社会・集団（social, collective/group）の三段階での把握が可能である（日野 [2010]）。

　個人的アイデンティティとは，自己が他者とは異なるユニークな存在であるという自覚を指し，独自性，自分らしさ，こうありたいという価値観と解釈される。

[図表3-3]　個人・関係・集団レベルの自己とリーダーシップ

	アイデンティティとしてみた特徴	有効なリーダーシップと生じるモチベーション
個人	他者と異なる（望ましい）属性や特徴をもつ個人として自己認識される自己	○個々人が個別の利害をもつことを認め，結果に応じて報酬を与える，配分的公正を重視するリーダーシップが有効 ○個人にとって魅力ある到達可能な目標を示すリーダーシップが，近接モチベーションを喚起する ○キャリア目標・開発によって自己開発を促す
関係	他者（関係の相手）からいかに見られているかという自己認識で定義される自己。しばしば，情緒的・感情的側面が強調される	○二重の条件依存性を意思し，情緒面に配慮するようなリーダーシップが有効。フォロワーに敬意と尊敬を示す関係の公正さが必要 ○メンタリングのような愛情をもったパーソナルな育成と，役割モデリングが自己開発を促す ○個人的魅力と役割モデリングが，近接モチベーションを引き出す
集団	その集団のメンバーらしさ（典型性）を備えているかどうかという自己認識で定義される自己	○その集団のメンバーらしさを備えていることが，リーダーシップの第一条件。その一方で集団アイデンティティ形成に関わることが期待される ○カリスマ・変革型リーダーシップが自己開発を促す ○集団のための目標と到達方法を示すリーダーシップが，近接モチベーションを引き出す

出所：日野 [2010]「図表6-2」p.172をもとに筆者一部加筆。

アイデンティティのもつ側面である社会的自己（social self）の一つが，ある社会や集団の一員といった感覚・自覚である社会・集団的アイデンティティとして関連づけられる。

社会的自己には，集団の一員としての自己であると同時に，ある個人との二者関係において自己を定義する側面がある。たとえば，子の父親としての自己，部下の上司としての自己といった自覚をもつことで，二者関係の役割を基礎に定義される自己は，関係アイデンティティとして呼称される（日野［2008］, pp. 56-58）。自分という存在を，他者との関係にもとづいて自覚する意味合いの説明が可能な概念である。

アイデンティティを，組織成員同士の相互作用の観点からとらえた研究がある。組織成員が創造性を発揮しやすい場の形成が企業にとって重要であることは論を俟たないが，アイデンティティは，経営組織が情報の相互作用の場として円滑に機能する共通基盤となるものである。成員同士が，アイデンティティにもとづいてその場で相互に作用すれば，個人のもつ情報や知識といった価値の創造が他のメンバーに波及し，企業の戦略やイノベーションなどへの創造力となる。

また，アイデンティティを企業の価値レベルでとらえた場合の要素として，**図表3-4**に示すように，言語によって明示された企業の価値観や将来像としての価値を示すものとしての経営理念，組織文化，コア・コンピタンス[7]を挙げた研究（横山［2007］）もある。この3要素には，組織全体の同一性をもたらす側面があるものと考えられる。

中小企業としてのアイデンティティ形成に言及した研究もある。共同体的経

［図表3-4］ 企業アイデンティティの構成要素

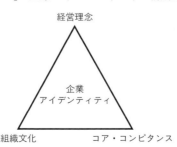

出所：横山［2007］p.39, 図3をもとに筆者一部加筆。

営は中小企業経営の核をなすものであり，中小企業のアイデンティティであるが，同時に機能体としてみれば経営の限界でもある。集団的性格としての共同体性は，創造や活力の源泉となるが，企業経営はそれだけでできるものではない。経営管理を強化しようとすれば共同体性は排除され，創造性や活力が低下する（竹内 [1995], p.55）といった，ある種の背反性も存在する。

　図表3-4の一角を占める組織文化については，価値観，行動基準として組織成員に無意識に内在化されている暗黙の前提である。経営理念や習慣によってもたらされ，コア・コンピタンスの基盤となり，さらにコミュニケーションを円滑にし，情報の相互作用を活発化するものとされる。コア・コンピタンスは，必ずしも組織成員が意識しているとは限らないが，他者に対して優位をもたらし，戦略を考える場合の前提となるものとしてとらえられる（横山 [2007], pp. 38-39）。

　経営理念の浸透問題を個人視点でとらえた場合のアイデンティティ概念の差異については，以下の整理が可能である。まず，理念浸透に向けてアイデンティティ概念を活用する場合の前提として，個人であれ組織であれ，組織内部や外部環境・社会一般に適応していく関係性から自己の他者との違いを知覚し，成員性を高めることが指摘される。

　個人アイデンティティは，組織アイデンティティの自己主張により，その一部を定義することが可能な概念ととらえることが可能である。組織アイデンティティは，経営理念を体現する位置づけとしての存在を前提に，理念を受容・体現する自己が他者からいかに見られているのかを説明する，多重的な概念である（高尾・王 [2012]）。

4.2.4　社会的アイデンティティ

　本書では，所属集団にもとづく自分自身の定義であり，集団志向の行動を方向づける概念とされる社会的アイデンティティに言及した議論にも着目した。これは，社会的集団ないし社会的カテゴリーの成員性にもとづいた，人の自己概念の諸側面，およびその感情・評価その他の心理学的関連物と定義された，集団間行動理論である（Turner et al. [1987], p.29）。

　社会的アイデンティティについては，ある社会集団の一員であるとの認識にもとづく個人の自己概念の一部であり，経営理念の普遍的内容を構成する要因となることから，個人にポジティブなアイデンティティをもたらすものといっ

た指摘もある (Tajfel [1978])。

また，個人的あるいは集合的自己を肯定的に評価する動機を原因とし，複数の集団間に生じる競争や差異の解明が中心的課題であり，その差異をもとに組織成員らしさ（典型性）の観点から自己を説明する概念とされる（Tajfel [1978]）。さらに，経営理念や行動規範，差別化戦略，事業部制組織などにより高められる概念でもある（松村 [2003]）。

なお，社会的アイデンティティ理論の中核となる前提として，人は肯定的自尊心の獲得や維持のために動機づけられること，人の自尊心のほとんどは，集団成員であることから得られる社会的アイデンティティによってもたらされることが挙げられる（柿本 [2001]）。

しかし，経営学の視点から議論のあるアイデンティティについて議論している先行研究の示唆からは，組織成員のモチベーションを喚起するリーダーシップは，いかなるプロセスや場のなかで発揮されるのか，その結果としてのアイデンティティの形成は，経営理念に依拠した行為を伴いながら，いかに把握されるのかといった考察の深掘りが見られない。

具体的に，経営理念の浸透促進との関係からとらえてみると，企業統制上の重要な依拠として位置づけられる経営理念の浸透促進を図る方策の一つとして，組織成員がアイデンティティを知覚し受容していくことの有効性について，時間軸でとらえた浸透過程の側面から検討している研究は少ないことが指摘される。

また，自己定義を主体とした個人アイデンティティや組織アイデンティティと，それらと近接しながら自己を説明する社会的アイデンティティとの差異について，アイデンティティの知覚や受容が組織成員に対し喚起し得る，具体的行動といった観点から検討している研究が少ない点も挙げられ，さらなる検討が必要である。

4.3 ミドルの結節機能

4.3.1 組織内における結節機能

経営組織における，ミドル層のリーダーシップ発揮のあり方に関する先行研究は，図表3-5のとおり数多く見受けられる。たとえば，管理者の業務遂行に必要な能力として，目標設定能力，コミュニケーション能力，組織化能力，計画策定・実行能力，動機づけ能力などが挙げられる傾向が強い。

[図表3-5] 経営理念とミドルのリーダーシップとの係わり

先行研究名	主 な 知 見
Oren [1995]	マネージャーの成功要因は，変化への高い受容力，外部現実への気配り，自己パワーと形式的権限を区別できる感性，コーチングスタイルの確立，好機を活かすビジョンの保有，高い専門性，個人間の対立などの悪影響を打開する力
清成ら [1996]	○中小企業の経営力の大半は，トップおよび上層部によって決定されており，何よりもいかに彼らの能力を高めるかが重要 ○中小企業でも中規模になれば，中堅幹部の戦力アップは緊急の課題。中堅層は，企業内において最も日常業務に追われており，研修のための休暇が取り難い ○若手をリードするための理論的武装も必要になっており，最も幹部としての能力アップの必要性を実感している
野中・竹内 [1996]	チームリーダーとしてのミドル・マネージャーが，経営トップのビジョンとしての理想と，第一線従業員が直面する錯綜したビジネスの現実や，彼らのもつ現場感覚との矛盾やズレを発展的に解消し，両者をつなぐ戦略的な結節点としての役割を担う組織システムが必要
Anita & Thibodeaux [1999]	○組織目的の主眼は，倫理的な戦略の実現 ○業績評価，販売促進，報酬や文化などの充実に向け，社風などの内在するフォーム（リーダーシップ，上層部サポート，コミュニケーション）が，いかなる戦略実現過程においても重要な役割を果たす
Bartolome, et al. [2002]	○リーダーは精神的に，組織文化に対し受容的であること ○リーダーの要件は，交渉能力，柔軟性，抜け目なさ，リスクの受容力，再建能力，保全力（信頼性），感度，忍耐力，好奇心
Hamm [2002]	○組織構造，階層構造，業績，リーダー自身の職務，時間管理の意味，社風の問題に関するメッセージは，企業内で並はずれた影響を及ぼす ○リーダーが適切に定義し，伝播，制御することにより，組織的な連携や責任を全うすることが実質的に高まる
Grojean, et al. [2004]	リーダーが倫理重視の組織風土づくりに影響与える7要件は，価値ベースのリーダーシップの発揮，例示，倫理的行為への明確な期待値の確立，倫理的振舞いに係わるフィードバック・コーチ・サポートの実施，組織的な価値を支持する振舞いに対する評価と報酬の提供，部下の個人差の認知，リーダートレーニングおよびメンタリングの確立
Walumbwa, et al. [2007]	組織の文化的な価値観は，従業員の感受性を高め，リーダーシップ・スタイルの形成に影響を及ぼす

注：先行研究名は発表年順に記載している。
出所：筆者作成。

また，管理者に必要な使命として，部下育成や自己革新が指摘されている。経営戦略の実行においては，ミドルクラスによるリーダーシップ，コミュニケーション，組織を取り巻く環境変化の受容性，コーチングスタイルの確立などが重要な要件（Oren［1995］）といった主張もある。

　ミドルに対する能力開発といった観点から見ると，中小企業のなかでも中規模の員数を有する企業ともなれば，ミドルの戦力アップは喫緊の課題となっている。たとえばミドル層は，若手をリードするための理論的武装など幹部としての能力アップの必要性を最も実感していながら，企業内において最も日常業務に追われており，研修のための休暇でさえ取り難い実態（清成ら［1996］，p.198）にあると言える。

　代表的な研究として注目されるのが，野中・竹内［1996］が提唱するミドル・アップダウン・マネジメントである。このなかで，チームのリーダーを務めることが多いミドル・マネージャー[8]は，経営トップがもつビジョンとしての理想と，第一線従業員が直面することの多い錯綜した市場の現実や，彼らのもつ現場感覚との矛盾やズレを発展的に解消し，両者をつなぐ戦略的な結節点としての役割を担う存在として位置づけている。

　加えて，ミドルの役割が機能する仕組みの必要性にも言及している。ミドルは，組織において経営トップや一般従業員を巻き込みながら，組織変革を遂行する中心的役割も担っていると主張し，求められる具体的役割の一例として，第一線の従業員および経営トップそれぞれがもつ暗黙知を統合させながら，形式知に変換することを挙げている。

　ミドル・アップダウンが，知識が創られる連続的・反復的プロセスを，最も巧く伝えることが可能なマネジメントであることも示唆している。

　暗黙知と形式知については，先行研究（野中・紺野［1966］，p.105；野中・竹内［1996］，p.21，p.89，p.191）の示唆により，**図表3-6**のとおり対比させた検討が可能である。それによれば，暗黙知は主観的で言語化し難い情念的知識，形式知は客観的で言語化された論理的知識などととらえられている。

　個人レベルの形式知を集団レベルの形式知にまで至らしめるのが，経営理念の浸透プロセスである（井上［2001］，pp.198-199）と主張した研究もある。

　ミドル・アップダウン・マネジメントについては，**図表3-7**のとおり他の既出理論との詳細な比較が示されており（野中・竹内［1996］，p.89），経営組織におけるミドルの果たす役割の重要性が明確となっている。

[図表3-6] 暗黙知と形式知の対比

暗　黙　知（Tacit knowledge）	形　式　知（Explicit Knowledge）
主観的な知（個人知）	客観的な知（組織知）
経験知（身体）	理性知（精神）
同時的な知（現在の知）	順序的な知（過去の知）
アナログ的な知，現場（実務）の知	デジタル的な知（理論）
言語化し得ない・言語化し難い知識	言語化された明示的な知識
経験や五感から得られる直接的知識	暗黙知から分節される体系的知識
現時点の知識	過去の知識
身体的な勘どころ，コツと結びついた技能	明示的な方法・手順，事物についての情報を理解するための辞書的構造
主観的・個人的	客観的・社会（知識）的
情緒的・情念的	理性的・論理的
アナログ知，現場の知	デジタル知，了解の知
特定の人間・場所・対象に，特定・限定されることが多い	情報システムによる補完などにより，場所の移動・転移，再利用が可能
身体的経験を伴う共同作業により，共有，発展，増殖が可能	言語的媒介を通じて共有，編集が可能

出所：野中・紺野［1966］p.105，野中・竹内［1996］p.89。

　日本企業のミドルに指摘される特質に言及した先行研究によれば，ミドルは，緩やかな昇進や頻繁な人事異動を通じて現場の実務に精通しながら，自社の目標や価値観を体得している。社内・社外に幅広い人脈を形成し，仕事遂行のためのネットワークを築いていることも多い（塩次・高橋・小林［2009］，p.203）。このような特質がリーダーシップの有効性を高め，日本企業の強さの源泉になっているものと考えられる。

　ただし，ミドル・アップダウン・マネジメントで取り上げられている経営組織は，本書が対象とする中小企業とは組織や人のマネジメントが異なる大企業である。したがって，中小企業においても適用可能な知見であるかの検討を要するとともに，マネジメント層による経営理念の浸透に向けたリーダーシップの発揮を制度的に補完する仕組みについても，実例の把握を含めた検討が必要である。

[図表3-7] マネジメントスタイルの特性比較

		トップダウン	ボトムアップ	ミドル・アップダウン
だれが	知識創造主体	トップ・マネジメント	企業家精神旺盛な個人	ナレッジ・エンジニア
	トップの役割	司令官	後援者，庇護者	触媒者
	ミドルの役割	情報処理者	自律的な個人	チームリーダー
どのような	蓄積される知識	形式知	暗黙知	形式知と暗黙知
	知識変換モード	部分的：連結化と内面化に焦点	部分的：共同化と表出化に焦点	全面的：共同化・表出化・連結化・内面化のスパイラル
どこに	知識の貯蔵	コンピュータ・データベースとマニュアル	個人に封じ込められている	組織の知識ベース
どのように	組織	階層組織（ヒエラルキー）	プロジェクトチームと非公式なネットワーク	階層組織とタスクフォース（ハイパーテキスト）
	コミュニケーション	命令/指令	自己組織化	対話とメタファー/アナロジーの使用
	カオスとゆらぎの許容度	カオスとゆらぎは許されない	カオスとゆらぎを前提とする	カオスとゆらぎを創造し増幅する
	弱点	トップへの過度の依存	調整に時間とコストがかかる	冗長性のコストと人的な疲弊

出所：野中・竹内 [1996] p.192。

4.3.2 経営理念の浸透に向けてミドルが発揮するリーダーシップ

経営組織におけるミドル層によるリーダーシップ発揮のあり方についても，先行研究では詳細な言及がなされている。たとえば，マネージャーの成功要因として挙げられるのは，変化の受容力の高さ，外部現実への気配り，自己パワーと形式的権限を区別できる感性，コーチングスタイルの確立，好機を活かせるビジョンの保有，高度な専門性，個人間対立などの悪影響の打開力である（Oren [1995]，p.11）。

前述した結節機能の観点からは，革新的リーダーに見られる特徴として，外部環境や内部の情報源から集めた情報が行き交う結節点をコントロールしながら方向づけていること，外部や内部の環境に顕在化した新たなニーズを認識し，将来への確かな展望をもっていること，過去における革新の成功により蓄積された積極的な姿勢をもとに，他者からの信頼を得ていることが挙げられる（河

野・Clegg［1999］, p.148)。

　リーダーの要件としては，精神的に組織文化に対し受容的であることに加え，交渉能力，柔軟性，抜け目なさ，リスクの受容力，再建能力，保全力（信頼性），感度，忍耐力，好奇心が示されている（Bartolome, et al.［2002］, p.40)。

　先行研究から得られた知見は，経営戦略の実行においては，ミドルクラスによるリーダーシップ，コミュニケーション，組織を取り巻く環境変化の受容性，コーチングスタイルの確立が重要となることである。それでは，ミドルはいかなる存在としてとらえられているのであろうか。

　たとえば，チェンジ・エージェント[9]として重要な役割を果たすとともに，戦略的な課題についての情報を集め，変革に向けてのアイデアを提示し，経営トップの意思決定が行われた後に変革を実現していく存在とされる。職務についての十分な知識をもっていることから，部門固有の文化を育ませるには適任である。

　実行役としてのミドルの立場を，部門の責任者であり文化変革を促すキーパーソンとしてとらえた場合，ミドルが経営トップと一般従業員層の双方から信頼されれば，組織のさまざまな活動の場で双方を仲介することも可能である。

　ミドルは，トップからボトムへの情報交換が容易であることから，信頼されているミドルが現状に関する経営トップの認識の現実性を否定し，危機感を高め，あるいは組織的な解凍を行えば，さらなる信頼が得られる。ミドルの戦略的な立場や過去の経験からの信頼の蓄えも利用できる（河野・Clegg［1999］, p.149)。

　ただし，取り上げた先行研究のほとんどは大企業を対象としているが，具体的な業種・業態などの属性がほとんど明らかにされておらず，得られた知見の深掘りが難しい。

　ヒト・モノ・カネ・情報といった経営資源が限定的である中小企業の場合，本来，ミドルが発揮すべき機能や役割もカバーする強いリーダーシップが，経営トップによって発揮されているケースが実態としては多い。これは，経営トップの存在感の大きさ，経営への絶大なる影響力といった中小企業ゆえの特徴によるところも大きく，大企業のミドルが置かれた環境とは大きく異なっている点である。

　大企業のような組織機能体は，機能本位の管理によって維持されるが，人間共同体としてとらえられる中小企業においては，機能とは別の規範がはたらい

ている。好ましい中小企業経営は，機能と規範とのバランスの上に成立していると言える（竹内 [1995]，p.89）。

大企業と中小企業とでは，経営組織としての存立フレームに明白な差異がみられる以上，本書が対象とする中小企業のミドルに対しても同様の適用が可能な議論であるとは限らないことを，押えておく必要があろう。

以上のことから，中小企業のミドルが経営理念の浸透促進を図る際に発揮する機能について検討する場合には，ミドルの組織内における存在や役割・機能のインパクトの大きさに関する考察の深掘りが必要と考えられ，先行研究からの知見では不十分と言わざるを得ない。

4.4 組織文化が果たす機能

4.4.1 組織文化着眼の背景および概念定義

企業経営を大きく規定するものとして，組織文化や組織風土が挙げられると主張した先行研究がある。そもそも企業経営は，その国に固有な文化や風土に影響されるものであるが，国家の文化的基盤は強固であるため，たとえば，経営環境への適応に向けた組織変革は容易ではなかろう。

企業経営の基礎には日本経済という枠組みがあり，その根底には日本の宗教的あるいは儒教的な発想や，農耕民族や縦社会といった文化人類学的特徴に固有な行動様式などが存在しているとの認識も必要である（三好 [1998]，pp. 114-115）。

経営理念が浸透していく場は組織文化そのものであり，理念浸透は組織文化の一部分の形成につながるとのとらえ方を前提に論をすすめる場合，組織文化がもたらす逆機能に着目しなければならないであろう。たとえば，組織文化の定着が組織成員の均質化と画一化をもたらすことにより，企業環境の変化に即した経営戦略や組織構造の変革がなされた際に，組織成員の価値観が依然としてなかなか変わらず，意図した変革がうまく機能しないことがある（坂下 [2000]，p.154）。

この論点をもとに，企業の経営行動の中から組織文化の逆機能が露呈した事例を把握し，現場における逆機能への認識や具体的対処法を検討する必要がある。

組織文化[10]とは何かということに同意がないと言われるように，その定義は多様である（咲川 [1998a]，p.20）。先行研究でなされている主な定義づけは，図

［図表3-8］ 組織文化の定義に係わる主な論点

主な論点（キーワード）	先　行　研　究　名	
信念，信条	間 [1971]	高田 [1986]
組織メンバー共有の観念	出口 [2006]	
組織成員共有の意味やシンボル体系	坂下 [2002a]	
価値観，行動パターンの集合	Denison [1984；1990]	
特定集団が創出，発見，発展させた基本的仮定のパターン	Schein [1985]	
組織価値，組織特性	安藤 [2001]	

注　：先行研究名は発表年順に記載している。
出所：筆者作成。

表3-8に示したとおりである。組織文化は，日常的な行為や組織成員との協働を通じて，事後にしかも無意識の内に，どちらかと言えば自然発生的に構築される性質をもっており，言葉や文章ではとらえ難い人間の深層心理部分に係わっているものと言えよう。

　文化のあり様は組織によってさまざまであるが，共通的に把握される特性として，意識の有無にかかわらず暗黙の内に定着し認知されていることが挙げられる。個々の組織では，暗黙の共通認識とは異なった価値判断基準や行動様式をもっていても，オブラートに包まれて組織内の雰囲気に迎合しやすいような面も指摘できる。

　雰囲気は時間経過とともに一層強固になる傾向があり，一度形成されると変わり難い面も否めず，経営活動の根幹である環境適応の面ではプラスにもマイナスにも作用するだけに，その活かし方が問われる。

　組織文化をどのように理解すべきかについては，先行研究でも多様な議論がある。代表的な研究では，所与の集団が外部的適応と内部的統合の諸問題を処理することを学習するにつれて，その集団によって創出され，発見され，展開された一つのパターンと定義されている（Schein [1985]，p.12）。

　組織文化を，組織の中核となるアイデンティティを形成する価値観，信念，および行動パターンの集合と定義づけした上で，大規模なサーベイを実施した例もある（Denison [1984]；[1990]）。

　さらに，組織文化を二つの側面に切り離して考察している研究もある。安藤 [2001]は，単に組織内に漠然と存在する組織価値や組織特性としての組織文化

と，組織メンバーによって一旦咀嚼されて各自が利用しやすいように加工された組織文化，つまり各組織メンバーの主体性が深く絡む組織文化とに区別する必要性を説いている（pp.90-91）。

これは，組織内地図という新たな概念定義を伴った主張であるが，その理由として，組織の共有価値や特性を咀嚼しながら組織文化を利用可能な形へと加工するためには，組織メンバーの主体性が重要となる点を挙げている（p.91）。その上で，組織文化と組織内地図との本質的差異を明示している。

経営理念の浸透を図る場である経営組織には，それぞれに特徴をもった組織文化が存在している。業態や規模の大小を問わず，競争力があり着実に業績を残すような企業は，独自の組織文化を有しているとする先行研究の議論については，第2章第1節第2項で述べた通りである（梅澤［1994］；金井・松岡・藤本［1997］；松村［1999］）。

一般的に認識される文化について，社会を構成する人びとに共有されて広く伝播していく行動や生活習慣・様式の総体ととらえるのであれば，組織文化とは，規模の大小を問わず組織内で共有化されている，個人あるいは集団的な行動パターンの態様を規定する規範や基準，価値，信念と定義づけることができよう。組織風土とは，組織構造や規定された業務標準，諸制度から導かれる特性や体質であると言える。

組織成員一人ひとりの意識や行為が集積され，創業者を含む経営者の想いや考えを長い時間をかけて多くの先達が承継し，組織内に根づかせてきたものととらえられる組織文化について，経営理念との関係性といった観点から先行研究をレビューすると，**図表3-9**に示すとおり，係わりの深さが多くの研究で指摘されている。

経営理念は，組織文化や風土そのものではないものの，それらの深いレベルで根幹をなすもの（水谷内［1992b］）であり，現実の経営管理活動を通じて理念を組織内に浸透させることにより，組織の一体感が形成されるといった見解が主流である。

Schein［1985］は組織文化について，「ある特定のグループが外部への適応や内部統合の問題に対処する際に学習した，グループ自身によって創られ，発見され，発展させられた基本的仮定のパターン」と概念定義している。共有されている価値観，信念，目標，期待される態度，行動規範などを指すとした上で，組織文化のレベルとその相互作用について**図表3-10**の分析モデルを提示してい

[図表3-9] 経営理念と組織文化との係わり

先行研究名	主 な 知 見
間 [1984]	経営理念・経営的性格・経営心理は，行動様式面から経営文化を構成
高田 [1986]	経営者文化と経営体文化の個性的秩序形成の原動力が経営理念であり，経営組織に個性的秩序ある経営体文化をもたらす
佐野・若林 [1987]	組織風土や企業文化は経営理念そのものではなく，経営理念や経営戦略が生み出す現実の経営管理活動を通じて形成，発展するもの
水谷内 [1992b]	組織文化の根幹をなすものが経営理念
咲川 [1998b]	戦略志向の全社文化が強いほど，組織では全社的な経営理念がブレイクダウンされ，下位組織独自の具体的な目標や行動原則が明確となる傾向が強い
河野・Clegg [1999]	企業文化を決定あるいは変化させる要因は，経営理念やビジョン，製品市場戦略，人事制度
梅澤 [2003]	組織文化とは，蓄積された精神，価値，規範など知的資産であり，目標とする経営理念（組織価値）の浸透と確立によって形成
Panne, et al. [2003]	組織生存力の裏づけとなるのは，強固な組織文化，革新の経験，革新に向かった会社の理念や戦略
佐藤・山田 [2004]	組織文化の機能は，組織の使命や価値，目標，活動の明確な定めを通じて組織を取り巻く環境への外的適応の機能を果たすこと，組織成員を結束させ協働行為を活性化することを通じて内的統合を図ることにより，組織の存在（構築・維持・変容）を根本から基礎づけていくこと
徳谷 [2004]	企業風土は，創業経営者の企業理念が企業全体にいきわたり，長い年月を経て社員の心と行動に反映され，資質として定着するもの

注：先行研究名は発表年順に記載している。
出所：筆者作成。

る（p.19）。

　図表3-10に示す第1段階では，建物，技術，オフィスのレイアウト，衣服のマナー，社是や社訓のような公文書，社史など創出された視聴可能なものとして，人工物（artifact）を定めている。この段階では，文化は物理的空間となり，組織成員の置かれた状況や視聴可能な行動パターンが示され，明白な行為の観察は可能となる。しかし，なぜそのような行動をとるのかという根本にある論理を理解することは難しい。

　第2段階では，人工物から解釈のために意味を抽出したものを，原則，目標，基準といった「どうあるべきか」を反映した価値（value）としている。直接の認識が難しく，人工物や組織成員に対するインタビューからの分析が必要であるが，社会的な合意のみによって実施可能であり，語る者の「そうあって欲し

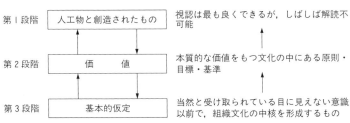

[図表3-10] 組織文化のレベルと相互作用

出所：Schein [1985] p.19, 図1および松村 [1999] p.127, 図4をもとに筆者作成。

い」という願望や行動を正当化する理由であるため，この第2段階では依然として真の理由は隠されたままである。

ただしこの段階では，リーダーの価値表明が重要な役割を果たす側面がある。すなわち，その結果が機能し，組織成員が成功への認識を共有すれば，価値が徐々に認知的変容の過程を開始し，究極的な一つの仮定となる。

真の理由については，意識の外にありながら皆に当たり前のごとく認められた基本的仮定として，学習過程で身につけられた反応そのものであるとしている。意識されている価値に比べ，無意識の内にあるために議論の対象とはならず，組織成員でさえも理解することは難しい。その意味では，民族性や人間性，人間行動，人間関係の本質のとらえ方なども含まれる。

第2段階の価値による行動が，繰り返しの学習体験の結果，考えるまでもなく行動するようになると，その価値観はもはや議論の余地がない当たり前のものとなる。これが第3段階の基本的仮定（basic assumption）であり，実際に行動を喚起し，組織成員の知覚や考え，感じ方についての暗黙の仮定として，組織文化の中核を形成する（Schein [1985], pp.19-24）。

組織文化と組織風土について，**図表3-11**のとおり対比させながら検討した研究もある。組織文化は，組織に培養され蓄積されている精神，価値と規範，体質という性格をもっており，経営理念の浸透と確立によって形成されるものととらえている。

組織風土は，組織の目標や方針，経営の諸制度，歴史や地域性，トップの姿勢などが複合しながら，自然発生的に醸成される性格をもつとしている（梅澤 [2003], p.15, p.16）。また，組織風土は，「職場環境で生活し活動している人が，直接的あるいは間接的に認知し，組織メンバーのモチベーションや行動に影響

[図表3-11] 組織文化と組織風土

組織文化	蓄積された精神，価値，規範など知的資産 ↑ 目標とする経営理念（組織価値）の浸透と確立によって形成される
組織風土	一定の行動様式，慣習・慣行・伝統，風習・雰囲気，土壌 ↑ 業態，社歴，地域性，目標や方針，諸制度などによって醸成される

出所：梅澤 [2003] p.15。

を及ぼすと考えられる，一連の仕事環境の測定可能な特性」と概念定義している（岡村ら [2007], p.224）。

先行研究からは，経営理念と組織文化との直接的な関係性は把握されるが，組織風土については，組織文化に包含された下位文化あるいは拮抗文化としての位置づけと解釈され，経営理念とは間接的に係わるものとして理解できる。

なお，梅澤 [2003] は，組織文化を経営理念浸透の観点から規範的に分析しているが，桑田・田尾 [1998] は，組織文化の強弱について凝集性の観点から事実解明的に分析している。組織文化の強い組織では凝集性も強いとの指摘であり，文化の強弱について考察するなかで経営理念との関係性にもふれている。

4.4.2 主なパラダイムをもとにした組織文化

組織文化は，組織シンボリズム論[11]から見ると，共有されたシンボル体系や意味体系である（坂下 [2001], p.15）。組織シンボリズム論は機能主義と解釈主義に依拠しているが，機能主義的な当理論では，シンボルそのものを客観的実在物としてとらえ，シンボルが機能として働いたときにシステムとしての組織が維持存続するとしている（坂下 [2002a]）。図表3-12に示すとおり，組織文化論は，機能主義的理論と解釈主義的理論とに区別される（坂下 [2001], p.15）。

したがって，組織文化を経営理念が浸透した成果としてとらえた研究をすすめる上では，両主義に係わる理論上の論点や方法論について，相互にいかに異なるのかを比較検討しておく必要がある。

具体的には，組織文化は関係する個々人の相互作用にもとづきながら，いかに生成されるのかを主な論点とする。その上で，ケース・スタディ実施企業でとらえられる発見事実の個性を記述していく解釈主義的理論を援用しながら，分析や考察をすすめることが必要と判断される。その結果は，本書としての組

[図表3-12] 主なパラダイムをもとにした組織文化論比較

論点	機能主義	解釈主義
概念定義	外部環境との係わりにおいて一定の機能を果たすもの	グループのメンバー間の相互作用による認知図式の,絶えざる形成と修正の結果生じるもの
基本的考え方	環境との適合がなされ,均質で一元的な強い文化を構築することにより,競争優位が実現	文化の創発性を重視
組織文化に対する問題意識	なぜ組織文化は維持存続するのか	組織文化はどのように生成するのか
パラダイムとしてのとらえ方	単一で強大	反機能主義を標榜した多くのミニ・パラダイムの総称
マネジメントの可否	可能	不可能
特徴	実在論,実証主義,決定論	唯名論,反実証主義,主意主義
記述方法	法則定立主義	個性記述主義 類型記述主義(現象学的社会学)
仮定	社会的世界が成員の認識から独立した客観的実在の世界であり,人間存在やその活動は状況や環境により決定	社会的世界が実在する構造ではなく,関係する諸個人の相互作用によって社会的に構成された間主観的な意味世界
客観的因果法則の解明方法	体系的手続や手法にもとづくサーベイリサーチ,定量的データの統計分析による仮説検証	
観察者(研究者)認識の社会的世界	観察者および内部者(社会的世界の構成員)からも独立した実在物	

出所:坂下[2001]をもとに筆者作成。

織文化の定義づけや,リサーチ・クエスチョンの解決方法の検討に資するものでなければならないことは,言うまでもない。

ただし,組織文化は,経営資源の有効活用に向けた組織変革を実行する際の阻害要因となり,新たなマネジメントの組織定着を図る段階には重要な影響を及ぼす(横尾[2010],p.36)とされる。このように,組織文化は経営理念の浸透促進を図る際の阻害要因にもなるとした先行研究の指摘はあるものの,具体的な阻害事例などをもとにした踏み込んだ考察は乏しいと言わざるを得ない。

4.4.3 組織文化の逆機能

組織文化を経営組織に共有された意味の体系ととらえた場合，組織文化は順機能だけでなく逆機能も合わせもつ諸刃の剣となる。つまり，環境が安定している場合，組織文化は順機能によって企業に高業績をもたらすが，環境に変化が生じ，企業が適応しようとする段になると，組織文化は逆機能を露呈しはじめるのである（松村［1999］, p.115, pp.118-119）。

組織文化の定着が露呈させる逆機能は，組織成員の均質化と画一化をもたらす。そして，企業を取り巻く環境の変化に伴って経営戦略や組織構造の変革がなされた際に，組織成員の価値観や基本的仮定が依然としてなかなか変わらず，意図した変革がうまく機能しない場合があることを指している（坂下［2000］, pp. 153-154）。

なお，強い組織文化が業績的にポジティブな影響を与えると指摘されることが多いが，厳密に言えば，問題のある強い組織文化であればネガティブな影響も発生する。そのため，強い文化の共有だけでは財務業績にポジティブな影響を及ぼすとは限らず，逆機能をもたらす要因の特定には難しさも認められる（鈴木［2009］, p.15）。

逆機能が組織マネジメントに及ぼす影響について検討する。たとえば，強い組織文化のもとにマネジメント層による管理や統制を強化すればするほど，生産性を伴わない細かなルール作りばかりが増え，組織成員の士気や挑戦意欲の低下といった懸念が生じるのではないか。成員一人ひとりの自律・自制の意識を高揚させることが先決と考えるのであれば，ルール強化に依存するのは得策ではない。

担当する職務が企業や社会全体に対しどのように貢献しているのか，所属企業が社会から存在価値のある経営組織としていかに評価されているのかについて，組織成員個々人が誇りをもってとらえられる仕組みを構築し，その定着を図っていく方向の議論が求められるのではないだろうか。しかし，先行研究の示唆からは，そのような仕組みの具体例を把握することは難しく，企業事例からの実態把握を通じた個別具体的な検討が必要である。

4.4.4 逆機能の露呈態様と対応策

組織文化がもたらす逆機能が経営活動において露呈した場合，いかなる対応策が有効なのであろうか。たとえば，ＣＩ（Corporate Identity）活動への取り

組みは，企業外部の環境変化を浮き彫りにしながら，組織成員の心理的抵抗や共感を損なうことなく巧みに経営理念の体系に組み込まれる。その結果，企業アイデンティティの確立による組織文化の変容が可能となる。ただし，組織文化に係わる懸念として，環境適応という次元においては障害となる場合がある。

とくに，急激な環境変化に対し組織文化が有する意味づけ[12]作用は機能不全を起こす可能性があること，人びとの間に安定的なパターンをもたらす組織文化は異質性を嫌い，変化に対する意見や逸脱者を消し去ること，組織文化がもつ頑強性の原因は，感情が存在するゆえに現状懐疑，現状否定ができないことが挙げられる（松村［1999］，p.119, p.124）。

ＣＩ活動の本来目的は，全組織成員の意識改革および認識の共有化にあるものと考えられるが，これまでのＣＩ活動は，充実した経営資源をもとに世界的な競争力を有する国際企業へと変身していったような，大企業を中心に展開されてきた経緯がある。

1980年代後半からのわが国におけるＣＩ活動ブームの背景として，1990年代以降の経営環境が各企業の経営目標に対し，今までの量的目標（たとえば，繁栄，拡大，高技術，高品質など）に加え，質的目標（たとえば，企業の存在理由，価値，社会的責任など）の明示を要求することとなった点が挙げられる。

その上で，1990年代におけるＣＩ活動の盛況を，各企業が来るべき社会が求める価値やコンセプトに合わせ，自らのイメージと存在理由を明らかにすることに多大の努力を注ぐようになった，1980年代後半以降の進化の過程を示す随伴現象と見ることができる。しかし，その後の経過を見ると，多くの企業においてＣＩ活動の効果に陰りが差しており，従業員の意識や行動変革に起因した企業文化の革新にまでＣＩ活動が進化しなかったものと言える（若林ら［1991］，p.81）。

本書が研究対象としている中小企業において，ＣＩ活動がいかに実効性のある形で，企業の基本活動として定着するものなのかについて言及した研究は数少ない。経営効率化に向けたＣＩ活動以外の既存の業務標準や手法から，組織文化の逆機能対策としての有効性を見出すことの可能性についても定かでなく，理論としての限界が見られる。したがって，企業実態についての深掘りを図る研究が必要と考えられる。

4.5 組織変革のプロセス

近年,企業を取り巻く経営環境が一層厳しくなるなかで,組織変革に関する議論が盛んである。経営の現場で実際に取り組まれている組織変革は,手段であって目的ではない。企業が組織変革に取り組む目的は,成熟化した組織の創造性を高め,革新的なサービスや製品を継続的に創出できる組織を再構築することにあると言える(山﨑[2004], p.81)。革新的なサービスや製品の不断の創出が可能な組織に変化していかなければ,組織変革の本来目的を達成したとは言い難い。

組織変革については,変化を要する経営要因の領域の違いから,漸進的変革と不連続変革の2類型が明示されている。

漸進的変革は,安定期に組織の構成要素間の整合性を絶えず改善する変革であり,比較的小規模な企業の機能改善を積み重ねていく。現行組織の枠組みのなかで行われる連続的変革として,通常のマネジメント・プロセスに組み込むことも可能である。

不連続変革は,経営環境の不安定期に,業務組織の各構成要素の性質を規定するビジョン,戦略,組織文化や,全く新しい業務システムや公式組織などを築こうとする変革であり,組織基盤の変更にまで及ぶ大規模な変革である。組織全体に関わる経営要因の変更であり,必然的にトップ・マネジメント主導の全社的な変革となる(山﨑[2004], p.31)。

不連続の組織変革の対象は,あらゆる経営要因の基盤となるビジョンや組織文化である。当変革のプロセスは,トップ・マネジメントのリーダーシップと組織学習といった,企業文化の形成における重要な経営要因が大きく関わっており(山﨑[2004], pp.35-36),変革の必要性認識,組織内共有の方向性決定,変革実行,変革の総まとめ,変革持続といった5段階のプロセスで明示されている(Walton, et al. [1995])。

これらのことから,経営ビジョンや思想を凝縮し,成文化したものが経営理念であるとするならば,自組織でいかに理念が理解・受容されているのかを把握し,その方策を評価,改善していくことが組織変革の最重要課題ということになる。

なお,普及という概念に言及した先行研究においては,伝統的なトップダウンを説いた分析的アプローチ,およびボトムアップを説いたプロセスアプロー

[図表3-13] 組織変革の概念定義・プロセス

先行研究名	主 な 知 見
山﨑 [2004]	○企業における組織変革への取り組みは活発であるが，組織変革は手段であって目的ではない。企業が組織変革に取り組む目的は，成熟化した組織の創造性を高め，革新的サービスや製品を継続的に創出できる組織としての再構築 ○組織変革は，まず，現行の組織が成熟化した状態にあり，創造性が著しく低下するなかで，外部環境との間にミスフィットが生じていることを企業が察知することから始まる。次に，現状の経営資源では容易には達成できないと思われる高次の目標を設定し，組織内にイノベーション・ギャップを作り出すことで組織に揺さぶりをかけ，組織内のさまざまな要素や活動と，戦略やマネジメント・プロセスとの間の既存の適合関係を意図的に壊していくことが必要
岡村ら [2007]	○とくに，借入依存度の高い中小企業の場合には，経営者一人のトップダウンによるスピード重視経営から，従業員が主役となって本気で会社のことを考え関わっていく「参画型経営」に転換することにより，組織成員一人ひとりの潜在力を引き出し，今ある経営資源を最大限に活用していくことが重要になる ○変化に対し前向きな組織においては，個人の自発性を重視し，進んでチームとしての相互協力関係が築かれていく環境の下で，失敗や混乱も前向きな行動の結果として許容され，問題もまた顕在化されやすくなっていく
西 [2008]	○計画的変化とは，経営者が変革を計画し，遂行する際に組織成員をかかわらせたり，コミットさせるプロセス。この計画的変化は，Lewin[1951]の主張である組織変革の解凍（unfreezing）・移行（move）・再凍結（refreezing）の3段階を強化するもの ○解凍段階では，組織の現在の思考・行動パターンや信念が必ずしも望ましいものではなく，何らかの変革が必要であることを組織成員に認識させる。移行段階では，新たに身につけるべき行動パターンや価値観などを組織成員に身につけさせることに注力し，組織が環境適応型へと移行していく。再凍結段階で，新しい行動パターンや価値観が組織成員に固定化される ○計画的変化が重要となるのは，組織成員に行動パターンや価値観を創造し，変革を行い，「新しい変革」を定着させる移行段階および再凍結段階。計画的変化では，経営者が組織成員に対し，価値観や行動パターンを含め，いかに変革していくのかについての「ロードマップ」を提示。この提示により，その方向へ組織成員を導き，コミットさせるだけではなく，組織成員やステークホルダーに対して変革への役割や責任を明確化し，付与する。結果として，組織における「慣性」を揺るがし，組織成員からの変革への抵抗を緩和するのと同時に，新しい行動パターンや価値観を組織成員やステークホルダーに固定することにつながる
横尾 [2010]	○組織変革の最終目的は，継続的自己変革を創出する組織への変革 ○組織の整合性モデルは，変化を要する経営要因の領域の違いから，漸進的変革と不連続変革の2類型で明示が可能 ○不連続変革に限定した変革プロセスは，変革の必要性認識，組織内共有の方向性決定，変革実行，変革の総まとめ，変革持続といった5段階のプロセス（Walton, et al. [1995]） ○変革の準備段階をより説明し，企業文化との関わりを重要な課題ととらえた組織変革は，危機意識の醸成，変革を推進する連帯チームの構築，ビジョンの構

| | 築と提示，ビジョンの広範な伝達，広範囲の人材のエンパワー，短期的成果の創出，変革成果によるさらなる変革推進，新方法の企業文化としての定着化といった，8段階で明示される（Kotter［1995］） |

注：先行研究名は発表年順に記載している。
出所：筆者作成。

チの2分類が存在する。トップダウンおよびボトムアップのアプローチを，ミドルという結節点で接合させることの有効性について，組織変革の代表モデルの流れを汲みながら説いているのが，本章本節第3項で取り上げたミドル・アップダウン・マネジメントである。

　経営環境の不確実性が増すなかでは，程度の差こそあれ，組織変革と全く無縁の企業を見出すことは困難である。とくに，経営環境の変化に対する柔軟な適応ができず，業績悪化が進行している企業においては，組織存続のための大規模な組織変革が喫緊の課題となることは論を俟たない。

　このような認識や第2章で取り上げた先行研究を考察すると，経営理念の浸透問題の検討にあたっては，図表3-13に示したような組織変革に係わる先行研究の示唆も踏まえながら，有効性のある浸透施策を検討する必要があるものと考えられる。ただし，経営理念浸透の必要性や有効性について組織変革の視点からアプローチした先行研究を見出すことは難しく，理論としての限界が見られる。

5．経営理念に関する既存研究の限界と総括

　本章においても前章同様，現在に至るまで多様な視点から多くの研究が重ねられている経営理念について，国内外の先行研究を考察し，具体的な事実をもとに把握が可能な知見はもとより，把握が難しく本書の研究課題として取り上げるべき論点を明らかにした。その結果について考察を加えることで，第4章第5節第2項に後述する分析視座の構築根拠となる論点を整理している。

　第2章では，本書で掲げる問題意識の解決に必要と考えられる観点から，関連する先行研究をレビューした。本章第4節第1項では，経営理念が浸透する意味合いについて考察したものの，浸透の深まりが具体的にいかに自覚されていくのかに関する言及が少なく，その仕組みやプログラムが明示できる踏み込んだ検討の必要性が認められた。

経営理念が浸透することで組織や人にもたらされる有効性については，経営理念の個々人への内在化や定着が人びとの凝集性を強め，企業への一体感や組織に対するコミットメントを高めること，経営理念と現実との関係が受容されることで仕事の有意味性の向上が期待されることなどが，先行研究で挙げられている。

　また，経営理念の浸透促進によって期待される組織パフォーマンスの向上については，経営理念主導型の経営における浸透施策の実行が，浸透度を深め，精神の理解をすすめるとともに，顧客満足と従業員満足の双方に直接的または間接的につながってくるとの指摘がある。しかし先行研究からは，なぜ経営理念は浸透するのか，浸透とはいかなる状態・様相を指すのかに関する示唆が十分に得られず，具体的な事象にもとづく解釈や検討に向けては限界が見られる。

　本章第4節第2項では，経営理念の浸透が組織や人に及ぼす影響について言及のある先行研究をレビューした。まず，普遍的で抽象的な価値観ととらえられる経営理念を活かす枠組みを，経営活動上のパフォーマンスが企業価値向上に至るプロセスとしてとらえた場合，経営理念の浸透促進を図る観点からいかに把握されるのかを考察している。

　この点について，経営理念構築のプロセスとは，暗黙知の形式知化であり，経営理念浸透のプロセスとは，個人レベルの形式知から集団レベルの形式知化までを指すといった知見が得られた。また，組織の内外に何かを浸透させる場合の重要な要因の一つとして，コミュニケーションのあり方が指摘されている。フォーマル・インフォーマルを問わず，部門を超えた組織横断的なコミュニケーションの定着が，経営の第一線が発信する活きた情報や意見交換を機能させる前提との示唆である。

　次に，ヒト・モノ・カネ・情報といった経営資源が大企業と比較して脆弱である中小企業の場合，経営トップの意思決定いかんで即深刻な経営状態に陥る潜在リスクを鑑みる必要性が指摘されることから，トップによる意思決定のあり方に関する先行研究を考察した。主な研究では，経営に悪影響をもたらす意思決定の最小化を図る全社的な仕組みが，経営理念の具現化を図るプロセスにおいて機能するよう求められている。

　サービス業のもつさまざまな特性のなかで，企業側の役務生産者と顧客との相互作用については，先行研究でも多様なとらえ方がなされている。とくに企業にとっては，顧客との接点が確実性，あるいは不確実性が混在した情報発信

と収集の場として重要である。顧客担当スタッフの能力を引き出すマネジメントが機能する制度の構築，および定着が重要といった示唆を，本書のケース・スタディでは踏まえなければならない。

　第1章第3節第1項では，企業としての社会的存在価値や人間の労働価値を再定義した上で，経営活動の根本に据える意義についても言及している。そこで，労働価値の向上を図る場合，組織成員が高いアイデンティティや職務満足度をもとに業務の効率性を追求していくプロセスが求められるものと想定し，アイデンティティに関する多様な先行研究も考察した。

　その結果，個人的なアイデンティティは自己が他者とは異なるユニークな存在としての自覚を指し，他者と異なる価値観や信念，目標，資質を有しているとの認識を意味すること，企業価値に係わるアイデンティティを構成する要素には，経営理念やビジョン，組織文化，コア・コンピタンスが挙げられることが判明した。

　組織成員一人ひとりが，自らのアイデンティティをもとに取り巻く情報の相互作用を活用できるとすれば，自分自身の主観的な潜在能力を内省し，外部評価が可能な形に客体化していく努力が求められる。このことを踏まえ，高次の個人アイデンティティ，すなわち社員である自己，部下である自己としての誇りの醸成につながる事象について，具体例を把握し検討する必要性を確認した。

　本章第4節第3項では，経営組織におけるミドルの役割や機能に言及した先行研究を考察した。代表的な主張であるミドル・アップダウン・マネジメントでは，ミドルに求められる具体的役割の一例として，第一線従業員のもつ暗黙知と経営トップのもつ暗黙知とを統合させながら，形式知に変換することが挙げられている。同時に，知識が創られる連続的・反復的プロセスを最も巧く伝え，チームリーダーとしてのミドルに求められる対話型マネジメントのすすめ方を明示した内容として確認された。

　主眼は，経営トップからの指示を下位職者に伝えるだけでなく，自らのビジョンを練りながら自部門の戦略を語れる，創造的ミドルとしての機能発揮である。労働を通じて自己実現や報酬の獲得，社会参加をなす組織成員に対し，経営理念の浸透促進を図っていくためには，経営理念に包含されるメッセージを実務レベルにまで徹底して客体化していくことが，重要な手続きの一つとなる。そこで求められるのが，ミドルが組織内の結節点として果たす機能と言えることも判明した。

ただし、ミドル・アップダウン・マネジメントで対象とされている経営組織は大企業であり、中小企業においてはいかなる形での適用が可能な知見であるのか、検討を要する。同時に、ミドル以上のマネジメント層による経営理念の浸透に向けたリーダーシップの発揮を制度的に補完する仕組みについて、実例の把握を含めた検討も必要である。

また、企業経営を大きく規定するものとして、組織文化や組織風土を取り上げた研究が多くなされていることから、本章第4節第4項では、経営理念の浸透における組織文化の係わりについて言及した先行研究を考察した。その結果、経営理念は組織文化や風土そのものではないものの、それらの深いレベルで根幹をなすものであり、経営活動を通じて理念の組織内浸透を図ることは組織的一体感の形成につながるとの示唆が主流であった。

組織文化論が、機能主義的理論と解釈主義的理論とに区別されていることを踏まえ、組織文化を経営理念が浸透した成果としてとらえながら研究をすすめるためには、両主義に係わる理論上の論点や方法論について、いかに異なるのかを相互に比較検討する必要があることも把握した。

その結果、組織文化は関係する個々人の相互作用にもとづきながらいかに生成されるのかを主な論点として、事例研究企業でとらえられる発見事実の個性を記述していく解釈主義的理論を援用し、本書の論究をすすめることとした。

次に、組織文化に指摘される逆機能に着目した。強力な文化とは、組織自体が確固たる信念や信条を体系的に保持している状態であり、組織成員は信念を共有しながら文化に忠実に準拠した行動をとることになる。組織文化の逆機能性が露呈した事象への有効な対応策として、ＣＩ活動を挙げ、企業アイデンティティの確立という形で企業文化の変容を可能とすることを指摘した先行研究もある。

しかしながら、当活動の本来目的である全組織成員の意識改革や認識の共有化が、中小企業においていかに経営者の意思を反映しながら実効性ある形で推進可能であるのか、企業経営の一環として定着するのかに関する言及は多くない。経営の効率化を目的としたＣＩ活動以外の既存業務標準や手法をもとに、組織文化の逆機能が露呈した場合の有効策を見出すことの可能性についても定かでなく、理論としての限界が見られた。企業実態についての深掘りを図る研究が必要と言える。

本章第4節第5項では、近年、企業を取り巻く経営環境が一層厳しくなるな

かで盛んとなっている，組織変革に係わる議論を考察した。先行研究では，変化を要する経営要因の領域の違いから，漸進的変革と不連続変革の2類型で明示されている。不連続の組織変革の対象は，あらゆる経営要因の基盤となるビジョンや組織文化であるとされ，当変革のプロセスは，トップ・マネジメントのリーダーシップと組織学習といった，組織文化の形成における重要な経営要因が大きく関わっていることを把握した。

　経営環境の不確実性が増すなかでは，程度の差こそあれ，組織変革と全く無縁の企業を見出すことは困難である。このことを勘案すれば，経営理念の浸透問題の検討にあたっては，組織変革の問題に言及した先行研究も踏まえながら，有効な浸透施策を検討する必要があるものと考えられる。

　なお，本書のリサーチ・クエスチョンを解決するにあたり，先行研究で採られている方法論上の問題についても，理論上の限界として指摘しておきたい。

　まず，経営理念の浸透に深く係わるのは言うまでもなく組織成員であり，その意思や行為といったミクロ的な視点からの考察が必要である。たとえば，本書が着目しているミドルの経営行動における発揮機能については，ほとんどの先行研究が研究対象としている大企業よりも，経営資源に乏しい中小企業の方が求められるインパクトは大きいものと考えられる。したがって，経営理念の浸透問題を検討する場合の研究対象組織としては，中小企業が適していると言えよう。

　そこで，中小企業に指摘される経営課題，および経営理念の概念定義や機能，さらには経営理念の浸透が組織や人に及ぼす影響など，経営理念浸透の理論的背景に言及している先行研究をレビューした結果をもとに，解明済みと判断される論点と未解明と判断される論点とに分別した。その結果，先行研究における理論上の限界が**図表3-14**のとおり明らかとなった。

　なお，第2章および本章でレビューした先行研究に関しては，考察の対象とした経営組織の業種・業態・規模といった基本的属性に，意図をもって言及している研究は少数と言える。

　また，経営理念の浸透に係わる調査研究には相当の時間経過を要するものと考えられるが，実際の調査期間において得られた発見事実の時系列変化といった観点から考察した内容が不十分である。さらに，先行研究で示された成果がいかなる既存の理論体系に立脚した内容であるのかといった観点から見た場合に，確認が難しい研究例も散見される。

第3章 経営理念の必要性と有効性　71

[図表3-14] 経営理念浸透の理論的背景に関する先行研究の限界

No.	レビュー視点	解明済みと判断される論点	未解明と判断される論点
1	中小企業経営の一貫性や非組織的経営活動	－	中小企業の個別経営にみられる一貫性や非組織性的経営活動を表す具体的な事象
2	経営理念浸透の有効性	経営理念の存在や，その浸透施策と，企業の経営成果との緩い関連の存在	企業業績との有意な関係性が見出せる経営理念浸透施策の採用と，経営理念浸透プロセスとの関連性
2	経営理念浸透の有効性	経営理念の浸透を図ることが，知識創造や組織変革をもたらし，最終的には企業維持に向けた付加価値の向上につながることを示すプロセスの存在	組織成員に対する経営理念浸透を可能とする具体的プロセス。経営理念の浸透と，組織成員個人のパフォーマンスとの関係性
2	経営理念浸透の有効性	経営理念は，行動と意思決定を導く拠りどころとして組織成員を動機づけ，組織文化を創出・表現する	経営理念の浸透が，組織成員の動機づけや組織文化の創出・表現につながる具体的プロセスやフェーズ
3	経営理念の定義主体	定義づけの対象として挙げられるのは，組織体または経営者	定義主体を組織とした場合の，規模の特定（大企業または中小企業）
4	理論的立脚点	－	学術論文として立脚している，具体的な既存理論
5	経営理念浸透の意味づけ	経営理念の浸透は，組織成員が理念と現実との乖離や矛盾を内省し，理念の意味に気づくプロセス	経営理念浸透の深化が自覚できる具体的なプロセスや仕組み
5	経営理念浸透の意味づけ	経営理念浸透の効果を導くには，リーダー自らの行動によって浸透を図る「一次浸透メカニズム」と，リーダーの行動を補強する「二次浸透メカニズム」との整合性の担保が必要	
6	経営理念の浸透を図ることの有効性	経営理念の組織成員個々人への内面化や定着は，成員の凝集性や，組織に対するコミットメントを高める	経営理念が浸透する具体的な理由，状態や様相。経営理念の浸透が，組織や人に及ぼす具体的な影響
6	経営理念の浸透を図ることの有効性	経営トップが抱いている高次の理想や意思，姿勢に対し，組織共通目的との矛盾がなく，信頼できることを組織成員が確認できるプロセスとなる	長期的で高次の理想にもとづく経営理念が浸透する，具体的方針や方策。浸透に必要と考えられる時間経過
		組織内外に浸透を図る際の重要な要因は，コミュニケーションのあり方	マネジメント層がコミュニケーションをリードする際に求められる機能
		経営戦略の形成や実行の主眼は，経営理念を基軸としたマネジメント層による意思決定	マネジメント層による有効な意思決定がなされる，経営理念の浸透プロセス

7	経営理念の浸透が組織・人に及ぼす影響	顧客サービスの提供に戦略的人的資源管理が係わるのは、経営理念やビジョンの実現に向け、経営トップから一般従業員層に戦略展開を図るため	組織内の上位層から下位層に向けて戦略展開を図る、理論的な経営理念浸透プロセス
		経営理念は、企業アイデンティティの重要な構成要素	アイデンティティ形成につながる、経営理念に依拠した具体的行為
		アイデンティティは、経営組織が情報の相互作用の場として円滑に機能するための共通基盤であり、組織成員同士の相互作用は、企業戦略やイノベーションの創造力	経営理念を基軸とした組織成員の相互作用が、企業戦略やイノベーションの創造をもたらす際の時系列変化
8	ミドルの結節機能	大企業におけるミドルの中心的役割は、経営トップと一般従業員がそれぞれもつ、暗黙知と形式知との統合を図ること	中小企業のミドルが、経営理念の浸透プロセスにおいて果たす機能の有効性
9	経営理念と組織文化との係わり	経営理念は組織文化の根幹をなし、戦略志向の強い組織ほど、経営理念は全社的にブレイクダウンされる	中小企業を研究対象とした場合の、経営理念と組織文化との関係に見られる論理性および有効性
		組織文化の逆機能は、経営理念浸透の阻害要因となる	組織文化の逆機能露呈対応策としての、既存経営管理システムや業務標準の有効性、および具体的事例
		組織文化の強い組織ほど、組織成員の凝集性も強い	組織文化の強弱と、経営理念の浸透度との関係
10	経営理念と組織変革との係わり	経営組織における経営理念への理解・受容に向けた方策の策定、評価、改善が、組織変革上の最重要課題	組織変革の視点からとらえた、経営理念浸透の具体的プロセス

出所：筆者作成。

　最後に、第2章および本章において取り上げた先行研究に係わる多様な議論のレビュー結果について、図表3-15のとおり総括した。このなかで、具体的な事例をもとに中小企業対象の研究成果として把握できなかった論点については、第4章第5節第2項における分析視座構築の検討素材として活かすこととした。

　ただし、本書ではリサーチ・クエスチョン（第3章第2節）として、中小企業における経営理念浸透の意義、理念浸透プロセスにおけるミドルの機能、理念浸透の阻害要因を挙げ、ケース・スタディをもとに解明するとしている。

　この点を踏まえ、分析視座の構築に向けては、図表3-15の3．経営理念と組織・人との係わり、および4．経営理念の浸透プロセスに関し、中小企業を対象とした研究成果としては把握できなかった論点を対象に検討する。

第3章 経営理念の必要性と有効性

[図表3-15] 第2章および本章における先行研究レビュー結果の総括

先行研究レビューにより得られた知見	先行研究レビューからは，具体的な事例をもとに中小企業対象の研究成果として把握できなかった論点
1．中小企業に係る先行研究の理論的限界〔1，10〕	
○中小企業に係る先行研究の議論には，中小企業を大企業との関係からマクロ的視点でとらえ，大企業の収奪対象として論じるマルクス主義的枠組みにもとづく二重構造論を中心になす潮流と，量的および質的な成長性といったミクロ的な側面から論じている中小企業成長論などがなす潮流が存在 ○経営理念の浸透に係わる必要性・有効性やプロセスを，個別企業事例をもとに検討する場合，経営組織を単に集団的（マクロ的）にとらえた視点からでは，個々の企業の潜在特性にもとづく考察は困難 ○ミクロ的な視点にもとづいた先行研究は，対象とした経営組織から得られた発見事実を羅列した内容が多く，新たな理論的知見や含意の把握が困難	○中小企業をマクロ的あるいはミクロ的にとらえた先行研究にみられる理論上の弱点を補完する形で，中小企業の個別経営から得られた発見事実を精緻化し，考察した議論
2．経営理念起草時に着目すべき基本的視点に関して〔2〕	
○経営理念の階層性・領域性は，経営理念の浸透促進を図る上での有効な枠組みであるとともに，とくに階層性は，理念の構成を検討あるいは評価する上でも，具備されるべき重要な要件 ○経営組織における理念浸透の主な利点は，内部統合および外部適応 ○経営戦略策定ベースとなる組織内共通言語としての経営理念の機能は，情報のもつ不確実性の削減阻害要因である多義性の低減や，組織成員の意思や行動を意図する形に方向づけることによる事態解決や改善	○階層性や領域性を具備させることと，経営理念の浸透を有効に図る要件との関係性や，具体的な利点
3．経営理念と組織・人との係わりに関して〔5，6，7，8〕	
○経営理念の浸透促進を図る上でミドル層に期待される発揮機能は，組織成員の経営参画意識を醸成し高めていく機能，および経営トップや組織そのものに対する自覚を導きながら高めていく機能 ○創造的な行動には，経営トップ個人が抱く高い道徳性をもった信念と，従業員の欲求・動機，社会的環境の要請が相互に作用して見出され，長期的で高次の理想を表現した経営理念の浸透	○マネジメント層による，経営理念の浸透に向けたリーダーシップの発揮に対し，制度的な補完が可能である仕組み ○ミドルによる経営理念浸透促進への働きかけスタイルを，ミドルの年齢層別でみた場合に認められる差異 ○マネジメント層が，自己経験から学習してマネジメントスタイルを変更させた事例，およびその評価

○が重要 ○企業行動の基本的方向を決定づける，上層部による戦略的意思決定は，とくに不確実性の高い状況下においては，主観的な価値判断としての経営理念やビジョンが重要 ○経営理念の浸透促進行為は，組織内部の人的資源にとどまらず，組織外部のステークホルダーに対しても満足度を向上させる形で影響を及ぼす ○経営理念を組織パフォーマンスに結実させる一つの方策は，経営理念の解釈の自由度を大きくし，理念の意味がボトムアップで構築するよう，現場における試行錯誤や議論を重視すること ○ミドルに求められるのは，経営トップの意思や指示を下位職者へ単に伝達するのみならず，自らのビジョンを練りながら自部門の戦略を語れる，創造的なミドルとしての機能発揮 ○企業価値に係わるアイデンティティの構成要素は，企業理念やビジョン，企業文化，コア・コンピタンス ○コミュニケーションを図るステージにおいては，サービスの提供者と消費者間，あるいは提供者同士もしくは消費者同士による相互作用が機能 ○経営理念は，組織文化の根幹 ○組織文化は，順機能に加え，逆機能も露呈する ○組織文化の逆機能を最小限に抑える方策の一つは，アイデンティティの確立を伴うＣＩ活動 ○経営理念の浸透に根差した戦略的人的資源管理の主眼は，顧客との相互作用を通じて何かを創出する人材の発掘・育成を図る，経営組織としての生き残り施策そのもの ○内部統制の重要な狙いは，不正な企業活動を未然に防止する仕組みの確立による，社会的な損害の食い止め	○組織文化の逆機能性に係わる具体的な露呈事象，およびその克服事例（たとえば，ＣＩ活動その他の既存活動や手法を応用した具体的取り組み事例など） ○組織文化に包含されていると考えられる，下位文化（風土）や拮抗文化の事例 ○経営理念の浸透が，自己革新のみならず，高次の個人アイデンティティ（従業員である自己，部下である自己としての誇り）の醸成や高まりにつながっている具体的事例
4．経営理念の浸透プロセスに関して〔4〕	
○経営理念が浸透する様相は，組織成員が，理念を表す言葉を知っているだけの状態から，理念を象徴する直接経験，他者行動の観察，理念と現実のギャップや矛盾に対する内省を通じ，理念の意味に気づくプロセス ○経営理念の浸透には，円滑なコミュニケーション（忌憚なき意見や情報の交流）の促進が必要 ○経営理念浸透の働きかけには，機能させるマネジメントサイクルが必要	○経営理念の浸透促進を可能とする具体的な仕組みや，人的資源の有効活用を補完する制度を包含したプロセス ○相互作用が機能している具体的な事象・作用，およびそのプロセス ○相互作用が機能するステージの特定 ○既存の業務標準を活用した，経営理念浸透促進の具体的手順
5．組織変革のプロセスに関して〔4〕	

○経営ビジョンや思想を凝縮し成文化したものが経営理念であるとすれば，自組織でいかに理念が理解・受容されているのかを把握し，その方策を評価，改善していくことが組織変革をすすめる上での最重要課題	○革新的なサービスや製品を継続的に創出する組織への再構築を目的とした組織変革を，経営理念の浸透を主眼において取り組む場合の具体的プロセスや目標
6．本書で選択すべき研究方法に関して	
○組織文化は，関係する個々人の相互作用にもとづきながらいかに生成されるのかを主な論点として，ケース・スタディ実施企業から把握される発見事実の個性を記述していく解釈主義的理論を援用し，研究をすすめていくことが妥当	

注：先行研究レビューから得られた知見を分別した5つの視点毎に〔 〕で示す番号は，図表3-14のレビュー視点 No. に相当している。
出所：筆者作成。

　以上の検討をもとに，本書では，組織成員が顧客に対し経営理念を基軸とした判断や行動にもとづいた働きかけを反復継続して行っていくことが，顧客との相互作用の深化をもたらし，理解や受容につながっていくプロセスを明示する。同時に，マネジメント層による一般従業員に対する同様の働きかけも，経営理念に対する解釈・共感・受容につながり，場合によっては反発といった意思表示からの学習効果も得ながら，働きかける側，受ける側双方の自律的な行為として表出するプロセスを明らかにする。

《注》
1）選定理由などの詳細は，第4章第2節で述べる。
2）現状や課題などの詳細は，第4章第3節第3項で述べる。
3）実施手法などの詳細は，第4章第4節で述べる。
4）本書では，ミドルと同義に扱う。
5）「正しく行っているのか」ではなく，「正しいことを行っているのか」を時おり，いったん職場や業務を離れて問い直すこと，あるいは学びほぐすこと。「あなたは正しいことをしていると思うか」「あなたは何をやりたいのか」「何がなくなったら，あなたはあなたではなくなるのか」といった，本質を突いた他者からの問いかけによっても促進される。
6）集団の成員に対し，その集団から離れないように引きつけておき，集団内にとどまらせるように作用する内的（自発的）な力の総体のこと。
7）顧客に対し，他社では提供が難しいような利益をもたらすことができ，他社には模倣ができない独自の技術やノウハウの集合体のこと。

8) 本書では，ミドルと同義に扱う。
9) 変革の当事者として，自らそれを指揮すべき立場にある経営トップとは一線を画し，むしろその代理人（エージェント）として，変化への対応を余儀なくされる組織成員との間を仲介し，信頼関係を醸成しながら改革を支援・促進する役割を担う人材。したがって，経営トップがパートナーとして信頼し得る経営観やビジネスマインド，現場の社員に変革の必要性を納得させることのできるコーチングやファシリテーションスキルなどが求められる。
10) 本書では，伊丹・加護野［2003］が「組織文化とは，組織メンバーが共有するものの考え方，ものの見方，感じ方であり，時には企業文化と呼ばれ，あるいは組織風土や社風と言われるものと本質的に同じ（p.349）」と指摘している点を援用し，企業文化と同義として論をすすめる。なお，企業文化の場合は，経営理念や経営哲学といった経営トップによって構築されるものというニュアンスが強い。
11) 組織成員が「意味」をシンボルとして表現する行為を研究する，社会学的組織論である。
12) 松村［1999］によれば，意味づけには感情が伴い，意味と感情の共有こそが共感である（p.119）。

第4章
経営理念の戦略的活用事例

1. 面接調査をもとに論究する方法

　本書で掲げる研究の調査手法の選択に当たっては，先行研究をレビューしながら，経営理念の浸透に関する研究を進める方法としての必要性の観点から検討することとした。そこで，個別経営にみられる一貫性に焦点を当てた研究に対し有効な方法と考えられる個別事例研究法[1])について，質問紙調査のような他の大量観察法と同程度の学問的意義が担保されていることを，事例研究方法に言及した先行研究の示唆をもとに論理的に検討する。

　ケース・スタディは，現象と文脈の境界が明確ではなく，論拠に複数の情報源があるような場合に，実際に起きている現象を調べる実証的調査と位置づけられるものとして定義される。このアプローチは，「だれが」「なぜ」「どのように」といった質問に答える際に，とくに役立つ手法として評価されている（Yin [1994], p.1）。

　研究方法に関しては，学問的意義や有効性の観点から言及されている。まず，質的なデータを利用した事例研究法の利点として，データとの濃密な対話による概念形成を伴うことから，現実の事象に根づいた理論の創出を促進することが挙げられる。時間の経過を追うことや広い文脈を視野に収めることができるため，因果関係の理解にも適している。当事者の概念枠組みや状況の定義理解を容易にするため，人々の意図や意味解釈の内容を詳細に記述することも可能である。

　ケース・スタディの方法について，既存の実証主義的な研究方法論で要求さ

れる妥当性の基準に則りながら検討すると，内的妥当性や構成概念妥当性，研究手続きの明確化といった側面からの根本的な問題は指摘されない。

ただし，ケース・スタディの有効性に関しては，**図表4-1**に示す内的妥当性，構成概念妥当性，信頼性と追試の可能性，外的妥当性という四規準（Yin[1994]）を満たしているかを質した批判論が展開されている。たとえば，言葉の本来の意味としての信頼性と追試の可能性という規準と，統計的な一般化という二つの命題の解決に向けては，ケース・スタディでは十分な対応が本質的に困難であることが判明している（沼上［1995］, pp.55-66）。

ケース・スタディには，主観とバイアスの問題が潜在しており，情報提供者からバイアスのない証拠を得る際には，少なくとも三つの問題があるとされる。事象を正確に思い出せないこと，重要な事実を公にしたくないこと，自分自身や上司について正確かどうかわからない情報を提供することに対する疑念の存在である。このような問題については，複数の証拠源の活用による三角測量的手法[2]のプロセスであれば最小化することが可能と考えられる。

実証型の研究は，エスノグラフィーとケース・スタディとに大別される（坂下［2004］）。そこで本書では，坂下［2004］の示唆をもとに**図表4-2**に記載のとおり，両タイプを比較検討した。その上で，中小企業が抱える真の組織特性を探り，課題解決を図っていくため，ミクロ的な視点から中小企業の経営課題を考察する本書のリサーチ・クエスチョンの解決に向け，必要と判断される研究手法を検討している。

その結果，研究対象組織の個性を把握し，個別具体的に記述する中からインプリケーションを導く手法として社会科学の領域で発達してきたとされる，ケース・スタディを選択した。

経営理念を研究対象として取り上げる際には，経営理念の内容をまず理解し，それがいかなる環境条件のなかで提唱されているのか，経営行動にいかに影響し，成果に反映しているかを事実的に考察しなければならない。その上で，経営理念は企業価値との関連から理解するために検討されるが，現実の経営理念は個別的で多彩であるため，価値関連的な理解は個別事例研究を通じてなされることになる（森本［1982］, p.2）。

実際に，経営理念の浸透問題に言及した先行研究で採られている手法を確認すると，一事例研究か，大量サンプルにもとづく定量研究のどちらかで行われている場合が多い。今後は，比較ケース研究などの方法を用いたインテンシブ

第4章 経営理念の戦略的活用事例 79

［図表4-1］ ケース・スタディの有効性に係わる四規準

規準	定　義	批　判	単一ケース・スタディでの活用
内的妥当性	あるケースで観察された変数間の関係が，実は他の変数によって引き起こされているといった可能性が排除されている程度（p.56）	本当に真（に近い理論）であるか否かという問題と，社会集団がとりあえず真であると合意できるか否かという問題が付きまとっている（p.57）	多数の観察事実を含んでいることから，多様な対抗理論を排除できるだけの多数の観察単位をもっており，対抗理論が成立しないことを示す事実を注意深く次々に確認する作業により，高めることは可能（p.58）
構成概念妥当性	操作定義と構成概念が一致している程度（p.58）	研究者の頭の中にある構成概念と，事例のなかでそれに対応すると研究者が指摘する事実との関係が恣意的（p.58）	インタビュー結果や直接観察などのいくつかの手法で測定された変数が，同じ傾向をもっていることを示すことで，高めることは可能。研究者による解釈が，本当の意味で観察対象の社会集団を精緻にとらえたものであるためには，メンバーが何を考え，どのように行動するかに関する前理解が必要（p.59）
信頼性と追試の可能性	信頼性とは，経験的尺度が安定的かつ一貫して何かを測定しているのかを示す程度。追試の可能性とは，同じような研究手段で同等のデータに対してアプローチすれば，誰が研究を遂行しても同等の結論に達することが可能か否かの問題（p.60）	インタビュー調査における最終的回答の意味合いの解釈では，質問と回答のやりとりという社会的なプロセスを，同じ順序で同じニュアンスで繰り返し，最終的に誰でも同じ結論に達することが可能と主張することは困難（p.60）	研究作業の明示により，個人の恣意的な判断を意図的に盛り込むことを自主的に妨げさせようという規律として，当規準が要求される可能性あり（p.61）
外的妥当性	あるケースの観察から得られた変数間の関係が，他の事例でも観察可能か否かを示す規準。一般化の可能性の問題（p.61）	ケース・スタディでは，実行可能な範囲内で事例数を増やしたところで，一般化可能な母集団の範囲は限定的（p.61）	ケース・スタディから得られた知見は，より大きな母集団に対し一般化するのではなく，そのケースを超えた，より一般性の高い何らかの理論に対して一般化する，分析的一般化（Yin [1994]）は可能（p.62）

出所：沼上 [1995] をもとに筆者作成。

[図表4-2] 実証型研究のタイプ別比較

	エスノグラフィー	ケース・スタディ	
		単一ケース・スタディ	複数ケース・スタディ
区別根拠		記述式ケース・スタディ	説明的ケース・スタディ
特徴		ある現象の記述であり説明ではない	事物としての現象の原因を説明
方法	定性的	定性的	
所属	主観主義社会学（典型：解釈主義）	客観主義社会学（典型：機能主義）	
基本仮定	認識論上：反実証主義	存在論上：実在論 認識論上：実証主義	
発達領域	文化人類学	社会科学	
目的	ある特定の文化を個性把握的に記述	何らかの研究対象を個別具体的に記述	事物としての諸現象間の因果仮説の発見
研究対象	構成物	実在物	
依拠法則	個性記述主義	個性記述主義	法則定立主義（＝因果法則）
現象説明		因果関係説明不可	因果関係説明可
記述方法		個性記述	一般性記述
一般化		理論上の一般化は困難	理論上の一般化は可（非統計的一般化）
調査の枠組み		研究者自身の洞察や先行研究レビューをもとにデザイン	

出所：坂下［2004］をもとに筆者作成。

な経験的研究も必要となってくる（北居・田中［2009］，p.57）。

　質的研究を行う意義について先行研究から考察すると，現象をうまく言い当てながら構造化する言語ゲームの一種と言える。研究者の関心に応じて現場に入り，観察してインタビューし，分析して解釈するために体系化されたツールでもある。仮説構築に向いていることや，内的視点を重視することが特徴の一つであり，人びとの内的側面，意味世界の様相やその変化をとらえるのに向いているといった特性も判明した。

　また，質的研究にはオリジナリティが求められ，新しい現象を扱うこと，先行研究とは方法（アプローチ）を変えておくこと，同じテーマでも着目点，切り口，問い方を変えることの3点が，研究方法上の主眼として挙げられている（西條［2007］，p.V，p.23，p.56，pp.64-65）。

以上の示唆からは，質的研究の特徴として問題の背景や特質を深掘りできること，事実の多様性を総合的に把握できること，インタビューイがもつさまざまな経験を内面的に把握でき，統合させた自己経験を職責に応用している状況まで把握可能であることがわかる。

リサーチ戦略としてのケース・スタディには，現実の文脈における現在に焦点があり，研究者が事象をほとんど制御できず，「どのように」あるいは「なぜ」というタイプの問題が提示されている場合に，最も効果を発揮する調査手法としての適格性が認められる（Yin［1994］, p.1）。

ケース・スタディによる因果関係の分析は，比較ケース法（comparative case method）と呼ばれ，対照的な複数ケースの相互比較により，ある現象の原因特定を図るものとされる。

推測した因果関係の一般性については，比較ケース法で分析対象のケースがランダムサンプリングによって複数抽出されるのではなく，逆に，研究者自身の洞察や先行研究の理論をもとにデザインされた，何らかの分析枠組みにもとづいて選択的に抽出されることが，注意点として挙げられている。比較ケース法で推測した因果関係は，厳密には分析対象となったケース群について成り立っていることも同様である。

原理的には，因果関係を同じ分析枠組みによっていつでも再現（replication）できるという意味で一般的であり，Yinはこのような一般化を分析的一般化[3]と呼んでいる。

すなわち，ケース・スタディは，あらかじめ理論的に分析枠組みをデザインすることで，背後母集団の中から分析条件に見合うケースを選択的に抽出し，比較分析することで背後母集団の因果関係に直接迫ろうとするものである。因果関係の一般性は，再現可能性によって保証されており，ケース・スタディに係わる分析的一般化の意味合いを明示している（坂下［2007］, p.93）。

以上の先行研究をレビューした結果，観念的な要素も伴う経営理念を研究対象とする場合は，量的調査結果からのデータ分析よりも，質的調査結果からの個性記述主義にもとづく定性分析の方が適応するものと考えられる。

とくに，経営トップやミドルの意思決定や行為といった，多様な発見事実を反映した分析結果が得られる質的調査が求められるため，本書では，証拠が扱えることや事実関係の時系列での把握が可能なケース・スタディが必要と判断した。

［図表4-3］ 半構造化した「経営理念の浸透」に関する質問事例

「経営理念」の起草に当たり，どれだけ率直に表現できましたか 　⇒本音を隠して表現した部分はありませんでしたか
社長就任前の自社「経営理念」に対する印象は，どのようなものでしたか 　⇒就任前後で，その印象は変わりましたか
経営活動における「経営理念の活用」について，どのように感じていましたか 　⇒評価，違和感，良さなど
経営を取り巻く環境や，ステークホルダーとの関係に起因して，「経営理念」への意識やとらえ方が変化しましたか 　⇒変化した場合，それはどのように
今になって考えると，「経営理念の浸透」にはどのような意味合いがあると思いますか

出所：筆者作成。

　先行研究による指摘も踏まえ，質的研究として少数ケース・スタディを行うものであるが，多岐にわたるサービス業のなかでも冠婚葬祭業という特徴的なケースや，ベンチャー型中小製造業を扱うだけに，発見事実に内在する背景や構造の探求に努め，得られたインプリケーションについては時系列的に，動態的視点にもとづく言語で明示する必要がある。

　ケース・スタディを実施する具体的手法としては，要した時間や費用に対する効果の最大化が期待される半構造化面接法を採用することとした。なお，面接（インタビュー）調査において意識した基本的技法は，反復すること，まとめること，反対のことも聞くこと，理由を聞くこと，どのように，と具体的に聞くことである。

　また，インタビューで用いた質問項目は，図表4-3に例示のとおり半構造化した内容で設定した。

2．事例選定において着目する中小企業の経営特性

2.1　中小サービス業

　本書の目的は，リサーチ・クエスチョン（第3章第2節）に立脚したケース・スタディにより，実際の企業事例から得られる発見事実をもとに，経営理念浸透の有効性およびプロセスを検討し，解明することである。そこで，研究目的の達成に向けて選択するケースに求められる要件について，先行研究レビュー

を総括しながら明示する。その上で，サービス業に属する多くの業態の中から冠婚葬祭業を営む企業を研究対象として選定した理由を述べる。

本書の先行研究レビュー結果は，第3章第5節の図表3-15において総括し，得られた知見および中小企業対象の研究成果として把握できなかった論点を整理している。

研究対象として選択する事例企業の要件については，先行研究からは明確に得られなかった論点のなかで，リサーチ・クエスチョンの解明に必要な内容を中心に抽出した。具体的には，経営理念と組織・人との係わり，および経営理念の浸透プロセスに関する論点である。

経営理念と組織・人との係わりといった側面からは，組織内に職位にもとづく階層があり，そのなかでミドル層の範囲が明示できる中堅規模の企業であることや，経営トップが率先して，自身が抱く高次の倫理観や道徳心，信念を基軸とした経営活動をリードしていることを要件とした。

経営トップが発揮するリーダーシップに関しては，組織規模を勘案すると，トップ以外の組織成員による補完が可能な何らかの仕組みが機能していることで，経営理念の浸透が促進されている事例であることも必要な要件と判断している。

経営トップやミドルが，自社の組織文化を認識しながら職務遂行している組織であることも要件とした。また，経営理念の浸透プロセスをとらえていく側面からは，浸透を図る仕掛けとしてのコミュニケーションが，従業員間にとどまらず，顧客など多様なステークホルダーとの相互作用を重視しながら促進されている経営組織であることを挙げた。

以上の要件を勘案した事例の選定にあたっては，「事例研究とは，あらかじめ特定した手続きにしたがって，経験的なトピックを研究する方法である」という，Yinの示唆を踏まえることとした。

そこで，選定対象業種を中小サービス業に属する冠婚葬祭業とした上で，本書で特定した手続きとして，先行研究（北居［2001］）に依拠しながら設定した，「経営理念の浸透レベルに関する経営者意識調査」（資料編の資料2および資料3参照）を実施し，その結果をもとに最終的に事例企業を選定している。

次に，本書の研究対象として中小規模の冠婚葬祭業を選定した背景や理由を述べる。

選定理由の一つ目として，経営理念に係わる研究のほとんどが製造業のホワ

イトカラー職種を対象としたものであり，提供と同時に消費され，無形でもある役務を提供するサービス業を対象とした研究は多くないことが挙げられる。多くの既存研究の対象とは異なる業態を取り上げながら，経営理念の浸透問題を検討することにより，新たな知見の獲得が期待される。

　二つ目の理由は，サービス業が製造業のように組織成員と顧客とがモノを介して接する業態とは異なり，直接顧客に接しながら役務を提供している実態から挙げられる。冠婚葬祭業における顧客ニーズは，地域の慣習・慣例に沿った個別的で緻密な要求を伴う場合が多い。そのなかで，人間の悲喜交々に接しながら，婚儀と葬儀といった人生の二大儀式を瑕疵なく荘厳に演出することを業としている現場には，経営理念を基軸とした組織的な活動による，確度の高い一貫した役務の提供が求められる。

　たとえば，儀式の円滑な進行を妨げる事態が発生した場合には，従業員自身の即断・即応がその場で求められる難しさがある点を指摘しておきたい。

　業務マニュアルによる画一的な対応だけでは，地域（地場）限定の風習・慣習・しきたりなどに根ざした，多様かつ複雑で精緻な顧客ニーズを役務に反映し切れない。役務の提供中に支障や異常事態が発生した場合の臨機応変な対応も不十分となり，役務の確度向上に向けては，マニュアルワークでは限界がある。冠婚葬祭業における役務提供の現場には，こうした厳しい実情が見られる。

　三つ目の理由として，一定程度の広範なエリアにおいて，多様で緻密な役務を地域に根ざした形で提供している冠婚葬祭業ならではの特徴が挙げられる。支店網のみならず，主要業務毎に分社化された関連企業も含めたサービスネットワークを形成し，社内全部門の連携を図りながら高度なサービス提供に努めている。これは，グループを形成する企業間や部門間のコミュニケーションのあり方が問われる構造であるだけに，経営理念を基軸とした経営活動の定着が重要となる。

　冠婚葬祭業を営むほとんどの企業は中堅・中小規模であるが，わが国における企業研究の対象は今日においても大企業中心であり，中小企業の経営実態について経営学的視点からの検討を試みている研究は少数である。したがって，中小企業における経営理念の浸透問題を検討する余地があると考えられる点も指摘しておきたい。

　以上の理由から，労働集約的で雇用形態の多様性を有する冠婚葬祭業を研究対象とすることにより，経営理念を基軸とした経営活動の一例として，人的資

源が社内外の多様なステークホルダーに対しコミュニケーションの深化を図っている態勢が明示できるものと考えられる。また，本書において，その態勢構築や維持に向けた要件定義を行っておくことは，他の業態を対象とした経営理念の浸透に関する今後の派生的研究の基盤に資することにもなろう。

さらに，本章第3節第1項において経営資源の一つとして取り上げた，社会関係資本の概念定義に関する実態的検討につながる面も想定される。歴史や文化に根ざした人びとの社会的ネットワーク構築の重要性についても，経営理念浸透の必要性や有効性といった観点からの検討が可能と考えられる。

冠婚葬祭業が属するサービス業の特徴については，既に，役務の生産者が消費者との直接的な関係のもとで提供と同時に消費され，無形である役務を消費者との相互作用が働くなかで提供している点を指摘した。

サービス業における相互作用に関しては，先行研究においてもさまざまな議論がなされているが，顧客との関係が直接的であるか間接的であるかの違いで，他の業態でも同様の指摘が可能な論点でもある。この点を踏まえると，本書で取り上げる中小冠婚葬祭業において，他の業態との差異がどのように把握できるのか，検討の余地がある。

相互作用は，サービスの生産者と消費者とのやり取りのなかで，不確実性の高い性向として喚起されるものととらえられる。しかし，同じサービス業であっても，経営理念重視の姿勢を貫く企業とそうでない企業から提供される役務の差異を，従業員が顧客とのコミュニケーションを図っている間に大きく自覚する差異として把握できれば，サービス業を営む企業として顧客との関係を保つ上で経営理念が果たす機能が確認できる。

また，冠婚葬祭業を取り巻くリスクに目を向けて見ると，企画・商品開発・演出・販売といった多様な役務に加え，飲食の提供も行っていることから，たとえば，仮に食中毒を発生させれば，顧客をはじめとするさまざまなステークホルダーの信頼・信用を大きく損なうリスクが潜在している。

この場合，風評が経営を圧迫するリスクが伴う可能性も高い。さらに，施設産業として常に意識される火災リスクや，加入会員の信頼感や助け合いの精神を前提に成り立つ互助会システムを経営基盤とするもとでの，顧客情報漏洩リスクも認識されている。このように，経営理念の実現を阻害しかねないさまざまなリスクを抱えている企業実態も見出すことができる。

経営理念の浸透促進に向けて，部署・部門を超えたコミュニケーションの深

化や，労働力の結集を可能とする組織統合を図っていく利点は，冠婚葬祭業においては大きいものと判断される。組織成員による組織内外とのコミュニケーションが相互かつ円滑に行われるなかで，成員の共通目的達成に向けた貢献意欲が高ければ，一種のイノベーションも実現可能な活性化された経営組織を目指すことも可能となろう。

したがって，直接的な相互作用を通じて顧客からの安心や信頼を得るためには，経営理念で事業の軸足を定めた高質で柔軟性ある役務を提供する際の，顧客に対するさまざまな働きかけが重要と言える。

経営トップやミドルが，経営理念の明確化や浸透促進をリードしながら組織内外の声に耳を傾けていくことが，引いては，企業としての社会的役割・責任を果たすことにもつながる。このような認識をもとにした意思決定や行為が経営理念の浸透促進を図るなかで求められる点からも，冠婚葬祭業を営む企業を本書の調査対象とする必要性があるものと考えられる。

2.2 ベンチャー型中小製造業

最近，バリュー・マネジメントへの関心が高まっている。これは，ミッションやフィロソフィーなど，企業がもつ価値観を具現化した概念にもとづき，戦略や組織をマネジメントしていくことである。

ミッションや理念は，すべての企業に必要なものと言える。何故なら企業は，創業時はもとより，組織規模が拡大するにつれて組織成員が増え，組織の階層性が増しながら事業範囲も拡大していくものである。よって，複雑になったマネジメントのなかで組織の進むべき方向（ベクトル）を合わせていくためには，組織の構成員が共有する価値観こそがその役割を果たすと言える。

以上の観点からベンチャー企業に目を向け，その概念定義を確認すると，一般に，旺盛な企業家精神や確固たる信念をもち，リーダーシップを発揮しリスクに挑戦する経営者が率いる企業である。その経営者の旺盛な企業家精神や信念を具現化した経営理念にもとづきながら，経営戦略の構築やマネジメントを行っていくことが，ベンチャー企業の成長の原動力となり，戦略展開上の重要な要素となるのである（井上［2002］）。

本書で調査分析対象とした，ベンチャー型中小企業である㈱パールスターは，海外からの調達が増加し，事業所数・従業者数が激減している繊維産業に属する企業である。元請企業の海外生産移転や業績悪化などにより，下請取引関係

が希薄化するといった危機的状況のもと，オープン・イノベーション[4]に取り組みながら地道に成長している。

本章第3節第5項に前述のとおり，靴下（軍足）の製造工場としての創業から100周年を迎えた長寿企業である。㈱パールスターは，長年培ってきた技術力とノウハウを活かし，既存製品のない，履くだけでつま先が上がる「転倒予防靴下」の開発に，2007年に地元金融機関（銀行）のコーディネートによる広島大学との共同研究で成功し，同年より本格的な産学官連携体制がスタートしている。

2014年には中小企業では困難と言われた医療機器製造業の許可を広島県より受け，新分野進出を目指しながら一層の業容拡大を図っている。

このようなベンチャー志向の強い経営事例から，中小製造業における組織活性化を目的とした，経営理念の浸透促進に係わる多様な事実を抽出し，分析することにより，社会的役割や責任を果たし得るゴーイング・コンサーンとしての諸要件を見出していく。すなわち，ベンチャー型企業としての存立・成長に向けた経営行動を，経営理念の機能といった観点から考察するものである。

3．選定事例を取り巻く経営環境

3.1 中小規模の企業を研究対象とする意義と限界

日本には，上場企業も含めて約260万社の法人が存在するとされるが，ゴーイング・コンサーンといった企業会計上の概念が示すように，企業の社会的責任は事業を継続し続けることである。法人の約99％を占めるのが同族経営の中小企業であるが（大平［2008］），経営実態は多様である。

中小企業の概念定義やその対象範囲は，**図表4-4**に示すとおり法律や制度により異なっている。先行研究や先行調査における中小企業の定義づけを確認すると，中小企業白書のように，中小企業基本法に依拠した例が主流である。

しかしながら，本書で研究対象としている冠婚葬祭業では，他のサービス業と比較しても雇用形態の多様化が顕著であり，たとえ従業員数は多くてもその内に占める非正規雇用者の比率が高い傾向にある。このような冠婚葬祭業の特性を考慮の上，定義内容において員数にもとづく規制がない会社法の規定を援用し，本書としての中小企業の概念定義とすることとした。

[図表4-4] 法律にもとづく中小企業の概念定義・対象範囲

法　　律	内　　容
会社法（第2条第6号）	・中小会社とは，大会社ではない会社 ・大会社とは，資本金が5億円以上または負債の総額が200億円以上の株式会社
法人税法（租税特別措置法施行令第27条の4）	資本金1億円以下の企業
中小企業基本法（第2条）	・製造業その他は，資本金3億円以下または従業員300人以下の会社および個人 ・卸売業は，資本金1億円以下または従業員100人以下の会社および個人 ・小売業は，資本金5千万円以下または従業員50人以下の会社および個人 ・サービス業は，資本金5千万円以下または従業員100人以下の会社および個人

出所：中小企業を概念定義した法律をもとに，筆者作成。

　わが国の中小企業は，企業規模の中小ではなく，その性質が生業・家業的であることを特色とする。中小零細企業の多くは同族会社であり，家父長主義的な'長'制度と温情主義の意識が支配し，家父長的秩序のある年功序列，終身雇用，和の精神など，その特色は日本の経営の特色を列挙する程にある（山城［1976］，p.13をもとに筆者一部加筆）。

　ところで，経営資源と言えば，ヒト・モノ・カネ・情報・知識が一般的である。しかし最近では，ステークホルダーをはじめ多様な関係先との協調を企業の財産とするとの考え方から，社会関係資本（ソーシャル・キャピタル：Social capital）という概念も挙げられるようになっている。

　当概念は，信頼，規範，相互扶助，つながりなど，地域の人びととの社会関係を強めるものである。互恵・互酬的人間関係が社会や集団に共有されていることや，生活のなかでの想いや関心をベースに歴史・文化に根ざしたものであることが特徴とされている。人びとの社会的なネットワークであり，そのなかで意識的に共有される規範，価値，信頼を含み，ネットワーク内の関係を通じて人びとの協力や協働行動を推進し，共通の目標と相互の利益を実現するために貢献するものである（吉村［2006］，pp.169-193をもとに筆者一部加筆）。

　コミュニティ・ビジネス[5]や社会的企業を立ち上げ，軌道に乗せるための参加者としてのステークホルダーを協働に導くための心理的な影響力としても，

社会関係資本の存在が重要なツールとして認識されている（松本［2008］, p. 22）。社会関係資本も他の経営資源と同様，あらゆる規模の企業にとっての経営資源と言えよう。

中小企業の場合，大企業と比較した場合の組織上の脆弱性は経営実体から否めず，経営トップの判断いかんで即深刻な経営状態に陥りかねない潜在的リスクが指摘される。その顕在化の未然防止や，生起した場合の悪影響の最小化を図る全社的な仕組みの構築が必要となる。一方で，コンパクトな経営組織体であるがゆえに，経営者と従業員との直接的な人的交流や情報交流が可能であることから，日常的な言語コミュニケーションを通じた経営理念の浸透促進が可能と考えられる。

コミュニケーションの観点で言えば，経営トップをはじめとする組織成員が，顧客との直接的な接触や見聞を図る機会が多いため，市場の微妙な動向把握が容易（清成ら［1996］, p.169）であることも指摘できる。経営構造の面からは，小規模組織ゆえに水平的・垂直的分業の程度が小さい（森本ら［1996］, p.147）ことが挙げられる。したがって，組織成員の社業に対する貢献を把握しやすい側面がある。

以上の指摘から，経営理念の浸透に係わる人的資源の意思や行動などのミクロ的な視点にもとづいて発見事実を解釈し，個別具体的に記述する方法で議論する場合は，とくにマネジメント層がもつ組織行動上のインパクトの強い中小企業の方が，研究対象に適していると言える。このような特長をもつ中小企業について，先行研究や既存調査ではいかにとらえられているのであろうか。

中小企業は，民間で働く総従業員数の74.2%を雇用しており，量的な面のみをとらえても経済活動における重要な位置を占めていることがわかる。日本の経済成長や産業基盤の強化に向けては，大企業はもとより中小企業の役割も大きいことは明らかである。

多くの中小企業は，大企業の補完的役割を担うのみならず，なくてはならない存在となっており，技術革新の担い手として果たす役割は欠くことができないものとなっている。地域経済発展の担い手としての役割も大きく，雇用を創出する主体としての期待が高いことなども挙げられ，中小企業の役割の重要性や多様性は明らかである（門川［2008］, p.133）。

約700社の経営トップを対象に実施された「当面する企業経営課題に関する調査」結果からは，業績好調な中堅・中小企業に共通する特長が明らかとなって

いる。具体的には，職場への愛着と誇り，ベテランと若手との働き合い・学び合い，多くの全従業員参画イベント，経営トップと従業員との笑顔の会話，売り方や創り方の得意技による向上重視，一人ひとりの目標創出が指摘されている。企業が生活空間となっていることも判明している（日本能率協会［2009］，p. 24）。

第1章第2節第2項で前述したように，中堅・中小企業の観点から見た場合でも，経営トップから管理職，一般従業員に至るまでの意思や行動を意図する形に方向づけていくためには，経営理念を基軸とした経営革新の実践が重要となる。経営理念が創出する特殊な価値は，企業経営にポジティブな影響を与えている（鈴木［2009］，p.15；田舞［2002］）。

このことからも，経営理念の浸透を重視した経営活動から創出される有効性は，企業規模の大小を問わずもたらされると言える。ただし，経営理念が浸透していくプロセスやパターン，浸透を図る手法にまで言及した研究は多くなく，これらの観点については，企業規模に伴う差異の確認や検討が必要である。

マネジメントコントロールシステム（以下，MCS）[6]に言及した先行研究においては，非上場の中小企業においても組織成員の心理状態に影響を及ぼすことが指摘されている。具体的には，組織文化の違いにもとづいて中小企業から選定したサンプル企業群を，組織内部の調和や統合を重視する内部指向型と，組織外部の環境への柔軟な適応を重視する外部指向型の，二つの企業群に分けるクラスター分析を行っている。

MCSが従業員満足度に及ぼす影響について重回帰分析を行った結果からは，内部指向型企業群では経営理念を中心とした理念コントロールが，外部指向型の企業群では人間関係を中心とした社会コントロールと会計コントロールが，それぞれ従業員満足度の向上と有意な正の関係を示すことが明らかにされている（澤邉・飛田［2009］，p.73）。このことは，経営理念指向のMCSは，中小企業においても従業員満足度に影響を及ぼすとの示唆であり，中小企業を対象に経営理念の浸透に係わる検討を行う意義は学術的な議論においても明確と言える。

最近の実業界の動向を見ると，経営理念を志向した経営をすすめる重要性を意識した動きが顕著である。たとえば，中小企業家同友会[7]が掲げている活動意義の筆頭は，交流を通じた経営理念の重要性の認識である。経営計画への認識や会員企業間の情報の共有化，ネットワーク学習の強化に優先的に取り組まれている。

また，東京中小企業家同友会会員の中小企業経営者が，インタビュー調査で明らかにした所属意義の一つは，経営者間の交流を通じた経営理念形成の重要性への認識であった。このことは，経営理念が経営トップ自身の経営行動に対する精神的な基軸を形成するだけでなく，従業員や取引相手などに対し経営トップの姿勢を明示し，従業員などの行動を方向づける役割を果たすことをトップ自ら認識している証と言える（宮川ら［2010］，p.5）。

　2010年7月に日本経済団体連合会が取りまとめた「中小企業を支える人材の確保・定着・育成に関する報告書」においても，経営理念・価値観の明確化と共有が，中小企業の強みを活かし弱みを補完しながら，中小企業の成長に向けた人材戦略をすすめる施策の筆頭に挙げられている。これらの事実から，経営理念を基軸とする企業としての姿勢を経営の中心に据えながら，組織を取り巻く環境に臨機応変に適応させた経営をすすめることができるのは，中小企業であると言えよう。

　事例調査実施の機動性や容易性といった観点から考えても，中小企業の方が優位と判断される側面がある。組織改革や人事異動が頻繁に行われる傾向が強い大企業の場合，組織横断的に一つの方向性を共有し，一貫した行動を徹底するのは難しい面がある。ゆえに，大企業にこそ，経営理念の活用にもとづく筋の通った企業活動を，社内全組織を挙げて継続的に推進することが求められるとも言える。

　しかし，組織自体の流動性が高い大企業を調査対象とした場合，本来は長期にわたって実施すべき調査研究を短期で行う必要性が出てくる。研究としてのコスト・パフォーマンスを考えてみても，適度な規模の組織を調査対象としなければ，有効な研究成果を得ることは難しいと言わざるを得ない。この点，水平的・垂直的分業の程度が低く（森本ら［1996］，p.147），多くの職位にもとづく階層など複雑な組織形態をもたない中小企業であれば，比較的長期にわたる調査を反復継続しながら実施することが容易である。

　一方で，中小企業には組織的な限界も見られる。たとえば，一層の進行が予測される少子高齢化に伴う雇用構造の変化が，中小企業の存立基盤を根底から揺るがしかねないことは明白である。その実態を見ると，中小企業の高度化を図るための対策を規定した中小企業基本法による政策とは別に，中小企業が自主的に経営構造の高度化問題に取り組まなければならないといった，今日的な課題がある（門川［2008］，p.15）。

この課題解決の一手法が，第2章第1節第2項の図表2-9で指摘した，内部統制への取り組みと考えられるが，中小企業に対する適用性の観点からは，組織的に抱える厳しい一面が指摘できる。内部統制の目的には，財務報告の信頼性の担保，法令の遵守，資産の保全，業務の有効性・効率性の向上が挙げられるが，それらすべてに注力することが内部統制の趣旨である。

　しかし中小企業の場合，そのすべてに的確に対応するには限界がある。経営資源に乏しく，すべてにヒト・モノ・カネといった経営資源を割けない現実を踏まえれば，問題が発生した際の社会的影響は比較的小さい経営規模とはいえ，まずはゴーイング・コンサーンとしての存立に向けて，業務の有効性・効率性の向上に焦点を当てることが重要となる。

　その際，上場企業と同様に内部統制の整備・運用に多くの人手と時間をかけ，結果的にコスト倒れや売上低減に陥っては，とくに中小企業においては本末転倒である。言い換えれば，上場企業に課せられている財務報告の信頼性担保に重きを置くのではなく，内部統制により業務の有効性・効率性の効果を上げ，顧客満足度の向上を図るべきである。社会から信頼されることで，結果としての業績向上，コスト削減，利益の確保につなげることが，中小企業が内部統制に取り組む最大目的となる。

　業務の有効性・効率性を向上させ，結果として業績を上げることの本質は何であろうか。現在の日本は，従来のように自社の効率化などに注力するだけでは，たとえば中国など新興国からの安価な商品や，円高などに打ち勝つ見込みは立たない。対等に戦うためには関係者すべてを巻き込み，従業員や地域社会のことまで考えられる企業，つまり広く社会から'人を大切にする良い会社'と信頼されることが重要な成功要因となる。

　良い会社であることの証明を広く訴求していく経営手法の一つが，企業の信頼性や持続的成長を確保していくために必要な仕組みとして，会社法で義務化された内部統制であるとも言えよう。実際に健全な仕組みが構築され，内部統制に係わる良い評価結果が組織の内外に公開されることで，とくに，ステークホルダーなどの周囲から信頼を得ることが可能となる。

　経営理念を基軸とした内部統制への取り組みを経営活動の原点としながら，継続企業として存立していくことは社会的責任を果たすことでもある，との視点が重要である。しかし，会社法には金融商品取引法のような厳しい罰則がなく，とくに中小企業においてはほとんど普及していない実態にある。

中小企業としての限界を踏まえながら，内部統制の本質をとらえ，その定着に向けた実効性ある施策に全組織成員を挙げて継続して取り組んでいく方策を見出していくためにも，経営理念を基軸に置いた一貫性のある中小企業経営をすすめることは，重要な意味をもつと考えられる。

なお，本章第4節で取り上げる㈱パールスターはベンチャー型の中小企業であるが，本書で規定するベンチャー企業については，井上[2002]を引用し，以下の三つのとおり概念定義する。

一つ目は，未上場の中小企業であり，大企業が実質的に支配していない企業である。二つ目は，ハード・ソフト両面における新しい技術（高度技術・独自技術）を武器としながら，企業経営を行うことを志向する企業である。三つ目は，経営者が旺盛な企業家精神をもって，積極的に経営を拡大しようとする企業である。

3.2 中小サービス業の現状と課題

本書が研究対象とするサービス[8]業は，わが国における事業所数および従業者数の約3割を占め[9]，企業が顧客に直接提供している役務には，同時消費性や無形性といった特徴が指摘される。企業業績が顧客動向に大きく影響を受けやすい業態の一つであるだけに，平均寿命の伸びや出生率低下による急速な少子高齢化の進行は，当然のごとく市場規模を縮小し，顧客の絶対数の逓減が企業業績に悪影響を及ぼすこととなる。

近年の国内総生産の推移を内閣府「2006年度国民経済計算」で確認すると，第三次産業が国内総生産（産業計）に占める割合は，2006年で68.1%となっている。産業別の就業者割合を総務省「労働力調査」で確認すると，第三次産業の就業者が占める割合は年々上昇し，2002年には66.2%に達している。サービス産業がわが国経済における重要なウエイトを年々増大させながら，経済のサービス化が一層進展していることを既存調査は示している。

第三次産業における中小企業の位置づけを把握する観点から，総務省「事業所・企業統計調査」にもとづいて第二次，第三次産業毎の企業数を見ると，中小企業総数の内で第三次産業に属する中小企業数が占める割合は，2006年には7割弱に達するなど年々増加している[10]。中小サービス産業のわが国経済における重要性が，年々高まっていることは明らかである（中小企業庁[2008]，p. 42）。

3.2.1 中小企業経営に影響を及ぼすサービス経済化

　サービスの経済化や製造業のサービス化に関する既存の分析結果から，企業の業種構成を見ると，情報サービス業や専門サービス業などの増加が顕著である。わが国のGDP（Gross Domestic Product：国内総生産）に占めるサービスの割合が増加してきたことや，従来になかった新たなサービスが創出されているなど，サービス経済化は明らかに進行している（中小企業白書［2004］, pp. 60-71）。

　サービス経済化が進む背景には，情報技術（Information Technology：以下，ＩＴ）の発展や，消費の多様化が指摘される。消費動向をみても，通信や保健医療などの支出割合が増加しており，消費構造は徐々にモノからサービスへとシフトしている[11]。

　サービス経済化の動きは，サービス業の増加だけに見られるものではない。たとえば，製造業の従業員は，企画・開発に携わる研究開発部門で増加している。金額ベースでは，製造業への中間投入比率においてサービスの割合が増加しており，ソフトな経営資源への投資ウエイトが高まっていると言える。

　とくに，一般的な製造業と業態が異なっている小規模製造業では，研究開発や試作品開発に特化する研究開発型企業[12]や，工場・生産設備をもたず生産工程はすべて外注化しているファブレス，流通ルートを介さず自社で製造から小売まで一貫して行う製造小売など，新たな業態への多様化も見られる（中小企業庁［2005］, pp.37-39）。

　製造業では，ソフトな経営資源において自社に競争力がない場合には，外注化（outsourcing）により事業を調達する傾向も見られる。大企業，中小企業を問わず，研究開発関連やデザイン・商品企画関連といったソフト事業を外部委託している企業が増加している。

　製造業が，「モノ」だけを生産することだけに注力するのではなく，デザイン，コンセプトなどのソフト要素を付加することによる差別化，高付加価値化を図っていることは，新たな動向として注目される（中小企業庁［2005］, pp. 39-40）。

3.2.2 中小サービス産業における生産性向上の基本と課題

　近年のサービス産業を取り巻く社会的背景について，二つの側面が絡み合っている状況との指摘がある。わが国の産業政策における重点業種の一つに浮上

するなかで，産業としての意義が増大していることや，人口減少の下でも一定の経済成長を確保するための生産性向上が不可欠であることが，絡み合う側面として挙げられている。

　サービス産業の生産性向上を図る上では，生産性向上策は効率化と高付加価値化の2方向であることや，製造業ノウハウの活用，科学的・工学的手法の適用，サービス提供プロセスの最適化，組織構造の改革，担当人材の育成などが，効率化を図る方法の基本とされている。サービス品質の向上や顧客満足度の向上を通じた高価格取引の実現，消費者ニーズに対応した新しいサービスモデルの開発などが，高付加価値化を図る方法の基本であることも指摘される。

　ＩＴの活用は，効率化はもちろんのこと，高付加価値化の方法としても有効である。また，機能やサービス供給の優位確立，顧客満足・感動と従業員満足のサイクル形成を達成する，全体最適を見据えた方策の組み合わせが重要となることも同様である。

　生産性の向上を図る取り組みが求められている一方で，社会経済環境の変化に対応したサービス産業の品質や生産性の向上を目的とする，ビジネスモデルのイノベーションが必要となっているとの指摘もある（中小企業基盤整備機構［2008］，p.1）。

　一般的に脆弱と指摘される中小企業の経営資源という側面から，迅速で複合的な課題解決につながる効果的支援のあり方を考えてみると，経営支援に携わる複数の専門家による，集中的かつ組織横断的な経営診断や取り組みのフォローアップなどが挙げられる。その際には，マネジメント層のみならず，現場の従業員などの積極的な参画も図るなど，支援や指導を受ける企業側の体制づくりが重要な課題となろう。

3.2.3　サービス産業を支える人材とその課題

　野村総合研究所が2007年11月に実施した，「商品・サービス品質向上の取組に関するアンケート調査」によると，サービス産業が事業展開で力を入れている取り組みとして，人材の育成・モチベーションの向上を挙げる企業割合が最も高い。労働生産性の水準が高い企業ほど，最も重要な経営資源として従業員を挙げる企業の割合が顕著に高い傾向にもある。

　中小企業庁が2007年11月に実施した，「サービスの生産性向上に関する実態調査」においても，業況感を良いとする企業ほど，人材がとくに重要と考えてい

る割合が高くなっている（中小企業庁［2008］, p.37, p.47, p.70）。

　サービス産業の就業者に関する課題には，給与水準と雇用形態の変化が挙げられている。第二次産業と第三次産業の平均給与額の推移について，厚生労働省の賃金構造基本統計調査における1990年から2006年にかけての傾向を分析すると，1990年代前半では第二次産業より高かった第三次産業の平均給与額が，1997年には第二次産業を下回り，以降の平均給与額の差は拡大している。第二次産業と第三次産業における正規雇用者の占有割合を見ると，第三次産業では著しく低下していることがわかる。

　このことから，中小企業の人的資本は1990年代以降の雇用のリストラを通じて損なわれてきたとする，「中小企業白書 2007年版」の指摘が，サービス産業において顕著であったことがうかがえる。

　また，一般的に自社内での長期・継続的な職務経験に乏しく，熟練度が低くなる非正規雇用者を活用していくためには，業務を標準化してマニュアルを作成することが有効と考えられる。しかしながら，サービスにはマニュアル化が適さない性質のものや汎用的とは言えない業務も多い。

　高い品質のサービスの中には，長期的な雇用を前提として蓄積された人的資本，たとえば，熟練技能によらなければ提供できないものも多く，必ずしもマニュアルなどで対応できるとは限らない（中小企業庁［2008］, p.71）。

　本書で取り上げる冠婚葬祭業が提供するサービスはその典型例と言えるが，第三次産業における正規雇用者の比率の低下が，サービス産業における人的資本の長期的な蓄積を阻害する恐れがあることには，十分な留意が必要である。

　サービス産業における人材定着の観点から，正規雇用者の離職動向を見ると，対消費者向けサービスにおける正規雇用者の離職率が高い企業の割合は，対事業所向けサービスよりも高い[13]。2006年に実施されたアンケート調査[14]で明らかとなった，産業別の退社希望理由では，納得できる給与が支払われていないか，支払われる見込みがないことを挙げる割合が最も高い。

　しかし，対消費者向けサービスでこの理由を挙げている者は，対事業所向けサービスや第二次産業と比べて高くはない。対消費者向けサービスでは，さらにキャリアアップできる職場に移りたい，仕事が忙し過ぎるなど労務環境が悪い，学びの機会がなく成長できない，自分の専門性や暗黙知・形式知を生かす機会がないか少ないといった退社希望理由を挙げる割合が，相対的に高くなっている。

一方，継続勤務する理由については，仕事の内容に対するやりがいや楽しみを挙げる者の割合が，対消費者向けサービスにおいて相対的に高くなっている（中小企業庁［2008］，p.72）。

また，仕事に対するやりがいや楽しみから仕事を続ける者が多い反面，企業内でのキャリアパスが不明確で，自己成長や能力発揮につながらないと判断し離職する人材も多く，対事業者向けサービスよりも高い離職率となっている現状もうかがえる。

3.2.4　中小サービス産業に求められる人材マネジメント

サービス産業においては，人材育成やモチベーションの向上が重要であるものの，課題は多い。中小サービス産業では，人材のマネジメントについてどのような取り組みがなされているのであろうか。

組織や人材に関するマネジメントの取組状況について，野村総合研究所が実施した「商品・サービス品質向上の取り組みに関するアンケート調査」結果を見ると，経営理念や基本方針の明確化・共有化などの組織課題に取り組むとする企業が最も多い。

しかし，能力要件を満たすために必要な人材の育成やモチベーションを向上させる仕組の構築といった，人材の意欲や能力を直接的に引き出すための取り組みを実施している企業の割合は，低いことがわかる。同調査にもとづいて，能力要件を満たすための人材育成の取り組みと業況感との関係を見ると，人材育成を実施している企業ほど業況感を良いとする企業の割合が高くなっている。

以上の調査結果から，サービス産業においても，高付加価値の創出が可能な人材の確保および育成が重要であることは明らかである。サービスの品質や付加価値を高め，中小サービス産業の生産性を向上させていくためにも，人材の意欲や能力を高めるための具体的な取り組みを長期的な視点に立って実施するなかで，人材育成を図っていくことが喫緊の課題となっている（中小企業庁［2008］，p.74）。

3.3　冠婚葬祭業の現状と課題

本書で事例調査対象業種とした冠婚葬祭業は，冠婚葬祭互助会[15]（以下，互助会）を礎として発足している。法律上は前払式特定取引業に指定され，割賦販売法の適用を受ける経済産業大臣の認可事業である。婚礼や葬儀といったラ

イフ・イベントの演出・提供が主たる業であり，無形のものに高い価値づけを行うメモリアル産業として発展している。このような経緯を考慮し，当業界の基盤とも言える互助会に着目しながら，取り巻く現状や組織に内在する課題を以下に整理する。

葬祭部門では，高齢化を背景に葬式件数が増加する見込みとなっているが，消費者の簡素化ニーズの高まりに伴って平均単価の下落傾向が続き，市場規模は横這い傾向で推移している。価格の明瞭化やパッケージ化をセールスポイントとした新規業者の参入が，業界構造にも影響を与え，再編の動きも相まって業界に新陳代謝をもたらしている。

外資系企業の数は多くないものの，順調に業績を伸ばしているケースが見受けられ，消費者サイドのニーズ変化を受け，業者格付けの動きやサービス向上を目的とした資格制度の導入も図られている（日本貿易振興機構［2006］，p.6）。

以上のような現状からは，業界構造自体が，既存企業の淘汰や再編を含めた形で変化していく可能性が推測される。

3.3.1 業態の定義と特徴

冠婚葬祭業界の特徴的な組織である互助会とは，冠婚葬祭に関する相互扶助のシステムである。具体的には，会員が掛金として積み立てた資金で結婚式の貸衣裳や婚礼施設・葬式祭壇を用意し，会員が必要に応じて利用できる組織である。

会員制度を基本としながら，加入者から掛金を長期間前受けし，この前受金で冠婚葬祭に必要な設備や用具などを購入することにより，加入者やその家族が結婚式や葬儀を行う場合に一定のサービスを提供している。このため，前受金残高が会員の動向を反映しており，互助会にとって前受金残高は事業規模や業界内の地位を測る指標となっている。

互助会は，第二次世界大戦後の物不足の時代に，地域社会の連帯や費用負担の軽減などの必要性から自然発生的に生まれた組織であり，高度経済成長期に急増している。1972年の割賦販売法の改正により，経済産業省の認可事業となって以来，組織としての信用度が向上したことや社会的ニーズが高まったことから，当業界は急成長を遂げた。しかし，互助会が割賦販売法の規制を受けるにあたり，1973年に業界団体として一般社団法人全日本冠婚葬祭互助協会（以下，

協会）が設立されている。

　現在，当協会への加入率は80％を超え，互助会事業に関する調査・研究，合理化に関する指導，苦情解決のための仲介・あっせん，従業員に対する指導・教育，行政施策への協力などの業務を実施している。許可事業者（正会員）数は1986年までは毎年増加したものの，以降は減少傾向となり，2011年3月現在では250社である。

　冠婚部門においては，ホテルやハウスウエディングなどとの競合，葬祭部門においては，葬儀専門業者に加え，農協・生協・電鉄関連企業などからの異業種参入事業者との競合が激化している。その上，過剰な設備投資によって経営不振に陥る事業者も出てきており，中小互助会を中心に統廃合が進行している。

　これまで，前受金残高および加入口数は増加傾向にあり，業界としての拡大基調はうかがえるものの，近年になって，前受金残高と加入口数残高の伸びは共に鈍化傾向にある。

　互助会は，地域社会の中から自然発生的に創業しており，地域特性が強く反映された事業であることから，もともと小規模組織が多い。しかし現在は，中小互助会を中心に統廃合が進行し，企業規模は拡大傾向にあるものと考えられる。協会に加盟している互助会には全国約2,000万口の加入があり，結婚式では30％，葬祭では40％の会員が利用している（金融財政事情研究会［2008］，pp. 1184-1185）。

　冠婚葬祭業は，人びとの生活に根ざしたサービス業であり，婚儀と葬儀といった就業特性の異なるビジネスを，高度に専門化・精緻化した役務を集積しながら提供している属人的な事業である。総務省の「事業所・企業統計調査」をもとにデルタ総研が算出したデータによれば，2006年において冠婚葬祭業に携わる従業者は12.8万人で，そのうち葬儀業が56.3％，結婚式場業が32.6％，冠婚葬祭互助会が11.1％を占めている（金融財政事情研究会［2008］）。

　従業者の男女比率を見ると，冠婚葬祭業全体では女性比率が52.4％となっているが，葬儀業では43.9％，結婚式場業では63.5％と，事業によって異なった特徴が表れている。ただし，近年はパートや派遣社員などの非正規雇用者を中心に葬儀業への女性の進出が目立っており，結婚式場業も男性の比率が増加傾向にあるなど，男女比率の偏りは平準化していく方向にあると見られる。

　冠婚葬祭業の内，とくに葬儀業は正社員比率が高い業種である。他のサービス業同様に非正規雇用者へのシフトが進んでいる状況下でも，正社員比率は

2008年で52.2％となっており，比較的高い水準にあると言える。

　一方，結婚式場業では2005年に51.9％であった正社員比率は，2008年には44.0％と大幅に減少し，非正規雇用者が増加したにもかかわらず，平均単価は年々増加しており，売上高も堅調に推移している。労務コストの低減化といった観点では，結婚式場業の企業努力が目立っていると言えよう。

3.3.2　需給動向と経営課題

　互助会の事業運営に大きな影響を及ぼすとされる婚姻件数は，ミレニアム婚や21世紀婚と呼ばれる一過性のピークとなった2000年前後を除いて減少傾向にあり，2006年度は71.4万件となっている。婚姻組数の減少要因は，男女共通の晩婚化や非婚化の進行であり，今後も緩やかに減少していくものと考えられる。

　一方，死亡者数は高齢化の進展に伴って増加傾向にあり，2006年で約114万人に達しているが，国立社会保障・人口問題研究所の推計では，2018年には約145万人になると予想されている。

　互助会の加入口数や前受金など全体的な増加はみられるものの，一部の互助会では前受金の絶対額が減少するなど，成熟感が出ている。今後も，消費者ニーズや生活様式の変化などから，加入者数や前受金残高，売上高の伸び悩みが懸念される。

　冠婚部門における加入者数の伸び悩み要因として挙げられるのは，今後の婚姻件数の減少見通し，人気が高いホテルにおけるハウスウエディングなど新形態の伸び，結婚式場選定主導権の（互助会会員の両親から婚姻当事者への）世代交代である。

　同様に葬祭部門では，死亡件数増加が今後見込まれるなかでの業界内の競争激化，葬儀施行単価の低下傾向が挙げられる。加入者数の伸び悩みは，葬儀よりも婚儀において，より顕著であると考えられる（金融財政事情研究会［2008］，pp.1185-1186）。

　互助会業界は，生産加工材を必要とする産業からはほど遠い特異な組織体であり，景気変動に直接左右されない業界であるにもかかわらず，儀式産業に占める占有率は約30％にとどまっている。しかし，婚姻数の減少傾向と死亡数の横バイ傾向がここしばらく続くとしても，生涯産業として互助会業界をとらえていくのであれば，発展の余地は十分に残されている（全日本冠婚葬祭互助協会［1998］，p.215）。

経営を取り巻く厳しい環境の下で，各互助会が抱える具体的な課題は以下の四つで示され，その深刻度が指摘されている。

一つ目は，将来的な各種費用のコスト上昇を吸収するための前受金の効率的運用と，費用に占める人件費比率の高さゆえのコストアップ抑制に向けた，事務部門の合理化の必要性である。

二つ目は，業務量の拡大や仕事の質の多様化に対応可能な人材の育成・確保である。とくに，外務員やミドル層を中心に人材が不足している。

三つ目は，新規会員の開拓およびそのための効果的施設やサービスの提供である。他業種との競合や需要の伸び悩みから，営業エリア拡大や冠婚葬祭以外のサービス提供などにより，新規会員の開拓や既存会員の解約防止を図る必要がある。

四つ目は，社会的信用の維持・向上である。業界では，競争の激化による強引な営業活動や契約内容が理解し難いために発生する，解約時のトラブルなども散見される。国民生活センターによれば，各地の消費者センターに寄せられる互助会に対する相談件数は，1994年度は約1,000件であったものが，2002年度には約2,800件へと急増している。

1977年12月に標準約款の改正[16]が，1984年には当約款の改定が行われており，互助会としても業界統一の役務基準を作成し，秩序の確立や販売体制の健全化などに取り組んでいる。また，社会的信用の向上を図るため，1990年末より協会が中心となり，加入者保護を目的とした互助会加入者役務保証機構[17]の運営が開始されている（金融財政事情研究会［2008］，p.1186）。

3.3.3 互助会の組織特性と課題

互助会は，古くからのしきたり文化を承継した人間社会の不滅の儀式を事業に結びつけている。互助会が地域密着型サービス業と言われるゆえんも，地域の冠婚・葬祭の伝統や慣習を取り入れ，その特殊性を考慮し，地域に根ざした事業として定着してきたからに他ならない。また，各互助会とも冠婚葬祭を施行する区域を定め，互いの領域を侵さない暗黙の了解の下に地域に密着した事業を展開している。

この領域内に，冠婚および葬祭部門がそれぞれ結婚式場，葬儀斎場の名のサービス拠点を張り巡らし，本社機能が関連別会社（グループ企業）も含めたネットワーク型の全組織を俯瞰的にマネジメントする構図が形成されている。ただ

し，本社の所在から遠隔地にある拠点機能を代理店化[18]して独立採算制を採り，経営トップの直接的なマネジメントやガバナンスが及ばない経営形態となっている互助会では，当構図には当てはまらない場合もある。

関連別会社の動向については，冠婚葬祭に係わる高質なサービスを専門スタッフにより提供するため，たとえば，司会・儀式プランニング・旅行企画・ケータリングといった主要な役務を担当する部門毎に分社化されている。その他，社外の専門業者に外注するサービスもあり，顧客に提供されるサービスは専門領域毎に細分化されている点が特徴である。

したがって，すべての役務をこと細かく本社サイドでマネジメントすることは，各拠点の遠隔性からみても困難であり，拠点毎にそれぞれ運営の独立性が担保されているケースや，一定のサービスエリア毎に複数の拠点をマネジメントする基幹拠点を設定し，担当エリア内の運営を一定の権限委譲のもとに任せているケースが多い。

このような特異な拠点性を維持しながら，広いサービスエリアにおいて高質かつ同質の役務を多様な顧客ニーズに応じて提供していくためには，業務量の拡大や仕事の質の多様化に対応できる人材の確保が急務である。

しかしながら，とくに外務営業員やミドル層の人材が慢性的に不足している。とりわけ，提供する役務の質的レベルについて，経営トップが求める高位平準化を拠点間で担保していくためには，拠点配置のミドルが果たす機能が核となろう。同時に，本社機能と各拠点とを結節させるコミュニケーションを維持・強化する観点から見ると，本社サイドのミドルが果たす機能にも同様の指摘がなされる。

3.4　同族経営の現状と課題

冠婚葬祭業の多く[19]は，中小企業の範疇に属すると同時に，企業経営形態の原点とされる同族経営により事業を営んでいる組織体でもある。同族経営とは一般的に，血縁関係・親戚関係にある一族が中心に企業経営している状態を指す。本章本節第1項に前述したとおり，日本に存在する法人約260万社の99％は中小規模の同族企業である。法人税法では，上位大株主3人の持ち株比率が合わせて50％を超える経営組織が同族企業と定義されているが，同族とは六親等内の血族または三親等内の姻族が目安となっている。

また，大企業と中小同族企業との最も大きな差異は，経営トップによる連帯

保証の有無にみられる。大企業の経営トップは，原則として企業の借入金に対して連帯保証をしていないが，中小企業経営者が一定金額以上の借入れをする場合には，ほぼ連帯保証を要求される。増資実行者を見ても，大企業は，証券市場を通じて不特定多数の人から増資資金を集めることができるが，中小企業では，少数の同族関係者によって増資をしなければならないといった違いがある（大平［2008］，pp.87-90）。

　小規模企業や新興企業では，同族経営を行わないと経営の継続が困難となるケースが少なくない。また，株式買収によって経営権を喪失するリスクが少ないことや，収入を一族の者に分散させることによって節税が図れるなどのメリットがある。逆に，同族会社は主要株主と役員とが一致している場合が多いため，経営の私物化が横行しやすいといったデメリットもある。

　在任期間が長い経営トップの特徴として挙げられる点には，トップ自身の姿勢を問うものが多く，その根底にあるのは価値観である。しかし，価値観に起因する問題は大企業のみならず中小企業でも生起する。

　たとえば，中小企業において事業承継が問題となっている背景には，主に所有と経営が分離していない家族経営の企業の多さが指摘される。単なる事業承継の問題ではなく，所有の承継問題とそれに伴う家族問題が絡む複雑な実態は，役員が定期的に交代する大企業とは大きく異なっている（小野瀬［2008］，p. 19）。

　なお，同族経営の具体的特性については**図表4-5**のとおり明示できる（Denise and John［2005］，p.5）。このなかで，同族経営におけるプラス面の特性として強調されるのは，組織的に強い一体感，組織の柔軟性や機動力の発揮，経営トップとしての人的資源の大きさ，強固な組織文化，経営理念・行動基準・企業価値の共有重視，組織統合や外部適応の容易性であろう。

　一方，中小企業に指摘される潜在的な非組織的経営活動を示すものとしてとらえられる，マイナス面の特性では，属人的（独善的）過ぎる意思決定，硬直的で排他的な文化，不公平な人事，基幹的人材の育成遅れといった点が強調されよう。

[図表4-5] 同族経営の特性

プラス面の特性	潜在的なマイナス面の特性
・長期投資の視点 ・組織的に強い一体感 ・組織としての個性の発揮 ・組織の柔軟性および機動力の発揮 ・品質への強いこだわり ・ニッチ市場に軸足 ・経営トップとしての人的資源の大きさ ・革新という伝統 ・強固な組織文化 ・経営理念，行動基準，企業価値の共有重視 ・長期業績重視の視点 ・低配当，積極投資 ・積極的な社会貢献活動 ・組織統合や外部適応の容易性	・属人的（独善的）過ぎる意思決定 ・親族間で近過ぎるファミリーの関係 ・硬直的で排他的な文化 ・限られた商品の種類 ・組織移行の難しさ ・不公平な人事 ・ガバナンスの不徹底 ・基幹的人材の育成遅れ

出所：Denise and John［2005］p.5，表0-1をもとに筆者作成。

3.5 中小ベンチャー企業の現状と課題

3.5.1 靴下製造業の現状と環境適応

本書で経営事例として取り上げた㈱パールスター社のフィールドである，靴下製造業界の現状を見ると，バブル経済の崩壊を契機として経済的な厳しさが続くなかで，商品価格の低下圧力が製造原価の引き下げを加速してきた。さらに，製造原価の引き下げ圧力は，素材および製品の海外調達を一層進めた大きな要因となっている。

海外からの調達の増加により，輸入比率は今や80％を超えるレベルである。このことは，**図表4-6**が示すとおり，国内繊維産業の事業所数や従業者数の激減を招いている。たとえば，30年前は1,500社であった靴下業界の組合員企業数は，現在では300社程度にまで減少している。そのなかで，元請企業の海外生産移転や業績悪化等による，下請取引関係の希薄化といった危機的状況も見られ，今や価格下落に苦しむ斜陽産業と言っても過言ではない。

このような厳しい環境下にある㈱パールスターは，創業100周年を迎えた長寿企業である。創業時は，靴下（軍足）の製造工場に過ぎなかったが，長年培ってきた技術力とノウハウを活かし，既存製品にない，履くだけでつま先が上がる「転倒予防靴下」の開発に，2007年に地元金融機関のコーディネートによる

第4章 経営理念の戦略的活用事例 105

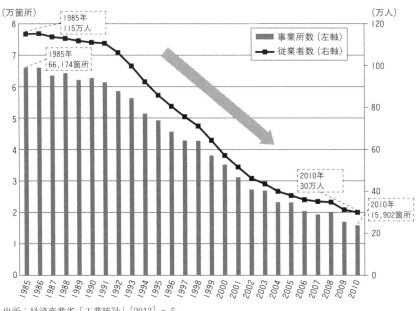

[図表4-6] 繊維産業の事業所数及び従業員数の推移

出所：経済産業省「工業統計」[2013] p.5。

広島大学との共同研究で成功し，当年より本格的な産学官連携体制がスタートしている。

その後もさまざまな機能性靴下を開発し，2014年には中小企業では困難と言われた医療機器製造業の許可を広島県より受け，新分野進出を目指しながら一層の業容拡大を図っている注目の企業である。

中小企業は大企業と比べ，商品に対する信用力，拡販への営業力，商品開発・拡充に必要な資金力に欠ける面は否めず，とくに信用力は商品に対する顧客の安心感につながるとの強い思いが，㈱パールスター経営トップの発話からうかがえた。

改正景品表示法の施行といった背景もあり，㈱パールスターで扱われているような機能商品は，性能や機能に係わる第三者機関の立証・検証といったエビデンスが求められる厳しい時代となっている。そこで，商品に対する信用力を担保するため，企業でも可能な定性分析は自社内で行い，中小企業の力量では困難な定量分析は大学の研究室で補完してもらうといった独自の戦略を，積極的に展開している。

4．選定事例の概要

4.1　面接調査対象企業の概要および面接対象者（インタビューイ）

4.1.1　Ａ社【中小企業】

　本書では，本章第2節において明示した，ケース・スタディ実施対象企業の選定理由に示す考え方をもとに，中小企業であるＡ社を調査対象企業の一つとして選定している。選定の過程では，「経営理念の浸透レベルに関する経営者意識調査」（資料編の資料2および資料3参照）の実施結果を踏まえている。

　当調査において最高評価（得点）を得たＡ社は，創業者が現在も経営トップを務めている同族経営企業であり，本章第3節第1項に記載の図表4-4で明示した，会社法で規定される中小企業の範囲，すなわち，資本金が5億円未満または負債総額が200億円未満の企業である。

　Ａ社の経営状況を示す主な企業概要は，**図表4-7**に示すとおりである。

　Ａ社は，互助会からスタートした冠婚葬祭業を営む企業として，1971年に前会長（故人）と現社長夫妻により広島県内で創業されている。当初は夫である前会長が社長として社業を発展させてきたが，16年前に妻である現社長が経営を承継し，現在に至っている。

　創業夫妻には，2016年現在46歳と41歳の子女があり，役員として将来の経営の承継を睨みながら研鑽を積んでいる典型的な同族経営企業である。資本金は9,500万円，従業員数は391名であるが，正規雇用従業員は153名に過ぎず，非正規雇用者比率は約60％と高い。ミドルに相当する職位は，部長，次長，課長，課長代理，係長であり，その総数は49名（全従業員の約10％）である（2016年10月現在）。

　営業エリアは，広島県および山口県の一部であるが，事業所のほとんどは広島県呉市および安芸郡（とくに島しょ部）内にあり，地域限定型の営業活動が展開されている。営業種目は，冠婚葬祭運営サービス事業を筆頭に14事業に及んでいる。

　1991年には，結婚式場や瀬戸内海を一望できるレストラン，広い室内を誇る58室を完備した都市型ホテルを開業し，地元以外の顧客の取り込みも図っている。宿泊業も主要事業に成長しているが，現在も冠婚葬祭業がコア事業として

[図表4-7] 調査対象企業の概要

確認項目	A 社	㈱パールスター
創業年	1971年（昭和46年）	1915年（大正4年）
創業のきっかけ	事業を通じた社会貢献への想い	日本で最も感謝の言葉をいただける会社を目指す想い
創業時の業態	葬祭事業	軍足を生産する旧陸軍・海軍の指定監督工場（靴下製造業）
現経営者の代目	二代目（女性）	三代目（男性）
経営形態	同族経営	同族経営
事業内容	冠婚葬祭互助会，宿泊業	転倒予防靴下，サポーター，環境関連品の開発・製造・販売
本社所在地	広島県呉市	広島県東広島市
営業エリア	広島県および山口県	広島県をはじめ全国
資本金	9,500万円	1,000万円
売上高	39億3,000万円	3億2,000万円
経常利益（前期）	1億2,200万円	―
員数〔内，正規従業員数〕	391名〔153名〕	30名〔9名〕
総従業員男女比	男性41％　女性59％	男性17％　女性83％
正社員の男女比	男性68％　女性32％	男性36％　女性44％
組織体制（職制）	・代表取締役社長 ・取締役副社長 ・常務取締役 ・取締役 ・監査役 ・(下記)ミドル ・一般従業員(パート含む)	・代表取締役社長 ・常務取締役（現社長の実母） ・工場長 ・医療機器統括責任者 ・品質管理統括責任者 ・製造統括責任者 ・一般従業員（パート職含む）
ミドル相当職位〔員数〕	部長，次長，課長，課長代理，係長〔49名〕	1．工場長，2．医療機器統括責任者，3．品質管理統括責任者（2．と兼任），4．製造統括責任者〔3名〕
開発スタッフ	―	工場長，専任技術者2名
主な資金拠出元	―	地元金融機関
産学官連携開始	―	2007年より
商品展示会への出展	―	2016年：5回 2015年：6回
学会発表(経営トップによる)	―	3回
所属学会（経営トップ）	―	リハビリテーション工学会，日本転倒予防学会
表彰	―	12回（内，最高位の賞6回・特別賞1回）
マスコミ報道	―	2016年：4回

出所：筆者作成（面接調査結果および，当該者発表資料による）。2016年11月現在。

[図表4-8] 調査対象企業のインタビューイ属性一覧

社名	人名	役職名	職務	在職年数	年齢	性別
A	C	代表取締役社長	経営トップ（総務部長兼務）	16年	71	女
A	D	総務部課長	本社総務部門の実質的な統括責任者（サービス現場経験有）	35年	53	男
A	E	総務部課長代理	本社総務部門におけるD氏職務の補佐役（サービス現場経験有）	31年	49	男
パールスター	F	代表取締役社長	経営トップ	39年	67	男
パールスター	G	医療機器統括責任者	医療機器製造・販売の統括（薬事法の規定による選任）	7年	57	男

注1：D氏・E氏およびG氏はミドルである。
注2：在職年数および年齢は，2016年11月現在の数値である。
注3：A社においては，2006年の初回調査実施以降現在に至るまで，インタビューイに係わる人事異動はなかった。
出所：筆者作成（2015年10月，2016年5月・9月・11月の半構造化面接調査による）。

位置づけられている。

また，ケータリングや保険など冠婚葬祭関連役務を扱う子会社・関係会社3社を含めた企業グループを形成しており，業界では中堅クラスの経営規模を有している。

A社のインタビューイは，経営トップおよびミドル2名（課長職および課長代理職）であるが，ミドルの人選については，本調査の主旨・目的を事前に説明した上で，サービス現場経験者からの指名を条件に経営トップに委ねた。

㈱パールスターを含めたインタビューイの属性は図表4-8に示すとおりであるが，人名欄記載のアルファベットは，第5章第4節第3項に後掲する「インタビューイ発話内容からの論点整理」の発話者名を示している。

4.1.2 ㈱コーポレーションパールスター【ベンチャー型中小企業】

創業時は，靴下（軍足）の製造工場に過ぎなかった㈱パールスターは，創業100周年を迎えた長寿企業である。長年培ってきた技術力とノウハウを活かし，既存製品にない，履くだけでつま先が上がる「転倒予防靴下」の開発に，2007年に地元金融機関のコーディネートによる広島大学との共同研究で成功し，同年より本格的な産学官連携体制がスタートしている㈱パールスターの経営状況を示す主な企業概要は，図表4-7に既述のとおりである。

㈱パールスターのインタビューイは，仕事の価値は社会の中でいかに役立つかで決まるといった，明確な自負をもつ三代目経営トップのＦ氏である。

4.2　面接調査の手順

約10年に及ぶＡ社に対する調査では，図表4-8に示したインタビューイを対象とした個人別の半構造化面接（60～120分／人）を複数回実施し，得られた発見事実・知見をもとに，前述の分析視座による検討を行った。

面接は，インタビューイの個人的経験や主観的意見が交わることで議論の論証性や説得性を損なうことのないよう注力するとともに，可能な限り本音部分の内容が幅広く確認できるように挿入質問を行いながら，半構造化した内容で実施している。

面接時の全会話（質問者の発話も含む）は逐語的に記録し，本書で明らかにしたい論点となる文脈については，インタビューイから得た生情報を解釈可能な範囲で要約した。

先行研究による示唆も踏まえ，本書ではＡ社インタビューイへの面接調査を，図表4-9の手順にもとづきながら図表4-10に示すタイミングで6度実施し，発見事実の精緻化に努めた。その結果は，各インタビューイの属性を勘案しながら多面的に積み上げ，本章第5節第2項に明示した視座をもとに詳細な分析を行っている。

分析のもととなる発見事実については，インタビューイの発話から把握した

［図表4-9］　面接調査実施手順

順	手　順　の　概　要
1	分析視座に包含させた，面接調査による解明が必要なポイントを整理した上で，経営トップおよびミドル用の「質問票（インタビュー・ガイドライン）」を，先行研究のレビューから得られた知見をもとに設定した
2	1の「質問票」をインタビューイに事前に送付し，インタビュの目的・狙い，趣旨，具体的な設問項目をあらかじめ明示した
3	調査実施当日は，インタビューの目的を再度簡略に説明の上，半構造化面接法を用いて回答者の自由で率直な発話を誘導した
4	インタビューイの事前承諾を得た場合には，インタビュー全容を録音し，その他は口述筆記により，可能な範囲で発話通りの内容をデータベース化した。ただし，重複的発話や質問の主旨と異なる発話は，必要最小限の範囲で調査実施者が編集した

出所：筆者作成。

［図表4-10］　Ａ社の調査実施時期とインタビューイ員数

	方　法	実施年月	インタビューイ員数	
			経営トップ	ミドル
第1次調査	面接	06/09〜06/10	1	2
第2次調査	アンケート	08/12	1	—
第3次調査	面接	09/02〜09/06	1	2
第4次調査	面接	10/07	1	1
第5次調査	面接	14/08	1	—
第6次調査	面接	15/08	1	—
第7次調査	面接	15/09	1	1

出所：筆者作成。

［図表4-11］　㈱パールスターの調査実施時期とインタビューイ員数

	方　法	実施年月	インタビューイ員数	
			経営トップ	ミドル
第1次調査	面接	15/10	1	—
第2次調査	面接	16/05	1	—
第3次調査	面接	16/09	1	—
第4次調査	面接	16/11	1	1

出所：筆者作成。

経営活動の現状に関する内容を，網羅的に解釈し整理するのみならず，さまざまな社会現象との関係においていかに解釈されるのかも明らかにした。その上で，研究成果として記述することに注力している。

　また，面接方式を中心に複数回実施することで得られたインプリケーションの分析では，時系列変化の把握にも努めた。

　面接調査の際には，経営トップ，ミドル双方に同一の視点から質問していることから，両者の回答から生じた発話内容の差異に係わる原因や背景の把握も図っている。その差異が，経営理念の浸透を阻害する要因となっていないかについても確認した。

　約2年に及ぶ㈱パールスターに対する調査では，図表4-8に示したインタビューイを対象に，**図表4-11のとおり4度の半構造化面接（通算約15時間）**を

実施した。その結果をもとに，組織の活性化に向けて経営トップが抱く経営理念やビジョンが果たし得る役割・機能など，経営理念の浸透促進に係わる多様な発見事実を整理・分析の上，考察した。

5．分析の理論的枠組みと視座

第3章第4節では，第1章第3節で述べた本書の目的を達成するため，本書のテーマに係わる問題意識やリサーチ・クエスチョンを明らかにした上で，その解決に向けて必要と判断した先行研究について考察した。その結果から得られた知見をもとに構築した分析視座により，ケース・スタディにおいて把握した発見事実を検討し，研究成果を取りまとめることを基本方針としている。

そこで本章では，リサーチ・クエスチョンの内容，および先行研究レビューから把握した知見を踏まえながら，本書で解決を図る問題の所在を明らかにする。次に，具体的な分析視座を構築し，ケース・スタディ実施の基本方針を明示する。実施結果から得られた発見事実については，分析視座にもとづいて検討し，第6章で明示する戦略的な理念経営に関する考察につなげていく。

5.1　問題の所在

第1章第3節では，中小企業を研究対象とする場合に先行研究が求めている，個別経営の一貫性に焦点を当てた研究の必要性を説き，レビューの対象とする先行研究の選定基準を明らかにした。その上で，経営理念を起草する際に着目すべき基本的視点ととらえられる，理念の概念定義や機能について言及のある先行研究を第2章においてレビューし，経営理念の浸透促進に求められる要件の検討につなげている。

第3章第2節では，本書の問題意識や目的を述べた上で，リサーチ・クエスチョンを明示した。

第3章第4節では，経営理念が浸透する状態・様相に係わる概念定義や，経営理念の浸透を図ることの必要性や有効性に言及した先行研究を考察した。経営理念の浸透が経営組織や組織成員に及ぼす影響について示唆のある先行研究をレビューした結果からは，多様な知見が得られている。

第一に，経営理念浸透プロセスにおける経営トップの意思決定の係わり方については考察の余地があること，第二に，顧客との相互作用は，サービスの生

産者と消費者とのやり取りのなかで不確実性の高い性向として機能することが把握された。

　また，同じサービス業であっても，経営理念重視の経営行動を貫く企業とそうでない企業から提供される役務の差異が，従業員が顧客とのコミュニケーションを重ねるなかで自覚する差異として把握できることが重要と判明した。サービス業を営む企業として顧客との関係を保つ上で，経営理念が果たす仕組みや機能の検討が可能であることも確認された。

　第三として，第3章第4節第1項で言及した「企業が経営行動の原点を経営理念で確認することの意義」に関連し，組織成員同士の相互作用が個人・関係・集団アイデンティティを高めるとの示唆も得られた。

　さらに，第3章第4節第3項ないし第5項では，ミドルが経営理念の浸透プロセスにおいて果たす結節機能，経営理念浸透の阻害要因となる組織文化の逆機能，組織変革のプロセスにおける経営理念の係わり方などの問題についても，関連する先行研究のレビューを重ねた。

　その目的は，企業経営の現場で把握される事実・現象を解釈し，学際的に得た知識を援用しながら検討を重ね，事実の背後にあるプロセスといった仕組みの解明に活かすことにある。

　先行研究のレビューから得られた発見事実や知見を整理した結果からは，図表4-12に明示したとおり，中小企業を対象に具体的事例を踏まえながら考察した研究成果として確認できなかった論点が，先行研究に指摘される理論上の限界として明らかになった。

　そこで図表4-12では，先行研究の限界を示す13の論点について，分析視座構築への反映の可否を検討している。その結果，非組織的な経営活動は中小企業においていかなる影響を及ぼしているのか，相互作用が働くなかではミドルがいかなる機能発揮をなすべきなのか，経営理念の浸透促進プロセスでは人と人との相互作用がいかに影響を及ぼすのかについて，それぞれ明らかにする分析視座の必要性が認められた。

　以上の内容については，ケース・スタディの実施結果をもとに研究成果を取りまとめる際の分析視座構築につなげ，本書のリサーチ・クエスチョンに係わる理論的検討をすすめていく。

[図表4-12] 先行研究の限界と経営理念浸透基本プロセスにもとづく分析視座の検討

レビュー対象の先行研究を分類した視点	先行研究レビューの結果からは，中小企業を対象に具体的事例を踏まえながら考察した成果として確認できなかった，先行研究の理論上の限界を示す論点	分析視座反映の可否	分析視座No.
中小企業の組織特性に関して	中小企業の個別経営において，非組織的な経営活動をなす人間集団としての特異性が影響を及ぼしている具体的事例	○	1
経営理念を起草する際の基本的視点に関して	経営理念の内容に階層性や領域性を具備させることと，経営理念の浸透を有効に図る要件との関係性や具体的なメリット	×	
経営理念と組織・人との係わりに関して	トップ・マネジメント層による経営理念の浸透に向けたリーダーシップの発揮を，制度的に補完する仕組み	○	2
経営理念と組織・人との係わりに関して	ミドルによる経営理念浸透促進への働きかけスタイルを，ミドルの年齢層別でみた場合に認められる差異	○	2
経営理念と組織・人との係わりに関して	マネジメント層が自己経験から学習しマネジメントスタイルを変更させた事例と評価	○	2
経営理念と組織・人との係わりに関して	組織文化の逆機能に係わる具体的な露呈事象，その克服事例（CI活動その他の既存活動や手法を応用した具体的取組事例など）	○	2
経営理念と組織・人との係わりに関して	組織文化に包含されていると考えられる，下位文化（風土）や拮抗文化の事例	○	2
経営理念と組織・人との係わりに関して	自己革新のみならず，高次の個人アイデンティティ（従業員である自己，部下である自己としての誇り）の醸成や高まりにつながる具体的事例の把握，および検討	○	2
経営理念の浸透プロセスに関して	経営理念の浸透促進を可能とする，具体的仕組みやプロセス（人的資源の有効活用につながる制度的な補完事例を含めて）	○	3
経営理念の浸透プロセスに関して	相互作用が機能している具体的な事象（作用），およびそのプロセス	○	3
経営理念の浸透プロセスに関して	相互作用が機能するステージの特定	○	3
経営理念の浸透プロセスに関して	既存の業務標準を活用した，経営理念浸透を図る具体的な手順	×	
組織変革のプロセスに関して	革新的なサービスや製品を継続的に創出する組織への再構築を目的とした組織変革を，経営理念の浸透を主眼に置いて取り組む場合の具体的プロセスや目標	×	

出所：筆者作成。

5.2 分析視座の構築

第2章および第3章における先行研究レビューでは，経営理念を起草する際に着目すべき基本的視点としての定義づけのあり方，機能の活かし方や，経営理念の浸透方策を検討する上で組織文化に着眼するねらいについて，主要な論

点を整理した。

その結果に関連する議論の中から，経営理念浸透促進プロセスの提示に資するインプリケーションが得られている。経営理念の浸透促進を図る行為が，経営組織内外でのコミュニケーション促進をはじめとする重要な役割・機能を担う人的資源の活性化にいかに有効であるのかなど，本書の研究目的達成につながる論点も把握された。

しかし，経営理念が確かに浸透していることを示す具体的な事象やプロセス，客観的な評価の仕組みを確認するには至らなかった。経営理念の浸透促進を図る際に，ミドルの機能発揮がいかに重要であるかについても，具体的内容を伴ったインプリケーションは得られていない。

そこで，先行研究の限界として図表4-12で把握した論点が三つに集約されたことを考慮し，冠婚葬祭業および医療機器製造業を営む経営組織の調査結果を分析する際の視座として，以下の3点を構築する。

5.2.1 非組織的経営活動が中小企業の個別経営に及ぼす影響

経済機能体ないし利益体としての中小企業には，経営資源の脆弱性に起因した課題がある。中小企業に係わる多くの先行研究では，非組織的な経営活動をなす中小企業がなぜ存在するのかについて，マクロ的な視点からの経済学的な議論は重ねられている。しかし，第2章第3節第2項で指摘した，理屈の通らぬことや筋道の立たない非組織的な意思決定や行為を温存せざるを得ない人間集団としての特異性が，中小企業の個別経営に及ぼしている影響については十分に考察されていない。ただし，非組織的な事態をコントロールする自律性の不備に関する指摘（竹内[1995]）は，中小企業が経営体としての存立を脅かし兼ねない重大リスクを包含している厳しい現実を示唆していると言える。

以上の認識をもとに，中小企業に指摘される非組織的な意思決定や行為といった経営活動が，経営理念の浸透プロセスにどのような影響を及ぼしているのかを明らかにする。

5.2.2 相互作用を促進するミドルの機能

ミドルは，先行研究において「経営トップと一般従業員とを戦略的に結節させる重要な役割の担い手」として位置づけられている（野中・竹内[1996]）。そこで，相互作用の機能を想定した経営理念の浸透促進プロセスにおいて，彼ら

に求められる機能とは何かを2点目の分析視座とする。

具体的には，経営トップ自らのリーダーシップの発揮に向けては，高次の意思決定を伴う経営参画がある程度可能なポジションに位置しながら，現場の実務にも精通したミドルが，主体的に経営トップと協働する仕組みが重要ではないかとの視点から検討する。

たとえばミドルには，一般従業員の能力を引き出しながら経営トップの要求や期待に応えていくとともに，現場で生起する事実や現場を担う従業員の意見を，状況に応じて迅速・的確に経営トップに報告・進言していくことが求められる。この一貫した行為が，経営トップのミスリードを未然に最小化するだけでなく，従業員の組織に対する帰属意識などのモチベーションを高め，ひいては企業としての長期的な存立に貢献するものと考えられる。

以上の検討により，事例企業における経営理念浸透プロセスにおいては，ミドルがいかなる意思決定や行為を繰り返しながら，とくに，一般従業員に対する理念浸透の働きかけを図っているのかを明らかにする。

5.2.3 経営理念の浸透促進における相互作用

本書のケース・スタディ実施企業においては，経営理念の浸透を促進するプロセスのなかで，いかなる相互作用が把握されるのかが，3点目の分析視座である。具体的には，経営理念が浸透する様相はいかなるプロセスやフェーズで示されるのか，それは単一的あるいは複合的なパターンとしてとらえられるのかについて検討する。

経営理念が浸透する様相の解釈については，「経営理念を表す言葉を知っているだけの状態から，経営理念を象徴する直接経験，他者行動の観察，経営理念と現実のギャップや矛盾に対する内省を通じ，自分なりの経営理念の意味に気がつくプロセス」と概念定義している，松岡［1997］の議論を援用する。本検討により，組織内外における人的資源を通じた機能が想定される相互作用の具体的な仕組みや，機能している場や機会の解明につなげる。

ついては，マネジメント層から一般従業員に至る職位階層毎に，いかに実効性のある行動が求められるのか，その際の要件や課題は何かを明らかにする。経営理念の浸透に向けて，経営トップやミドルが発揮するリーダーシップを補完する制度がいかに機能するのかについても検討する。たとえば，経営理念の実現を意識した行動に徹している姿勢を評価・表彰する仕組みである。

以上の検討により，事例企業においては，経営理念の浸透促進に向けた取り組み成果を評価し，課題を抽出・整理した上で，次ステップのアクションにつなげていくプロセスがいかに形成されているのかを明らかにする。

《注》
1) 本書では以下，「ケース・スタディ」と同義語として扱う。
2) 複数の証拠源から情報を収集し，さまざまな角度から事実あるいは現象を立証すること。具体的には，研究プロセス上の重要な問題の一つである妥当性(ある測量法によって得られた値が，測定対象事象をどの程度正確に反映しているかを示す概念)と信頼性(同じ条件の下で一貫した測定効果が得られる程度を示す概念)の確保を図る重要な手法であり，多様な情報源から証拠を得ることにより特定の情報に偏ったバイアスを生じさせない手法である。
3) 坂下[2007]によれば，同じ条件下で同じ現象を，または逆の条件下で逆の現象を再現できることで保証される一般化であり，比較ケース法はいわゆる実験と同じ原理に立つものである (p.93)。
4) チェスブロウ (Chesbrough, 2003) が提唱した概念で，企業内部（自社）のアイデア・技術と外部（他社）のアイデア・技術とを有機的に結合させ，価値を創造することである。市場の急激な変化に対応できることや，研究開発にかかる諸費を削減できるなどメリットの多い手法である。一方のクローズド・イノベーションは，他社への情報公開を必要としない，市場に送り出す製品をすべて自社で製造・管理する垂直統合型モデルのことである。
5) 地域の住民が主体となって，地域が抱える課題をビジネスの手法により解決し，コミュニティの再生を通じて，その活動の利益が地域に還元されるという，地域経済活性化に向けた新たな手法のこと。
6) 澤邉・飛田[2009]は，「組織成員の心理的状態に影響を与え，組織の望ましい行動パターンを実現することで，経営目的を達成するために利用されている情報ベースの仕組み」と定義している(p.73)。その手段は，倫理綱領や服務規程のような社内ルール，管理会計システム，目標管理制度，内部統制システムといった管理システム，行動マニュアルや作業手順書のような手引きなど多種多様であり，従業員のやる気や行動に影響を及ぼすために経営者が利用できるものはすべて，その手段になり得るとしている (p.74)。
7) 同会のホームページによれば，同会の全国協議会は1969年に設立され，2010年4月現在の会員（中小企業経営者）数は47都道府県で約41,200名であり，平均企業規模（従業員数）は約30名，平均資本金は約1,500万円となっている。活動理念として，「広く会員の経験と知識を交流して企業の自主的な近代化と強靱な経営体質をつくることをめざすこと，中小企業家が自主的な努力によって相互に資質を高め，知識を吸収し，これからの経営者に要求される総合的な能力を身につけることをめざすこと」が挙げられている。主な活動は「例会」であり，会員経営者の生の経営体験報告を聞き，少人数のグループに分かれて討論しながら，報

告内容を参加者自身の経営体験におきかえて，企業と経営者のあり方の核心に迫る意見交換を重ねている。

8) 本書では Kotler & Keller ［2006］を援用し，「一方が他方に対して提供する役務やパフォーマンスで，本質的に無形で何の所有権ももたらさず，その生産には有形財が係わる場合と係わらない場合があるもの」と概念定義する。
9) 高齢・障害者雇用支援機構「事業所・企業統計調査」(2001年）にもとづく数値である。
10) 内閣府「2006年度国民経済計算」による，企業規模別の従業者数である。
11) こうした先進国のサービス経済化は，「ペティ・クラークの法則」として知られている。ただし，近年の第三次産業の進展は，情報・ノウハウ・知識などのソフト産業の伸びに起因しており，従来型の第三次産業に対して，第四次産業・第五次産業と呼ばれることもある。
12) 研究開発型企業の一種である大学発ベンチャーは年々増加し，2004年3月末で799社となっている。大学発ベンチャーの特徴は，中小企業白書（2004年版）の pp.80-87 で詳細な分析がなされている。
13) 野村総合研究所「商品・サービス品質向上の取組に関するアンケート調査（2007年11月実施）」を見ると，非正規雇用者の離職率についても同様に，対事業所向けサービスよりも対消費者向けサービスの方が，離職率が高い企業の割合が高い傾向がうかがえる。
14) 2006年11月に実施された，野村総合研究所「キーパーソンに関するアンケート＜キーパーソン向け＞」，および同「キーパーソンに関するアンケート＜キーパーソン候補者向け＞」では，キーパーソンおよびキーパーソン候補者を，それぞれ「あなたは現在の勤務先において，次の中のどのように評価されていますか。」，および「あなたは現在の職場において，5～10年後に次の中のどのように評価されていると思いますか。」という問いに対して，「コアとなる業務を担い，他の社員では代替の利かない人材」と回答した者としている。
15) 割賦販売法に基づく前払式特定取引の許可を受けている冠婚葬祭互助会の数は，全国で321社（2008年5月末現在）となっている。
16) 具体的には，①クーリングオフ制度の導入，②追加金（超過費用）徴収の明確化，③解約制度条項の一定の緩和，④解約手数料の適正化などである（金融財政事情研究会［2008］，p.1186）。
17) 互助会加入者役務保証機構加盟の互助会が基金を出し合い，倒産などにより役務提供不能に陥った場合でも，他の互助会が婚礼や葬儀のサービスを代行するシステムを運用している。
18) 本社機能が，独立採算制を敷いた別組織の各代理店に対し，必要経費から一定程度の本社経費分を差し引いた額を分配し，業務毎に執行可能な予算をフィールドマンが細かく指示命令しながら管理している営業方式である。全社横断的なコミュニケーションの浸透を図っていくには難しい面があり，拠点長などの幹部は業績だけで即交代となるケースが多く，人材の定着率も低い。
19) 唯一の全国規模団体である，一般社団法人全日本冠婚葬祭互助協会に加盟の互助会253社（2008年5月末現在）で見ると，全体の約33％が該当している。

第5章

理念が戦略的に活きる経営の本質

1．経営理念の全容

1.1 A社の事例

図表5-1に示すA社の経営理念は，創業者である前会長によって起草されている。内容から読みとれる主な属性は図表5-2のとおりであるが，まず，明確な階層性の具備が指摘できる。

具体的には，(1)宣言，(2)組織の基本構想，(3)社是，(4)社訓といった内容で4階層化されている。(4)が最上位概念，(1)が最下位概念と言う構図であり，(4)は抽象論である(3)を具体化した経営理念として，(1)はホテル創設時に経営トップが抱いたとされる，「最高のサービスを提供する場はホテルである」との想いを具現化するための行動指針（ホテル版）として，それぞれ位置づけられている。

行動規範・指針としての下位概念までを網羅した詳細な内容が具備されているA社の経営理念では，誠実，社会福祉への貢献，顧客第一，人間関係の調整といったキーワードにより，経営理念全体として広く訴求したい起草者の想いが表現されている。

企業としての社会貢献をすすめる上での基本方針や従業員としてとるべき姿勢も盛り込まれており，グループ内の各関連企業にも広く明示しながら活用されている。

自社の経営理念に向けたA社経営トップの誇りや想いは極めて強い。その証左として，経営理念にもとづいた行動規範を組織内外に展開する際には，経営

トップ自らが経営理念から抽出した一部内容について，背景にある思想や意味づけが変化しないよう言葉の表現に工夫を凝らし，キーワード化している。

その上で，強調したいメッセージとして発信することにより，経営理念への理解や受容，遵守の促進に向けた経営者の強い意思や姿勢が打ち出されている。経営トップの経営理念に対する想いの原点は，「創業初代だけが活用するのでは本物の経営理念とは言えず，何代にもわたって変わることなく承継されることにより本物となっていく」といった強固な考え方にある事実は，以下の経営トップの発話からも明らかである。

> 経営者が交代しても，会社運営の基軸や提供サービスの質も不変で平然と経営がなされていることが，顧客の信頼を得て，企業価値の向上を図る大きな要因となる。経営理念は，そのための重要なツールである。（経営トップ）

実際に，A社の経営理念は創業以来，一度も改変されていない[1]。この背景には，原理原則を守り続けることの大切さを自らの言葉で示し，厳しい状況を乗り切っていくためには原理原則に戻る必要があることをぶれずに貫いている，経営トップの根本的な経営姿勢がある。

A社に対する面接調査では，調査を繰り返しながら得られるインプリケーションの時系列でみた変化の把握にも注力した。しかし，経営トップやミドルの発話内容からは，経営理念に包含された想いの具現化に向けた意思のぶれは，本調査開始以来の時間経過のなかでは確認されなかった。

今後想定される経営者の交代がなされても，前経営者の強力なリーダーシップのもとで経営理念を理解・受容した従業員（とくにミドル）が在籍していれば，理念の内面的部分も受け継がれていくとの考えが，日々の従業員育成にも反映されている。

その効果が現れた一例として，2010年3月の前会長死去後に若手従業員（とくに男性）から，本人が人生観などを語った「会長語録」が欲しいという声が多数上がり，生前の語り言葉を取りまとめ，社内配布した経緯がある。

経営トップによる一貫した経営理念重視の意思や姿勢のもとで，創業時より奉職し経営者と苦楽を共にしてきた生え抜きの従業員が，今では中堅幹部として経営の中枢で活躍しながら一般従業員をリードしている。この事実は，経営理念を基軸とした経営の徹底を図っているA社の特長であり，組織的な強みの一つと言える。

[図表5-1] A社の経営理念

類型	内容
(1)○○○（社名） 宣言	1．我々はリスクをおそれず高い目標に挑戦する。 2．我々は常に率先垂範する営業マンであり続ける。 3．我々は今日の仕事は明日に延ばさないことを誓う。 4．我々は同業他社に恐れられる組織を作る。 5．我々はリーダーシップを発揮し社内の活性化に努める。 6．我々は常にサービススピリットを認識し努力する。 7．我々は絶えず自己啓発に努め成長し続ける。 8．我々は経営方針を正しく理解し社員と共に実践する。 9．我々は常に情報を発信し顧客の満足を創造する。 10．我々は常に若い人材の指導育成に努める。
(2)○○○（社名） 組織の基本構想	1．我がホテルは、地域社会の産業と文化に貢献し、地域一番店を目指すものとする。 2．我がホテルは、我が家にお客様を迎えるごとく、心のこもったおもてなしに心がける。リピーターは"真のサービス"の証明である。 3．お客様から「ありがとう」という言葉を頂く事が当然であると認識しなければならない。 4．我々のサービスマニュアルは、お客様のウォンツに応えることである。 5．婚礼こそ、我がホテルの柱である。お客様に満足を提供し、情報の発信を図るものとする。 6．組織の健全度は、社員各々の率先垂範する意欲の度合いに比例するもので、意欲とは、知恵と汗の結晶である。 7．組織とは、仕事を敏速且つ上手くやる手段である。お客様のウォンツや変化に対応できない組織は改革されなければならない。 8．我が社員は、明るく、楽しく、厳しく、働き、常に問題意識をもって改善に取り組み、確実に成果を挙げなければならない。それには、経済的裏付けと、誇りが保てる社風を築かねばならない。 9．全社員営業マンであり、常に会員獲得目標、売上目標を必達させ、利益の追求に努めなければならない。 10．経費節減も売上向上の一環であると常に認識し、日頃から無駄な経費の節減に努めなければならない。
(3)社是	わが社は、社会的責任を全うするため、 誠実をモットーとし、 常に顧客の立場に立って、 よりよい商品を　より安く提供し 消費者、関連業者、および社員と共に、 共存共栄を計り、 以て社会福祉に貢献するものである。
(4)社訓	1．われわれは　永遠に存続することを希むものである。それには社会のニーズと期待に応えねばならない。 　　切磋琢磨、研究、努力が必要である。 1．われわれは　常に直面する課題に、激しい情熱を以て取り組む以外に道はなく、戦いのなかでしか　強者の要素は、培えないのである。 　　一に気力、二に気力。 1．われわれは　常に経営を知り、コストを知り、全社員　経営者の心得を以て、全力投球をしよう。 　　物事は総て俯瞰的、且つ大所、高所から判断すべきである。

	1．われわれは　常に大眼をもとう　さすれば、側は小さく視え、そこに勝つ要素が自ずから生まれるものである。 1．われわれは　消費者、関連業者、および社員の間に深い信頼関係の確立に努め、社運の発展に頑張ろう。 　　　一にも、二にも　人間関係の調整である。

出所：A社の社員証から原文のまま筆者転載。

［図表5-2］　A社経営理念の主な属性（抜粋）

確　認　項　目	確　認　内　容
経営理念構成上の階層性具備の有無	あり（以下の(4)の方が上位概念） (1)宣言、(2)組織の基本構想、(3)社是〔抽象論〕、(4)社訓〔具体論〕
経営理念の強調（訴求）ポイント	誠実、社会福祉への貢献、顧客第一、人間関係の調整
経営理念の改変歴	創業以来なし

出所：筆者作成。

1.2　㈱コーポレーションパールスターの事例

図表5-3に示す㈱パールスターの経営理念は、二代目経営者である現経営トップが、自らの企業経営に対する日頃の想いをひも解き、整理しながら導出され

［図表5-3］　㈱パールスターの経営理念など（抜粋）

属　性	確　認　内　容
人生訓	「世の為、人の為、我が欲の為」 我が欲とは「商品を褒めてもらいたい、評価してもらいたい」という欲であり、金銭欲ではない
経営理念	「人の人生に直結するものづくり」 この実現を目指す経営の方向性は'ナレッジ産業化（知的集団化）'であり、自らモノを考え続ける企業としての存立を図り、オープン・イノベーションを積極的に推進していく。 存立し続けるために目指す企業像は、「仮に経営の承継が不調な場合であっても、M&A（合併・買収）の対象になり得るような高度な技術力をもち、健全な経営姿勢を貫く企業」である。 その実現に向けた人材育成を欠かさない
社訓	「道徳なき商いはやらない」 '凡庸な経営者はすぐ値下げし、良き経営者は現状を維持し、偉大な経営者は商品開発をして消費者の心に灯を点ける'との想いで、経営にあたる
今後のテーマ	「美容と健康で介護予防」 「衣料から医療へ」

出所：筆者作成（2015年10月、2016年5月・9月・11月の半構造化面接調査による）。

た内容である。

2．組織運営の変遷

2.1　A社の事例

　A社は，前会長（故人）および現社長により，1971年に全くのゼロベースから創業された中小企業である。創業当初は，組織体制図もない状態でスタートし，人材登用のルールも未整備のなかで役職者を任命したものの，なかなかマネジメント機能が発揮されなかった。しかし，一旦任命した者から役職を返上させることもできず，まさに試行錯誤を重ねながら人材登用のルール化を進めてきた経緯がある。

　その後，年功序列的な処遇制度の運用を継続していては優秀な人材の発掘につながらないとの懸念が生じ，新たに策定した人事考課システムとのリンクを図りながら，早期登用を可能とする弾力的なルールに改めている。

　小規模企業から中小企業へと企業が成長する過程で，意思決定の方法も個人商店的なものから企業組織的なものに変わっていく。経営規模の拡大は，従業員を一般職，マネジメント職へと階層で区分し，これまで経営判断のすべてを経営トップに委ねていたような企業においても，ミドル層に権限を委譲し，重要な意思決定をさせなければならなくなる。A社もほぼ同様の経過を辿り，今日に至っている。

　経営トップは，課長以上の幹部社員数は正規従業員総数（2016年10月現在，153名）の1割程度で十分と考えている。業態の現状や員数規模から考えると，全社的なフラット化は難しいため，役員，ミドル，一般従業員といった三層構造の組織となっている。このなかで，優秀な係長以上の人材であれば小規模店舗の運営は任せるといった権限や責任の付与を，金銭的インセンティブも併せた形で積極的に実施している。

　創業とは，組織図のない段階からのスタートであり，試行錯誤を繰り返しながら組織固めがなされてきているが，従業員が実務的かつ自律的に職務遂行できるような組織改革が，現在も断行されている。

　冠婚葬祭業は，もはや成熟産業と言われる。本業である冠婚葬祭サービスを基軸としながら，経営環境への適応を図るなかで業態を変えていく発想や決断

力がなければ，今後は生き残っていけないという厳しい認識を経営トップは示している。これまでの成長期と同様の経営戦略や戦術では通用しないため，当然のことながら新たな経営戦略・戦術に見合った組織改革を断行している。

最近，とくに経営トップが社内に訴えている言葉に「業態変換」がある。たとえば，ホテル部門にあるレストランの業態変換について，価格，デザイン，独自性，季節感，地産地消などのテーマから，関係部門の従業員にコストダウンを勘案した具体策を検討させ，実際に改善がすすめられている。小回りが利く中小企業の強みを遺憾なく発揮しながら，柔軟性のある業態変換に取り組んでいる。

経営理念を基軸とすることで経営の根本にぶれがなければ，業態を変換させても支障はないとの判断から，これまでも度重なる組織改革がなされている。経営理念の浸透を促進しなければ企業として生き残れないといった，組織内外に対する経営トップの強い想いが，経営活動に活かされている一例と言えよう。

2.2 ㈱コーポレーションパールスターの事例

㈱パールスターは，第4章第2節第2項に前述したとおり，約100年前に軍足を生産する旧陸軍・海軍の指定監督工場として創業した，靴下製造を営む企業である。長い社歴を積み重ねるなかで，経営環境の激変から産業自体の斜陽化がすすみ，ゴーイング・コンサーンとしての存続が危ぶまれる時期も経ながら，2007年より地元国立大学との産学官連携を基底とした商品開発体制をスタートさせ，永続的な存続・発展に向けた経営基盤の強化を図っている。

また，継続企業としての組織基盤の強化に向けて求められるのは，『産学官＋金報』連携の推進であるとの考えも，㈱パールスターの経営トップから示された。これは，産学官連携だけでは単なる'ものづくり'に終わるため，「金」すなわち金融機関やベンチャーキャピタルからの，知的資産経営を念頭に置いた資金調達および，「報」すなわちマスコミの有効活用も，同時並行的に求められるとの考え方である。

実際に「金」の面では，業績低迷期も含め地元金融機関からの不変の資金調達体制を構築している。「報」の面では，積極的なマスコミ取材対応はもとより，各種展示会への出展，経営トップ自らが所属する学会での発表や，自社ホームページを通じた商品の研究開発に係わる情報開示を，積極的にすすめている。

3．人材育成の基本的考え方

3.1　A社の事例

　A社では，今後の事業発展を担う人材の発掘と育成を重点的に図っていくため，現在は30歳代のミドル候補者の早期登用と待遇改善をすすめている。現ミドル層は，創業時より現経営トップの下で勤務してきた人材がほとんどであり，経営の承継以降は順次現役を退く世代である。しかし，現在の若年層は今後，将来の経営の承継者を主体的に支えて欲しい集団として位置づけられていることが，早期登用などの背景として挙げられる。

　着実な経営の承継により永続的な企業存立につなげていく狙いからも，現ミドル層の次を担う世代を，彼等の協力を得ながら拠点運営を任せられるレベルにまで育成していくことが経営トップの強い想いであり，喫緊の経営課題となっている。

　なお，幹部社員登用への要件として，小規模（10名程度未満）の拠点や部門を三つ程度はマネジメントできることが求められている。ただし，A社の営業展開は地域限定型であり，いわゆるエリアマネージャーの役割は不要と判断されている。

　創業者であった前会長が2010年3月に死去したことは，従業員に対し，精神的支柱を失ったことによる士気の低下を一時的にもたらしたようであるが，その後は，従業員同士で自立を促すような緊張感が見出されたと経営トップは語っている。前会長の死去後も業務は順調に遂行されているが，16年前より実質的な経営を仕切ってきた現経営トップの退任後を考えると，現状での経営の承継は困難と言わざるを得ないようである。

　以上の背景もあり，創業者として取り組む最後の重点課題は，経営理念の実現を基軸とした経営の承継を着実に進められる仕組みの構築に置かれている。今後10年程度かけながら，事業の継続性を担保した経営体制の構築を目指すとしている。

　今後の経営の承継を考慮した権限委譲については，経験の積み重ねが求められるような恒常的な案件はできるだけ現場の人材に任せるよう，経営トップのリーダーシップによってすすめられている。委譲する権限については，経営トッ

プ自らが可能な限り成文化をすすめており，提案採否の判断基準も明確となっている。

実際に従業員に与えられた経営課題については，各自が現場の実態を調査した上で，解決策をまとめて経営トップに提案している。評価した結果から採用となった案件の内容次第では，採否の判断基準として活用することもある。

従業員が，委譲された権限を活かせるようになるための訓練期間も相応に設定されており，経営者として意思決定する際の根拠（提案を承認する基準など）が，その都度明示されている。教えても理解が得られない場合は，一般従業員同士で改めて検討し再提案させることを繰り返しながら，継続的な育成を図っている。

この方法には時間を要するものの，従業員育成の一環でもあるため，一旦委譲した後は不要な介入をせず，成果につながるまで忍耐強く待つ姿勢が貫かれている。

顧客との信頼関係の構築に向けては，いかなる些細なニーズからでも指名受注が得られるような信頼された人間関係の構築が，従業員に対する目標として掲げられている。とくに正規従業員は，顧客からの指名で受注できるようになるまで時間をかけた丁寧な接客を反復継続している。

顧客との相互作用を高めるなかで，自社サービスのブランド力ではなく，従業員個人に対する信用にもとづいた指名により，商品・サービスの発注が継続して得られるリピーターを増やすことが目標とされている。

3.2 ㈱コーポレーションパールスターの事例

㈱パールスターの面接調査では，組織経営の本質は，人間とりわけ経営トップ自身が学習し，自身の精神を成長させることこそにあり，経営トップに求められる姿勢の基軸は，仕事の価値は社会の中でいかに役立つかで決まるといったトップ自身の自負が明確となった。

また，トップの姿勢が経営理念という共通言語を通じて組織内外へ伝播していくことは，とくに目標志向性が強い若年従業員のモチベーション向上や今後の事業承継にも役立つだけでなく，社会的な還元（フィードバック）を進める姿勢にもつながり，地場の顧客からの評価を得るには必須の要件との考えが明確となっている。

さらに，経営組織として今後も存続していく要件として，仮に将来的な経営

の承継が円滑に進まない場合でも，M&A（Merger and Acquisition：企業の合併・買収）の対象となり得るような「高度な技術力をもち，決して手抜きをしない健全な経営姿勢を貫く企業」を目指すといった，当面の経営の方向性が明示されている。

M&Aにあえて言及する本意は，内部留保ではなく，競争優位性のある独自技術を十分に有することで企業価値を高めていくことにある。独自技術に裏付けされた競争力の源泉は人材であり，優秀な人材さえいれば事業承継も可能との考えから，経営トップを中心とした徹底した人材育成が図られている。

顧客評価の獲得に向けて，まず経営トップに求められるのは，明確な経営理念あるいはビジョンにもとづいた，10年先・15年先という長期的視野に立った自社の'立ち位置'の創造であるといった，基軸的な経営意思も明確である。

このためには，今日一日の延長が必ずしも将来の姿とは言えない現実を踏まえながら，今何をなすべきかを常に考える姿勢が肝要となる。そこで当面は，経営トップの顔がとりわけ若手の組織成員からよく見える範囲で自律を重んじながら自立化を図り，組織成員のやりがいや仕事の面白さにつなげていくとしている。

4．A社における発見事実の解釈

A社の経営トップおよびミドルを対象に，6度（第1次，第3次，第4次，第5次，第6次，第7次の各調査）[2]）にわたり実施した面接調査からは，さまざまな発見事実が得られた。そこで本書では，事実の内面に包含されている発話者の意図や意味づけを，可能な限り効果的に解釈することに努めた。

具体的には，面接時にインタビューイの承諾を得て録音した発話内容を，先行研究レビューから得られた知見をもとに作成した「ヒアリングポイントチェックリスト」(資料編の資料4参照)にもとづきながら要約化し，分析を行っている。

要約の分析は，面接調査のなかでインタビューイから強調された発見事実について，とくに入念に実施した。経営トップおよびミドルの発話から得られた発見事実の要約は，資料編の資料5の中で逐語的に記載[3]しているが，研究成果を取りまとめる上で重要と考えられる視点を明らかにするため，インタビューイが強調しながら発話した内容を主なヒアリング項目として抽出し，そ

[図表5-4] A社調査からの主な発見事実（抜粋）

主なヒアリング項目	発 見 事 実
経営理念の起草者	創業者でもある現経営トップ
経営理念とは何か	経営トップの人生観や意思そのもの
経営理念の必要性（活用目的）	経営トップの考え方・意思を社内外に伝播させるため
経営理念浸透の利点	組織力の強化，社会貢献意識の高揚
経営理念浸透の方策，考え方	経営トップの率先垂範による社内教育・啓発の反復継続，従業員との直接対話，社会貢献の推進
経営理念と，経営トップとしての意思決定との係わり	経営理念は日々強く意識しており，密接な関係性あり
経営理念の浸透を補完する施策（実行中または検討中）および行動基準やスローガン	○管理職以上を対象に，経営理念に則した行為にもとづいた成果を評価するシステムの導入 ○人間関係の調整
経営理念浸透効果を意識し，評価する機会	経営の中枢に係わる判断を伴う議論の場，朝礼，経営発表会，従業員との対話の場
経営理念の浸透促進を図る際に，経営トップがミドルに期待する機能	職位階層の中核から，組織内コミュニケーションの結節化・円滑化を図る機能
経営トップとしてミドルに求める資質	人間性（謙虚さ，誠実さ），リーダーシップ（信頼感や頼りがい），自律性，忍耐力，判断力，旺盛なサービス精神，リスクの顕在化を感知する能力
経営理念浸透の阻害要因	会社の次代を担う基幹的人材の育成遅れ，経営トップへの過度な依存（とくに意思決定時），リスク顕在化を感知する能力のミドルにみられる格差，過度な家族主義
経営の根幹を揺るがすリスク	食中毒，火災
全社横断的リスク管理の取り組み	食中毒と火災を優先的に管理するリスクとし，グループ企業を含む全部門横断的な意識づけや訓練に取り組み中
経営理念浸透の有効策としての全社横断的リスク管理の評価	経営活動そのものがリスク管理であり，全社的取り組みは企業の存続においても極めて重要
情報の「多義性・不確実性」への認識，対処	○情報の不確実性は，重要な経営リスクとして管理 ○多義性は，管理することの必要性自体を疑問視
経営理念の浸透に影響を及ぼすと思われる組織文化・風土	創業以来長年にわたり醸成されてきた，徹底した家族主義が組織風土そのもの
企業価値のとらえ方	持続的な存続，従業員の生活保障
事業承継時の理念の位置づけ	○経営の根本的な指針の明示および承継 ○何代にもわたって不変的に承継されてこそ，本物の経営理念

出所：筆者作成。

れぞれ関連する発見事実を抜粋したのが**図表5-4**である。

　なお，第4章第4節第2項のケース・スタディ調査手順で述べたとおり，複数回実施した本面接調査目的の一つは，研究成果への影響が考えられる重要な発見事実について，時系列でみた場合の変化の把握である。本調査は約10年に及んだものの，結果的には時間経過に伴う発見事実の変化は確認できなかった。このことにより，A社インタビューイ3名の発話のなかで，本書の含意につながるような重要な発見事実については，ぶれのない一貫性の高さが担保されているものと考えられる。

　発見事実の分析においては，発話内容から得られる事例企業の現象を把握するだけでなく，収集した内容を踏まえながら，現象の背景に包含されたプロセスや仕組みなどの解釈に努めた。今後の研究において，他の事例企業から得られた発見事実による追試も可能となるよう，比較検討する論点についても整理した。

4.1　経営トップ発話内容の要約

4.1.1　経営理念の概念定義・機能

　まず，経営理念に対する経営トップ自身の概念定義や期待する機能などの基本的考え方について質した。その結果，経営理念は経営者の人生観そのものを表現したものであり，企業業績悪化などの非常時に従業員の一体化をもたらし，組織力を高める有効性があるとの回答を得た。

　経営理念の浸透を図る目的は好業績の確保ではなく，あくまでも会社の非常時・緊急時における人心掌握にあるといった，経営トップの一貫した考え方が示された一例と言える。

4.1.2　経営理念の浸透方策・基本的考え方

　経営理念の浸透促進に対する基本的考え方や具体的方策としては，口頭で何度も伝えながら相手の心に落とし込む必要があること，経営理念への理解や受容の促進を経営トップとして図るためには，相手の人格を尊重しながら，個人的スキンシップによる立場を越えたコミュニケーションの促進が必要との明確な意思が示された。

　経営理念の浸透促進に向けて経営トップとして発揮するリーダーシップには，相手の人格を尊重しながらの直接対話を反復継続していく強い忍耐力が求めら

れると強調された。

　経営トップとして，とくに一般従業員層に対し経営理念への理解や受容を求めていく上では，皆仲間であり同列であるとの意識を高揚させる姿勢が重要であることも主張された。企業の社会的責任とは，経営組織として存続することであり，すべての従業員の生活を守り，納税義務を果たしていくことこそが企業の最大責務といった，基本的経営観としての強い意思も示されている。

4.1.3　経営理念の浸透促進に向けた工夫・苦労点

　経営トップとしての一貫した意思の背景には，経営理念の浸透促進に向けた工夫や苦労点が認められた。理念経営の貫徹に向けた前提要件として，とくに，中小企業経営者は公私混同をせず，自分の真の姿を常に従業員に示していく姿勢が挙げられている。このことは，多様なステークホルダーからの信頼感の醸成や高揚を図る上での大前提でもあると主張された。

　経営理念の浸透促進に全社を挙げて取り組むための月次・年次目標を経営トップが設定し，ミドルを巻き込みながら徹底を図る工夫も見られた。その際，職位階層間で認められる経営理念の理解・受容度に係わる差異に対し，平準化が図られている。たとえば，ミドルは長年，経営トップの考え方を経営理念そのものとしてとらえながら自身への内在化を図っている。その上で，一般従業員に対し，自らの言葉や表現を用いながら理解や受容につながる努力をしていた。

　また，理念浸透を図る重要な要因と考えられる社内コミュニケーションの促進を補完する目的から，本社より遠隔地で勤務する従業員に対しては，経営トップによるダイレクト・コミュニケーションが徹底されていた。

4.1.4　経営理念浸透の阻害要因

　経営理念の浸透を阻害している実態についても，経営トップの発話から示されている。主な事象として，企業の次代を担う基幹的人材の育成遅れや，ミドルが意思決定をする際の経営トップに対する過度な依存が挙げられた。

4.1.5　経営理念浸透促進パターン

　経営理念の浸透促進を図る手法には，パターンが設定されていることが判明した。一つは，経営理念の具現化に向けた具体的行動目標をスローガンとして

毎年設定し，浸透を図るパターンである。もう一つは，経営理念から選択・抽出したキーワードをもとに，組織成員各人がとるべき行動を自ら咀嚼・検討し実行させるパターンである。

前者のパターンでは，年間の取り組み目標や方向性を総称するスローガンが，経営トップにより毎年設定されている。具体的には，社会情勢などの時流を勘案しながら，経営理念の本文より三つのキーワードを経営トップが抽出する。その内容を全従業員に明示し，各人が自律的に取り組む具体的行動目標や方法を事前申告させ，実行につなげている。

4.1.6　経営トップの意思決定と経営理念

経営トップとして，さまざまなステージで行う意思決定と経営理念との係わりを質したところ，経営理念は，企業がどうあるべきかを考える唯一の基軸であると日々強く意識していることから，密接な関係性があるとの回答であった。

4.1.7　経営理念浸透促進の補完施策

経営理念浸透の実効性を高める補完的な施策・制度の運用状況については，現状からは確認できなかった。ただし，明確な制度化はされていないものの，事実を俯瞰的・大局的にみて自己判断の正否を検証するよう，日々の多様なケースをもとに指導・評価しながら，人間関係を調整する技をOJT（On the Job Training）で学ばせる工夫が随所に見られる。

今後の課題として，マネジメント層を対象に，経営理念の具現化を意識した行為や成果を評価するシステムの導入が検討されている。

4.1.8　人材育成上の課題

人材育成上の課題といった観点からは，経営トップと一般従業員層とをコミュニケーションの深化を通じて結節させるミドルの育成が挙げられた。同時に，人材育成上の包括的課題として，中小企業には大企業のように体系的な従業員教育を実施する余裕がない実態も指摘されている。

4.1.9　ミドルに求められる資質

経営理念の浸透を図る上で，経営トップがミドルに対し求めている具体的資質を確認したところ，人間性（謙虚さ，誠実さ），リーダーシップ，自律性，忍

耐力，判断力，旺盛なサービス精神，リスク感知力が挙げられた。

4.1.10　経営理念浸透効果の評価

　経営トップは，経営理念の浸透効果についてどのような機会をとらえて評価しているのかを質した。その結果，ミドルに対する評価のなかで，とくに若手従業員の創造的意見や意思を活用しながら，経営に係わる議論に参画しているかといった観点が重視されている実態が確認された。経営の中枢に係わる判断を伴う議論の場の活用も，同様に挙げられている。

4.1.11　人的な相互作用

　本書が注目する論点である，組織成員間の人的な相互作用について，現状認識を質した。その結果，経営トップと顧客との相互作用がもたらす有効性として，経営組織としての存続により，ステークホルダーの利益に貢献する強い意思の伝播が可能となる点が指摘された。

　経営トップとミドルとの相互作用がもたらす有効性の創出においては，経営理念の具現化に向けてA社で徹底されている利益還元の優先順位が，重要な要因として背景にあった。A社では，「顧客が一番，従業員が二番，会社が三番，株主が四番」という順位にもとづいた，意思決定や行為が徹底されている。

　「この会社の従業員で良かった，この経営者・上司の部下で良かった」といった個人アイデンティティの高まりも，人的相互作用がもたらす効果の一つとして，A社のマネジメント層は評価している。

4.2　ミドル発話内容の要約

　A社のミドル2名（D氏およびE氏）に対し実施した面接調査からも，以下のとおり，多様で独自性のある発見事実が得られた。いずれのインタビューイの発話内容であるかは，事実を明らかにできた内容毎に（　）内のアルファベット名で明記している。

　ミドルの発話と関連ある経営トップ（C氏）の発話内容についても，必要に応じて以下に併記した。

4.2.1　経営理念の概念定義・活用法

　経営理念の概念定義について，職務遂行上の判断・意思決定上の基準であり，

礎であるといった共通認識が，2名のミドルからなされた（D氏・E氏）。

経営理念の活用に係わる前提として，「最後は人である」とする経営理念の精神が，社業のさまざまな面に影響している現状も示された（D氏）。とくに，判断・意思決定に困った際には根本に立ち返る意識で，経営理念を常に確認していることが強調されている（D氏）。

4.2.2　ミドルの役割・機能，能力要件

経営理念の浸透促進に係わるミドルの役割・機能について，経営トップが抱く期待をいかにとらえているのかをミドル2名に質した。その結果，非正規雇用従業員を含めると400名近い規模の組織において経営理念の浸透促進を図るためには，幹部クラスの主体的・自律的な取り組みが主眼となることへの自覚が示された（D氏）。

とくに経営トップからは，職位階層の中核から組織内コミュニケーションの結節化・円滑化を自律的に図る機能が求められていることへの強い意識も確認された（D氏）。

ミドルとして自覚している経営理念の浸透促進に必要な根本的態度能力要件には，とくに素直さに代表される人間性が2名ともに強調して挙げられた（D氏・E氏）。

なお，マネジメント層が経営理念の浸透プロセスにおいて求められる機能の発揮目標として，職位階層毎にとらえられる経営理念浸透度の平準化（レベリング）が掲げられていることが，以下の経営トップの発話から把握される。

> 幹部社員は長年，経営トップの考え方（＝経営理念）を聞き，自身への'内在化'を図っているが，一般従業員には言葉を変えて分かりやすく伝える努力をしている。

4.2.3　部下の経営理念意識度測定

ミドルとしての部下との係わりといった観点から，部下の経営理念意識度の測定法について確認した。その結果，経営理念が何たるかを踏まえながら，いかに自分で考え行動しているかで評価していることや，部下が自分の意見として疑問を呈しているかを常に確認している実態が示された（D氏）。

部下の理念に対する意識や理解を深める工夫として，経営理念は経営トップ

の考え方そのものといった基本姿勢のもと，一般従業員とはその意が伝わる表現でコミュニケーションを深化させるといった取り組みも判明している（D氏・E氏）。

4.2.4 人的な相互作用

人的な相互作用の実態に関し，ミドルと顧客との相互作用がもたらす利点について質したところ，僅かな顧客ニーズでも個人指名で受注できる関係づくりを通じて，真の顧客ニーズの把握が可能との見解が示された（D氏）。

ミドルと一般従業員との相互作用がもたらす利点としては，経営参画意識の醸成および高揚，経営トップに対する信頼感の高まりや個人アイデンティティの知覚が挙げられ，経営の現場における多様な事象に対する考察の深さがうかがえた（D氏）。

本書において重点的に着目している相互作用については，人間同士の直接的な係わりにもとづきながら，組織内外のさなざまな場面で多様に露呈していることが，以下の経営トップやミドルの発話から判明した。

> 経営トップと顧客との相互作用がもたらすメリットは，経営組織として存続していくことが，ステークホルダーの利益に貢献する強い意思の伝播につながる点にある。また，経営トップとミドル・マネジメントとの相互作用がもたらすメリットは，「この会社の従業員で良かった，この経営者・上司の部下で良かった」という，個人アイデンティティの高まりにつながる点にある。（経営トップ）
> ミドル・マネジメントと顧客との相互作用がもたらすメリットは，些細な顧客ニーズでも指名で受注できる関係づくりを通して，真の顧客ニーズの把握が可能となる点にある。また，ミドル・マネジメントと一般従業員との相互作用がもたらすメリットは，経営参画意識の醸成および高揚をもたらす点や，経営トップに対する信頼感の高まりと，個人アイデンティティの知覚につながる点にある。（ミドル）

このことは，経営理念の浸透を組織的に図る仕組みにおける人間の行為や，その予測部分について，他者との相互作用による変化の部分も含めて明らかにすることにもつながった。

4.2.5 ミドルの戦略的キャリアパス

A社におけるミドルの育成経過について，本調査のインタビューイのような創業期に入社した人材の場合で確認した。その結果，経営者とともに社業の発

展に努めるなかで育成され，今や経営の中枢に係わる統括的な職務を担っているミドルが主要な部署に配置されていることや，その全員が顧客サービスの現場（最前線）を含めた豊富な業務経験を有していることが確認された。

この事実は，経営理念の浸透促進を図るA社ならではの仕組みを機能させるために，経営トップとの協働体制を構築しているミドルに対し，組織体制の一層の強化を睨んだ長期的な育成が戦略的に図られている証左と言える。

4.3 インタビューイ発話内容からの論点整理

A社のインタビューイの発話内容から主要な論点を洗い出し，インプリケーションを導出するため，経営トップおよびミドルの発話内容について，**図表5-5**および**図表5-6**のとおり要約した。

図表5-5および5-6の内容にもとづきながら取りまとめた結果が**図表5-7**である。具体的には，各論点を関連性や共通性をもとに分別し，その要旨が読み取れる総称的な名称を付すことにより，面接調査結果にもとづく論点整理の全容として明示している。

[図表5-5] 経営トップ発話内容の要約

論点 No.	主たる論点	発話 No.	発話内容の要約
T1	経営理念の概念定義・機能	T1-1	経営理念は，経営者の人生観そのものを表現したもの
		T1-2	経営理念は，企業業績の悪化時にこそ有効。従業員の一体化をもたらす思想
		T1-3	経営者が交代しても，会社運営の基軸や提供サービスの質も不変で平然と経営がなされていることが，顧客の信頼を得て，企業価値の向上を図る大きな要因。経営理念は，そのための重要なツール
T2	経営理念の浸透方策・基本的考え方	T2-1	口頭で何度も伝え，相手の心に落とし込む必要あり〔直接対話の反復継続〕
		T2-2	経営トップとしてのリーダーシップは，相手の人格を尊重すること〔人格尊重〕
		T2-3	個人的スキンシップによる（立場を越えた）独特なコミュニケーションの促進が必要
		T2-4	皆仲間であり，同列であるとの意識の高揚が重要
		T2-5	企業の社会的責任とは，存続していくこと。企業として全従業員の生活を守り，きちんと納税していくことこそが，企業の最大責務

T3	経営理念の浸透促進に向けた工夫・苦労点	T3-1	中小企業経営者は、公私混同せず、自分の真の姿を常に従業員に示す必要あり〔信頼感醸成〕
		T3-2	経営理念の浸透促進を全社挙げて図るための具体的な月次・年次目標を、経営トップ自ら設定
		T3-3	若手従業員を構成メンバーとした事業化検討プロジェクトを、QC活動の手法を参考に立ち上げている。見積もった費用の決裁権は社長が握るが、その他の権限と責任を委譲し、役割分担を決めながら運営法や収支予測をゼロベースで検討させている。若手に対する経営参画意識の醸成と育成・訓練のため、提案が出てくるまで時間は掛かっても待っている。こうすることで、結果として経営理念を反映した提案がなされ、これまでとは違った仕事の厚みが出てくる
T4	経営理念の浸透促進パターン	T4-1	経営理念の具現化に向けた具体的行動目標をスローガンとして毎年設定し、浸透を図る。具体的には、経営トップ自ら、時流（社会情勢）を勘案しながら理念本文から三つのキーワードを抽出の上、全従業員に明示し、キーワードの具現化に向けて各自がとり得る行動をそれぞれ咀嚼させ、実行させている〔スローガン化〕
		T4-2	経営理念から選択・抽出したキーワードをもとに、各自がとるべき行動を自ら検討し実行させる〔咀嚼〕
T5	経営トップとしての意思決定と経営理念との係わり	T5-1	経営理念は、企業としてどうあるべきかを考える唯一の基軸であると日々強く意識しており、密接な関係性あり〔経営意思決定のベース〕
T6	社内コミュニケーションの促進法	T6-1	本社より遠隔地勤務の従業員に対しては、立場を越えたダイレクト・コミュニケーションを徹底
T7	経営理念の浸透促進を補完する施策	T7-1	物事を俯瞰的・大局的にみて自己判断の正否を検証するよう、日々の多様なケースをもとに指導・評価しながら、人間関係を調整する術をOJTで学ばせている
		T7-2	マネジメント層以上を対象に、経営理念の具現化を意識した行為や成果を評価するシステムの導入を検討
T8	経営理念の浸透効果の評価機会	T8-1	ミドルが、とくに若手従業員の創造的意見や意思の積極活用しながら、経営に係わる議論に参画しているかを中心に評価
		T8-2	経営の中枢に係わる判断を伴う議論の場
T9	経営トップと顧客との相互作用がもたらすメリット	T9-1	経営組織として存続していくことにより、ステークホルダーの利益に貢献する強い意思の伝播

第5章 理念が戦略的に活きる経営の本質　137

T10	経営トップとミドルとの相互作用がもたらすメリット	T10-1	「顧客が一番，従業員が二番，会社が三番，株主が四番」という基本理念を基軸とした，戦略的な意思決定や行為の徹底
		T10-2	「この会社の従業員で，この経営者・上司の部下で良かった」という，個人アイデンティティの高まり
T11	経営トップに課される根本的姿勢	T11-1	経営トップとして公私混同しないことが，従業員からの信頼獲得につながる。経営者には，常に質素で謙虚な姿勢が求められる
T12	経営理念の浸透を阻害している要因	T12-1	企業の次代を担う基幹的人材の育成遅れ
		T12-2	とくに，ミドルが意思決定を行う際の，経営トップに対する過度な依存
T13	経営理念浸透を図る上でミドルに求める資質	T13-1	人間性（謙虚さ，誠実さ），リーダーシップ，自律性，忍耐力，判断力，旺盛なサービス精神，リスク感知力
T14	経営理念の浸透に係わる人材育成上の課題	T14-1	経営トップと一般従業員層とを，コミュニケーションの深化を通じて結節できるよう，ミドルを育成する必要あり
T15	包括的な人材育成上の課題	T15-1	中小企業には，大企業のように体系的な従業員教育を実施する余裕がない
T16	階層間の経営理念浸透度のレベリング	T16-1	幹部社員は長年，経営トップの考え方（＝経営理念）を聞き，自身への'内在化'を図っているが，一般従業員には言葉を変えて分かりやすく伝える努力をしている
T17	経営の承継に向けた経営理念の活用	T17-1	経営者が交代しても，経営理念を十分理解し受容した従業員が残っていれば，内面的な理念も受け継がれていく。 経営者の交代があろうとも，会社運営の基軸や提供サービスの質も何ら変わることなく平然と経営がなされていることが，顧客の信頼を得て，企業価値を高めていく一つの大きな要因と考える。 この点をよく理解している多くの従業員は，承継予定者の育成強化を常日頃から私に訴えている
		T17-2	現ミドル層は自分（創業者）について来た人材であるが，その下の年代層は今後，経営の承継予定者（創業者の令嬢）を側面支援して欲しい人材である。 このような前提のもとで，当社の次代を担う人材の育成を現ミドル層の協力を得ながら進め，層を厚くしていくことが喫緊の課題

出所：筆者作成。

[図表5-6] ミドル発話内容の要約

論点 No.	主たる論点	発話 No.	発話内容の要約
M1	経営理念の概念定義	M1-1 (D, E)	経営理念は，職務遂行上の判断・意思決定基準であり，礎
M2	経営理念の活用法	M2-1 (D)	最後は人であるという経営理念の精神が，社業のさまざまな面に影響
		M2-2 (D)	判断・意思決定に困った際には，根本に立ち返る意識で経営理念を確認
M3	経営理念の浸透に係わるミドルの役割・機能	M3-1 (D)	非正規雇用従業員を含めると400名規模の組織で経営理念の浸透促進を図るには，幹部クラスの主体的・自律的な取り組みが主眼となる
		M3-2 (D)	職位階層の中核から，組織内コミュニケーションの結節化・円滑化を自律的に図る機能
M4	経営理念の浸透に係わるミドルの能力要件	M4-1 (D, E)	ミドルに求められる根本的な態度能力要件は，人間性（とくに素直さ）
M5	部下の経営理念意識度の測定法	M5-1 (D)	部下の経営理念意識度は，経営理念が何たるかを踏まえながら，いかに自分で考え行動しているかで評価
		M5-2 (D)	部下が，自分の意見として疑問を呈しているかを常に確認
M6	経営トップへの報告姿勢	M6-1 (D)	経営トップへの報告・相談では必ず自らの意見も付す
M7	一般従業員への理念浸透を図る工夫	M7-1 (D, E)	経営理念は，経営トップの考え方そのものとの基本認識のもと，一般従業員とはその意が伝わる表現でコミュニケーションを深化
M8	ミドルと顧客との相互作用がもたらすメリット	M8-1 (D)	些細な顧客ニーズでも指名で受注できる関係づくりを通して，真の顧客ニーズの把握が可能
M9	ミドルと一般従業員との相互作用がもたらすメリット	M9-1 (D)	経営参画意識の醸成および高揚
		M9-2 (D)	経営トップに対する信頼感の高まりと，個人アイデンティティの知覚
M10	ミドルの特徴的なキャリアパス	M10-1 (D)	創業時に入社し，経営者と共に社業の発展に努めるなかで育成され，今や経営の中枢に係わる統括的な職務を担うミドルが，主要な部署にいる。その全員が，顧客サービスの現場における業務経験も有している
M11	経営の承継に向けた早期人材育成	M11-1 (E)	総務部長兼任の経営トップにとって現在の最大の悩みは，経営の承継者を支えるミドル層の早期育成であろう。この点に関する経営トップの焦りを，日々強く感じている

注：発話 No. 欄の（ ）内は，ミドルのD氏またはE氏を示す。
出所：筆者作成。

[図表5-7] インタビューイ発話内容の要約をもとにした論点の整理

発話内容の要約をもとにした主な論点	該当発話	論点整理の結果
経営理念の定義，機能	T1	経営理念を起草する上で着目すべき基本的視点
経営理念の特性	T1	
経営理念の活かし方	T2	経営理念の浸透促進に向けた働きかけを行う経営トップに係わる課題
経営理念の浸透促進パターンの決定	T4	
社内コミュニケーションの促進法	T3	
経営トップに課される根本的姿勢	T3，T5	
経営理念の浸透に係わる人材育成上の課題	T14，T15	経営理念の浸透促進に向けた働きかけを行うミドルに係わる課題
包括的な人材育成上の課題		
経営理念の浸透に係わるミドルの能力担保要件	T13	
部下の経営理念意識度の測り方	M5，M7	
経営トップへの報告姿勢	M6	
一般従業員への理念浸透を図る工夫	M5	
経営理念の浸透促進に向けたミドル育成の必然性	T14	経営理念浸透を促進させる人材育成の主眼
一般従業員に対する経営参画意識の醸成	T16，M9	
リスク顕在化の未然防止に向けた意識の高揚	T13	
ミドルによる，理念浸透へ向けた自律的な働きかけ	M3	経営理念の浸透促進への働きかけ要因
一般従業員の社会的学習効果	M9	
マネジメント層の社会的学習効果	T10，M8	
一般従業員の個人アイデンティティの高揚	M9	経営理念の浸透促進による期待効果
組織アイデンティティの高揚	T10	
自己経験の統合	M10	経営理念の浸透促進において組織成員に求められる行動要件
ステークホルダーとの互恵関係重視	T9，M8	
反復・継続	T13	
咀嚼・伝播	T14	
上司（とくに経営トップ）への意思決定依存	T12	組織文化の逆機能を示す事象
責任ある行動からの逃避		
自己発想・咀嚼からの逃避		
自己完結意欲の低下		
意思決定の均一（均質）化		
発想や着眼の固定化		
成功体験への安直な依存		
ミドルの自律性を高める啓発の反復・継続	T14	組織文化の逆機能対策を意識した経営トップの行為
人事考課への反映	T7	
ステイクホルダー（とくに，取引金融機関）による強い働きかけ	T9	
一般従業員に対する経営参画意識・当事者意識の醸成	T16，M9	組織文化の逆機能対策を意識したミドルの行為
自律性の高揚および堅持	T12	

注：該当発話欄の記号番号は，図表5-5および図表5-6記載の論点No.を示している。
出所：筆者作成。

4.4 経営理念浸透に係わる主要キーワードを抽出した発話内容の差異

図表5-7で示した発話内容の要約にもとづく論点からは，経営理念の浸透促進プロセスを検討する上で重要な要件になると考えられる，主要なキーワードが抽出された。本面接調査では，第４章第４節第２項に前述したとおり，主要な論点に関し経営トップおよびミドル双方に同一内容の質問を行い，双方の回答内容に見られる差異やその背景の把握にも努めている。

そこで図表5-8では，回答内容の差異について，前述の主要キーワード毎に明

[図表5-8] 経営理念浸透に係わる主要キーワードと関連発話

主要キーワード			該当発話	キーワードを支持する発話の有無			補完機能・制度の有無
				C氏	D氏	E氏	
組織	内部の統合		T3	○	○	○	×
組織	外部（経営環境）への適応		T1	○	○	△	×
人材育成	経営トップの権限委譲		T3, T5	○	○	△	○
人材育成	ミドルの機能		T13	○	○	○	○
人材育成	一般従業員の自律性		T16, M9	×	○	×	×
浸透	経営理念への階層性の具備		T4	○	○	△	×
浸透	相互作用	従業員 vs 従業員	T10, M9	○	○	△	×
浸透	相互作用	従業員 vs 顧客	T9, M8	○	○	○	×
浸透	働きかけ	対組織内	T3, M7	○	○	○	○
浸透	働きかけ	対組織外	T2, T6	○	○	○	○
浸透	組織外からの社会的学習		T10, M8, M9	○	○	○	×
浸透	浸透への制度的補完の必要性		T7	○	○	○	−
効果	アイデンティティの高揚		T10	○	○	△	×
効果	人間性の向上		T7, M4	○	○	○	×
効果	経営理念の理解・共感・受容		T2, T3, M7	○	○	△	○
評価	社会的学習効果の援用		T10, M8, M9	○	○	○	×
評価	QCサークル活動の推進		T3	○	○	○	○

注１：C氏は経営トップ，D氏・E氏はミドルを示す。
注２：該当発話欄の記号番号は，図表5-5および図表5-6記載の論点No.を示している。
出所：筆者作成。

示した。各キーワードに包含された内容は，経営トップやミドルによるいかなる発話から抽出したものかを示している。また，主要キーワードが示す内容を補完している制度の有無についても併記した。

　図表5-8に明示した主要キーワードについては，ほとんどが経営トップおよびミドルの発話によって支持されていることを確認した。ただし，各キーワードが示す取り組みに対し，何らかの制度が補完しているような事例の有無については，限定的な把握にとどまった。

　当表で示した主要キーワードは，本書の研究成果として第7章第1節第1項で考察する経営理念の浸透促進プロセスを形成する上で，重要な要件になるものと解釈される。

4.5　多様なアイデンティティへの着目

　A社対象のケース・スタディからは，アイデンティティの知覚や受容に係わるインタビューイの主な発話内容として，**図表5-9**のとおり把握された。さらに，アイデンティティを知覚することで喚起されている意思決定や言行が，**図表5-10**に示すとおり発見事実として整理された。

　経営理念の浸透促進を図るなかで，経営トップ自らが経営理念浸透の年次あるいは月次目標や促進法を明確に設定・公表し，ミドルを巻き込んだ組織内共有化を率先垂範していることが挙げられる。

　内部（組織）統合や外部（環境）適応の促進に限らず，経営の承継時の基軸としての活用が経営理念の浸透を図る重要な目的に位置づけられていることも，特徴的な事実であった。

　経営トップの強固な個人アイデンティティに着目すると，トップの強いリーダーシップと直接対話姿勢が，経営理念を組織共有言語としながらの職場・職域・職位を越えた直接対話を促進していること，経営理念の精神を基軸としたコミュニケーションの敢行と倫理観の高い経営トップ自らの姿勢が，ミドルによるトップの個人アイデンティティ受容を高める主な要因となっている。

　経営理念の浸透促進を図る中核人材としてのミドル育成といった観点からは，創業時に入社した従業員が，経営トップとともに社業の発展に努めるなかで育成され，現在では経営の中枢的職務を担当しながら，組織アイデンティティを知覚し受容していること，顧客サービスの現場経験を活かした組織横断的コミュニケーションを，自立的に推進していることが挙げられる。

［図表5-9］ アイデンティティに係わるインタビューイ発話の抜粋

設問内容	A社経営トップ	A社ミドル
経営理念の概念定義	経営トップとしての人生観や意思そのもの	社長の経営に対する想い
根本的な経営課題	信用確立。統制なき秩序の実現	顧客第一主義の貫徹
Id.のとらえ方	本来的に不変の概念	本質的な部分は不変の概念
経営理念浸透の評価軸	経営方針発表会などでの発話内容	顧客に有益な言行か否か
個人アイデンティティについて		
概念定義	経営哲学,社風,組織風土	会社の風土。個性,潜在能力
自身の個人Id.とは	経営トップとしての個人Id.(理念)そのもの	根本的な「顧客第一主義」へのこだわり
形成の源泉・過程・背景	経営トップのぶれない経営姿勢および傾聴の姿勢	(同左)
経営理念との関係	経営トップとしての個人Id.そのもの	経営トップの個人Id.を可能な範囲で受容したもの
組織アイデンティティについて		
概念定義	経営哲学,社風,組織風土	会社の風土。個性,潜在能力
自社の組織Id.とは	経営トップとしての個人Id.(理念)とほぼ同一	根本的な「顧客第一主義」へのこだわり
形成の源泉・過程・背景	経営トップのぶれない経営姿勢および傾聴の姿勢	(同左)
個人Id.との関係	経営トップとしての個人Id.とほぼ同一	経営トップの個人Id.を可能な範囲で受容したもの
社会的Id.との関係	組織Id.の形成は,社会的Id.にほとんど影響されず	社会的Id.は変容性が高いが,地域との関係性を保つなかで意識するもの
社会的アイデンティティについて		
社会的Id.とは	幼少期からの人格形成過程で知覚するもの	可変性が高く,日々の意識度低い
認識可能対象	人種,宗教団体,業界団体	地元,地域
個人や組織Id.との関係	変容する社会的Id.による,個人や組織Id.の方向づけは困難	可変的な社会的Id.は,当社の組織Id.や個人Id.に影響せず
社会的Id.の知覚と協働との関係	確固たる基本(経営トップの個人Id.)を前提に,社会的Id.を弾力的に受容する適応性が組織には必要	(同左)
社会とは	本来的には,人間の道徳心や良心,善悪を判断する心で成立するもの	Id.が異なる個人や組織の集合体であり,経営理念を具現化する場

注 ：Id.はアイデンティティの略。
出所：筆者作成。

[図表5-10] アイデンティティの知覚が喚起する意思決定や言行

知覚の対象	主な意思決定・言行	喚起している Id.
判断基準の基軸	（意思決定や利益還元の優先順位） 「顧客が一番，従業員が二番，会社が三番，株主が四番」	＜経営トップの個人 Id.＞ 人間としての尊厳を守り，生き抜く
個人 Id.	・ぶれのない経営姿勢・判断の貫徹 ・高い倫理観の堅持（公私のけじめ） ・傾聴姿勢の徹底 ・ダイレクト・コミュニケーションの徹底 ・正直に，感謝を忘れず日々努力	＜経営トップ＞ ・卑屈な人間にならない ・根幹は道徳心と感謝 ・常時人間関係の調整 ・イエスマンは不要
組織 Id.	・顧客の視点で有益な役務か否かを常時判断 ・積極的かつ率直な意見具申 ・加点主義マネジメントの敢行（褒める）	＜ミドル＞ ・顧客第一 ・生業が社会貢献 ・原点は現場にあり
社会的 Id.	・顧客視点で有益な役務か否かの判断基準の見直し	＜経営トップ／ミドル＞ ・地域の伝統文化承継や経済発展を側面支援

注：Id. はアイデンティティの略。
出所：筆者作成。

5．㈱コーポレーションパールスターにおける発見事実の解釈

　中小企業は大企業と比べ，商品に対する信用力，拡販への営業力，商品開発・拡充に必要な資金力に欠ける面は否めず，とくに信用力は商品に対する顧客の安心感に繋がるとの強い思いが，経営トップの発話からうかがえた。

　㈱パールスターが扱う機能商品は，商品のエビデンスに係わる第三者機関による立証や検証が求められる時代である。この背景には，改正景品表示法の施行がある。商品の定性分析は企業でも可能であるが，企業サイドでは難しい定量分析を大学の研究において補完してもらうことが，商品に対する消費者の信用力向上の源泉となっている。

　企業に対する信用力は，創業者ゆえの即断が可能な経営トップとしての情熱・本気度・粘り・こだわりといったパワーに集まるとの信念をもとに，経営トップはリーダーシップを発揮している。図表5-11に示すとおり㈱パールスターでは，経営組織として今後目指す商売の方向を'ナレッジ産業(自ら考え行

動し続ける知識経営）化'に定めている。

　具体的には，お客様に'安心'を提供し続けるために何をなすべきかを常に考える，医療機器メーカーとしての商品展開を通じた対外信用力の向上である。

　創業以来培ってきた知的財産[4]は，社外には表出させない失敗例を含む貴重なノウハウであり，事業継続にとっての絶対的安全保障になり得るとの考えが経営方針の根本にある。その上で，お客様に'安心'を与え得る医療機器メーカーとしての商品展開を通じて，企業としての対外信用力を高めるために，産学官連携スキームにおいて係わりのある大学のブランド力を，戦略的に活用している。

　また，顧客の心をつかむには，信用力とともにマスコミの報道力の活用，すなわち公共電波による話題性の提供も要となるとの判断から，さまざまなコンテストに積極的に商品を出展している。こうした機会に，来場者との雑談を積極的に重ねながらコミュニケーションを深めるなかで，自社商品に対する意見・要望などを収集し，新たな商品開発へのヒントを得ている。

　さらに，コンテストで最高位の賞を獲得し，その話題性をもとにマスコミの注目を集め，テレビやラジオなどの公共電波を活用した企業PRを図るという戦略も展開している。このことから，自社に対する信用力，わかりやすさや意外性がくみ取れる話題の提供にも注力している。

　信用の連鎖を喚起する各種コンテストでの優勝は，組織成員の共通目標にもなることから，最重要課題の一つに位置づけられており，企業としての告知力も，競争優位性を担保し得る重要な要件の一つとして強く認識されている。

　以上の発見事実は，自社の経営姿勢を対外的に広く表明する機能や，求められる行動規範や意思決定の基準を組織成員に示す対内的機能といった，主要な先行研究が指摘する経営理念の機能が具現化した例として評価できる。

　また，ベンチャー企業としての成功に向けて，資金を確保・増強していくためには，経営トップの才能と行動力がポイントとなるといった考えも，経営トップから示された。

　著名なベンチャーキャピタリストであるアーサー・ロック氏は，自身の投資哲学について，経営トップがいかに周囲からのサポートを受けているかといった観点から，「BクラスのアイデアをもつAクラスの人物に投資することを考え，AクラスのアイデアをもつBクラスの人物には決して投資しない」と強調している（嶋内・伊藤［2012］）。

[図表5-11] 理念の具現化に向けた経営トップの発話

設問	経営トップの発話
経営理念に求める機能	組織としての共通目的（何のため）・目標（どうする）の明確化と，多様なステークホルダーへの訴求
経営理念の浸透とは	○外部（顧客）の声が，組織内に確実に届き聞こえることが，一番の経営理念の浸透 　⇒人材を積極的に育成しなくても，エンドユーザー向けの商品づくりゆえに，顧客が評価する声が直接組織内に届くことが，特に開発スタッフのやりがいに直接つながっている。この意味で，自然体の経営が可能 ○製造業だからこそ，ものづくりを通じて製品開発の想いを表現しながら浸透させていける
当面の重要な経営課題	○経営理念の浸透促進 ○自社ブランド製品比率の向上
今後の経営の方向性	ナレッジ産業化（自ら考え行動し続ける知識経営の推進）
「ナレッジ産業化」とは	○ビジョンは「美容と健康で介護予防」 ○戦後のベビーブーム世代の一人として，今後の医療分野の過度な発展を危惧 　⇒節度ある医療の提供が社会的責任…「予防医療・予防介護」 　　現行の福祉制度は，箱物の提供に陥っている 　⇒「元気な高齢者の人生に直結する支え」を生業とする。そのためには，体系的な勉強が必要
人材育成の基本方針	○現場主義の徹底 ○固有の人間性・価値観・主体性・個性の尊重と，潜在能力の導出 ○大学で育まれた先端技術を，市場の新たな変化に適応し得る製品創造に応用できる発想力・創造力の強化
「やりがい」とは	食品でたとえれば，美味しかったと言われるよりも「元気になった」と言われる方が，やりがいにつながる 　⇒スタッフのモチベーション向上には，経営者の100回の一言よりも，顧客（第三者）の評価こそが効果的
経営理念の浸透戦略	○あぜ編み技術のスタート時から，靴下を試作 　⇒そのモニターに実体験者（患者）の協力を得て，その際の詳細なコメントが商品開発につながった 　⇒試作段階からモニター（第三者）が係わり，商品を詳しく評価してもらったことで，従業員のモチベーションが向上 ○第三者の，お礼ではなく「感謝の言葉」が，従業員の心に響く
商品戦略	○コンセプトは「機能性とデザイン性を追求するものづくり」 ○今後の戦略テーマは「衣料から医療へ」
マスコミ対応戦略	○2016年のマスコミ報道は，既に4回 　⇒マスコミが企業報道で注目するキーは，「公共性・社会性・話題性・ニュース性（新規性・意外性）・商品のわかりやすさ」 　⇒話題性は，中小企業では困難と言われた「医療機器」指定 ○マスコミは功罪をもたらす最大要因でもある…巧く係わる必要あり 　⇒宣伝力が元凶になり得る側面あり…価値観がマスコミで形成されてしまうリスク

産学官連携スキーム	○「広告景品表示法」の改正強化への対応 　⇒商品性能エビデンスの充実・強化の必要性をもとに，産学官連携による商品開発の促進という戦略フローが固まった 　⇒早期に産学官連携体制を構築していたことが奏功 ○行政が追求する流れに沿った戦略を展開 　⇒産学官連携の推進で大手企業の下請けからの脱却を図る 　　→意見が言える企業への成長を図る→下請け下での不安定な受注からの脱却を図る→自社ブランド商品比率を高める→利益率の向上 ○地元大学（広島大学・県立広島大学）の医療分野研究室との連携体制を，早期に確立 ○医療機器メーカーへの変貌の背景には，地元行政機関（広島県商工労働部）による強い後押しがあった
独自性 新規性 意外性	○「足の構造と靴下の構造をミックスさせる」という，新たなジャンル（フィールド）に入れた 　⇒独自性・新規性・意外性の継続的な創造が可能であり，今後も「医療機器」を武器とした戦略を展開 ○POSシステムによる商品の頻繁な入れ替えだけでは，新規性のある商品は育たない
立地戦略	アーバンファクトリー化（中心地にある工場） 　⇒女性が働く場としては最高の立地 　　…病院・銀行等の用務先がすべて5分圏内 　⇒有利な要件が不利になり，不利な要件が有利になることもあり 　⇒製造業の集積地から離れた立地のため，当初から余剰的な仕事しか回ってこなかったが，この立地が他社に模倣されない要因 　　…皆が同じ方向に向いているだけでは，問題は解決せず，真因もつかめない

出所：筆者作成（2015年10月，2016年5月・9月・11月の半構造化面接調査による）。

　第1章第1節第3項に前述のとおり，中小企業の場合はまさに「経営者なり」との認識である。

　ゴーイング・コンサーンとしての組織基盤の強化に向けて戦略的に求められるのは，『産学官＋金報』連携の推進であるとの考えも明らかになっている。具体的には，従来の産学官連携だけでは単なる'ものづくり'に終わるため，「金」すなわち地元金融機関からの知的資産経営を念頭に置いた資金調達が重要である点が，経営トップの発話から把握された。「報」すなわち，マスコミの情報伝播力活用の重要性も，セットで強調された点である。

6．調査結果の分析

6.1　非組織的経営活動が個別経営に及ぼす影響

本書における分析視座の1点目は，第4章第5節第2項で前述したとおり，「非組織的経営活動が中小企業の個別経営に及ぼす影響」である。

竹内［1995］によれば，中小企業は，理屈の通らぬことや筋道の立たない非組織的な経営活動を温存せざるを得ない現状を，自律的にコントロールする備えがない経営組織ととらえられている。また，中小企業の行動は常に，企業の論理と共同体の規範とのバランスの上に立っている。

すなわち，中小企業も，企業であるからには資本の論理を無視することはできないが，それはあくまで共同体性の概念に取り込まれるものであり，両者のバランスは重要な意味をもっている。論理と規範のいずれに傾いても，経営にずれが生じるのが中小企業の現実であると認識される。

中小企業の強みは，組織成員個々人が組織の中に埋没せず，組織全体として結束の固いところにある。企業の目標が従業員の一人ひとりに正しく理解されれば，同一の目標に向けた行動を貫徹するのが中小企業の最も良い点である（小川［1991］，p.58）。

一般的に，共同体のメンバーは個人的意識が低く，自らの態度や価値判断の選択に際して，自己の所属する集団を含む特定の他者に影響を受けるといった一般的傾向をもっていることも，中小企業の組織成員にみられる特徴として指摘されている（竹内［1995］，p.46）。

A社を対象としたケース・スタディからは，インタビューイの具体的な発話として，非組織的な意思決定や行為の例示はなく，組織成員の士気低下といった悪影響を及ぼしている発見事実は得られなかった。

むしろ，とくに経営トップに見られる高い倫理性にもとづいた日々の姿勢が，一般的には独善であるととらえられかねない意思決定や行為に対する懸念を排除している。組織的な士気低下を未然に防ぐ重要な役割を果たしているA社特有の仕組みが，浮き彫りになっていると言える。

また，経営の承継に向けた経営理念の活用といった観点から，以下のとおり経営トップの発話が得られた。

> 経営者が交代しても，経営理念を十分理解し受容した従業員が残っていれば，内面的な理念も受け継がれていく。経営者の交代があろうとも，会社運営の基軸や提供サービスの質も何ら変わることなく平然と経営がなされていることが，顧客の信頼を得て，企業価値を高めていく一つの大きな要因と考える。この点をよく理解している多くの従業員は，承継予定者の育成強化を常日頃から私に訴えている。
> 現ミドル層は自分（創業者）について来た人材であるが，その下の年代層は今後，経営の承継予定者（創業者の令嬢）を側面支援して欲しい人材である。このような前提のもとで，当社の次代を担う人材の育成を現ミドル層の協力を得ながら進め，層を厚くしていくことが喫緊の課題である。

この内容からも，経営トップ自らが組織の体質づくりのための経営理念を制定し，事業のあるべき姿に関する自らの考えや想いを日頃から語り続けながら，企業の次代を担う人材の育成を図っていく地道な努力が重要であることがわかる。

一方，㈱パールスターにおいては，企業に対する信用力は商品に対する顧客の安心感に繋がるものであり，経営トップとしての情熱・本気度・粘り・こだわりといったパワーに集まるとの信念をもとに，強いリーダーシップが発揮されている。このようなトップの経営行動は，日常的に緊密なコミュニケーションをとっているミドル層（とくに工場長）を中心に，信頼性や安心感を知覚しながら強く支持されており，A社同様に，非組織的な意思決定が常態化しているといった事実の把握には至らなかった。

6.2　相互作用を促進するミドルの機能

分析視座の2点目は，「相互作用を促進するミドルの機能」である。

A社の経営トップは，自社の組織規模が，中小企業の範疇では相対的な大きさを有していることを踏まえ，経営理念の浸透促進にはミドルが果たす機能が欠かせないことを強く認識している。

ミドルに期待する機能として指摘されたのは，職位階層の中核から図る，組織内コミュニケーションの結節化や円滑化であった。具体的には，経営トップと，現場を預かる一般従業員との間に見られるコミュニケーション・ギャップを解消し，経営としての意思決定を適切な方向へ導く機能である。

ミドルに具体的に求めている資質としては，謙虚さや誠実さに代表される人間性，信頼感や頼り甲斐をもたらすリーダーシップと管理能力，自律性，忍耐

力，判断力，部門間の調整能力，旺盛なサービス精神など，多面的に挙げられている。

なかでも，経営トップからとくに強く指摘されるとともに，ミドルの強い自覚としても浮かび上がったのが自律性であった。

一方，経営理念の浸透促進を阻害していると判断される要因を質してみると，企業の次代を担う基幹的人材の育成遅れ，とくに意思決定時における経営トップへの過度の依存，ビジネスリスク顕在化の未然防止に対するミドルの感度の格差，過度な家族主義が指摘された。

家族主義については，創業以来，長年にわたり醸成されてきた伝統的な組織風土そのものとして，経営トップ，ミドル双方が評価している点である。しかし同時に，経営理念浸透プロセスにおいて悪影響を及ぼす弊害となっている側面も指摘されており，組織文化がもたらす逆機能が露呈した事象の一つとして注目される。

ビジネスリスクに対する感度の観点からは，顕在化した場合に経営の根幹を揺るがしかねないリスクとして，食中毒と火災が挙げられた。経営トップのリスクに対する認識度は高く，顕在化の未然防止に向けた全社横断的研修などの取り組みが，本社主導の下でなされている。

また，先行研究（Daft & Lengel［1986］；小橋［2002］）において議論のある，情報に関する多義性や不確実性に対する認識，対処方針も示された。具体的には，複数の意味があると解される，情報の'不確実性'は重要な経営リスクとして管理しながらも，意味が欠けていると解される'多義性'については，それ自体の管理の必要性が疑問視されていた。

経営理念を基軸とした経営を遂行するなかで，企業価値をいかにとらえているのかを確認したところ，経営組織としての持続的な存続および従業員の生活保障との考えが示された。経営を取り巻く環境が激変するなかで，大企業に比べ経営資源の脆弱さは否めない中小企業をリードし，ゴーイング・コンサーンとしての存立を担保していくことには，相当の覚悟と信念や責任感が求められることは言うまでもない。

本ケース・スタディの結果からは，経営トップが理念に依拠しながら，自らの意思決定や行為に係わるぶれのなさや，自律性の高さを担保している日々の姿勢が明確に示された。その一貫した姿勢が，創業以来の時間経過のなかで，とくに経営の中枢の一翼を担うミドルの想いに多大な影響を及ぼしている事実

も判明した。

　このことは，経営トップ自身の意思決定における経営理念への依存度の高さが，組織成員に向けた経営理念の浸透促進に強く影響していることの証左でもある。顧客視点からとらえても，サービスの提供者が経営トップであれ一般従業員であれ，その行為の大切な軸がぶれないような冷静な対応を貫徹していることが，顧客に安心感や信頼感を与えることにつながっている。

　㈱パールスターにおいては，とくに新商品の企画・開発段階において，前項でも述べたとおり，ミドルによる経営トップとの緊密なコミュニケーションが日常化している。そのなかで，生産工程の一般従業員のみならず，同社の商品を実際に使用している近隣の顧客も，試作品のモニター役として新企画商品の性能評価プロセスに自発的に参画し，意見具申を繰り返していることが，組織成員のモチベーション高揚の源泉となっている。

6.3　経営理念の浸透促進における相互作用

　3点目として構築した分析視座は，「経営理念の浸透促進における相互作用」である。

　A社の経営理念は，創業者である前会長（故人）が起草したものである。自社の経営理念に対する起草者としてのとらえ方を確認すると，自らの意思そのものであり，その意思や考え方を社内外に伝播，浸透させるために必要なものとの見解が示された。

　加えて，経営者が交代しても，会社運営の基軸や提供サービスの質も不変で平然と経営がなされていることが，顧客の信頼を得て企業価値の向上を図り得る大きな要因であり，経営理念はそのための重要なツールであるとの強い意思も示された。

　経営理念の浸透を組織内外へ図っていく利点として，組織成員の意思や行動を意図する形に方向づけることによる組織力の強化や，社会貢献意識の高揚が挙げられることは，以下の経営トップの発話からも明らかである。

> 経営理念は，従業員の一体化をもたらす思想であり，企業業績の悪化時にこそ有効に機能させるべきものである。
> 中小企業としての社会的責任とは，存続していくことに他ならない。企業として全従業員の生活を守り，きちんと納税していくことこそが，企業の最大責務である。

また，経営トップの強力なリーダーシップの下で，理念経営の目的や目標が組織内の下位職層にまで落とし込まれているＡ社の現状分析からは，経営理念が浸透することによる弊害や損失に関する指摘はなかった。

　経営理念の浸透促進を図る方策として，経営トップの率先垂範による社内教育・啓発の反復継続，従業員との個別直接対話の貫徹，ステークホルダーの利益に貢献する強い意思の対外的伝播などを通じた社会貢献の推進が確認された。

　社会貢献に関しては，昨今，CSR（Corporate Social Responsibility：企業の社会的責任）に対する市民意識の高まりや，学術面からの議論が顕著となっている。Ａ社ではかなり早い段階から，とくに一般従業員に対する経営理念の意識づけを図る有効策として，CSRを具現化する活動に地道かつ継続的に取り組まれている。たとえば，営業エリア内の地域振興イベントや清掃活動への参加，地場企業として可能な支援を実行する地域防災協定の締結などである。

　経営トップとしての日々の職責は，さまざまな場面で行う意思決定の連続である。意思決定と経営理念との関係性は，以下の経営トップの発話からも明らかである。

> 経営理念は，企業としてどうあるべきかを考える唯一の基軸であると日々強く意識しており，経営に係わる意思決定のベースである。よって，経営理念は意思決定と密接な関係があると言える。

　とくに判断に迷う場面において，自らの決断を促す際の拠りどころとして経営理念は日々強く意識されており，両者が密接に関係している実態が明らかとなった。

　次に，経営理念の浸透促進の補完を目的とする実行中または検討中の制度について，有無を確認した。以前はマネジメント層以上を対象に，経営理念に則した行動にもとづく成果を評価するシステムを導入していたものの，その後，専門コンサルタントによる人事処遇制度の抜本的見直しがなされ，現在は運用実績のないことが判明している。

　経営理念として組織内外に訴求されている行動基準やスローガンの主眼は，「人間関係の調整がすべてのベース」という考え方に置かれている。その具現化に向けては，常に相手の人格や立場を尊重しながら会話をすることが重要との指導が徹底されている。役職にこだわらない従業員同士の関係はもとより，とくに，従業員と顧客との関係を重視した教育・啓発などがOJTやOff-JTの形

で日々なされている。この事実は，第3章第4節第2項で取り上げた顧客との相互作用を意識した取り組みの好例と言える。

なお，経営理念の浸透促進を図った効果を意識し評価している機会を確認したところ，経営の中枢に係わる判断を伴う議論の場，朝礼，経営発表会，一般従業員との対話の場との回答を得た。なかでも，組織成員同士の活発な議論の内容を聞き取り，咀嚼しながら，経営理念が常態として彼らの意識に内在化しているかを経営トップとして日々確認している姿勢が，浸透を図る上での主眼として浮かび上がった。

とくにミドルが，若手従業員の創造的意見や意思を積極活用しながら，経営に係わる議論に参画しているかを中心に評価されている。

7．人材が果たす機能から得られた知見

ケース・スタディの分析結果について，第4章第3節第3項で言及した冠婚葬祭業がもつ特長を勘案しながら，分析視座に係わる論点を中心に検討した結果，A社に対する調査からは多面的かつ詳細な発見事実が得られた。優れた理念経営を実践しているA社の経営トップやミドルに対する面接調査を通して，経営理念の浸透を可能とする仕組みが明らかとなっている。

A社は創業以来，家族的な組織風土を醸成しながら，創業者でもある現経営トップのリーダーシップのもと，経営理念の具現化を明確に志向した経営がなされている。誠実，社会福祉への貢献，顧客第一，人間関係の調整への想いを基軸とし，底流に流れるキーワードを「人間」としている経営理念を経営者がコミットし，さまざまな施策によって従業員や組織に浸透させる企業慣習が定着している。

その結果，組織成員による経営理念の理解・共感・受容を通じた共有化が進んでいる経営組織と言える。重要な意思決定はもとより，利益還元の優先順位を「顧客が一番，社員が二番，会社が三番，株主が四番」とし，顧客のみならず従業員間の相互作用を重視した経営が徹底されていることもあり，現在のような厳しい経営環境下においても，全社を挙げた組織団結力が遺憾なく発揮されている。

A社に対するケース・スタディの結果からは，分析視座を通じて以下の内容が重要な知見として得られた。

まず，前節第2項に関連して，ミドルによる経営理念浸透促進機能を形成する重要な能力・態度要件として，高い自律性，一貫した意思決定や行為を反復・継続する忍耐力，顧客や従業員との相互作用を意識した行為が挙げられた。経営理念の浸透を図る行為には反復・継続性が求められるだけに，経営トップがとくに重視する要件として，忍耐力が指摘されている。

　次に，前節第3項に関連して，経営理念の浸透促進プロセス形成の主な要件として把握されたのは，マネジメント層による一貫した言動の反復・継続，経営理念浸透の対組織外効果としての顧客との相互作用向上，経営理念浸透の対組織内効果としての協働意識の高揚，浸透による学習効果としての個人・集団アイデンティティの知覚である。

　ミドルによれば，とくに一般従業員にみられるアイデンティティとは，「この会社の従業員で良かった」「この上司や社長の下で働けることが誇りである」といった意識にもとづくものであった。経営理念浸透プロセス形成の背景には，経営トップ自身の強固な経営観が係わっていることも判明している。たとえば，「冠婚葬祭業は伝統と文化の承継を大義名分とした儀式産業であり，他業種による模倣は困難」といった強い自負心の表明が挙げられる。

　なお，A社や㈱パールスターに見られるような，理念経営の具現化に向けた特長のあるビジネスモデルは，簡便な手段による他社の模倣が現実的に困難であることが，両社の経営トップが理念を基軸とした戦略経営に強くこだわっている経営姿勢から把握された。

《注》
1）A社の経営トップによる「経営理念は不変であるべき」との主張は，経営理念の上位概念に対してであり，行動基準・規範などを明示した下位概念については，時代の変遷，取り巻く環境に応じて改変していく必要があると述べられている。
2）第2次調査は，第4章第4節第2項の図表4-10に記載のとおり，アンケート方式にて実施している。
3）第1次調査から第4次調査の中で把握した発見事実の再確認を主たる目的とした，第5次調査から第7次調査の詳細は，本書では省略している。
4）企業等の競争力の源泉としての，人材，技術，技能，知的財産（特許・ブランド等），組織力，顧客とのネットワークといった，財務諸表には現れてこない資産の総称であり，企業の根幹に位置づけられるもの。

第6章

経営トップと中核人材が戦略的に導く理念経営

　本章では，ケース・スタディから得られた発見事実について，第4章第5節第2項に構築した分析視座をもとに考察し，第3章第2節で示したリサーチ・クエスチョンを解明する。具体的には，リサーチ・クエスチョンの内容を踏まえ，以下の第1節から第4節に示す視点にもとづきながら考察する。

　なお，本章第1節で掲げた視点である「経営理念浸透の必要性・有効性」については，中小企業に見られる経営特性や，経営理念の役割・機能に係わる先行研究レビュー結果から明らかとなった，経営理念の浸透促進を図る上での重要な四つの視点である，同節第1項から第4項をもとに考察する。

1．経営理念浸透の必要性・有効性

1.1　中小企業の経営特性と経営理念

　中小企業においては，非組織的な経営活動を温存せざるを得ない側面があることを，先行研究の議論にもとづきながら第2章第3節第2項で指摘した。先行研究では，非組織的な意思決定の例として同族者への経営の承継が挙げられているが，A社においても現経営トップの子女への承継が予定されている。

　この点について，経営トップはもとよりミドルからも，経営上の重要な意思決定が非組織的になされているといった懸念を指摘する発話は確認されなかった。むしろA社においては，既定路線である同族者への経営承継を，社内全部門を上げていかに着実にすすめるかといった問題意識が，ミドルを中心に当然のごとく共有化されている。

経営トップは，経営者が交代しても，経営理念を十分理解し受容した従業員が残っていれば，内面的な理念も受け継がれていくとの強い信念をもっている。また，経営者の交代があろうとも，会社運営の基軸や提供サービスの質も何ら変わることなく平然と経営がなされていることが，顧客の信頼を得て，企業価値を高めていく一つの大きな要因と考えている。

このような経営トップの考え方をよく理解している多くの従業員は，承継予定者の育成強化を，常日頃から経営トップに訴えていると述べている。

さらに経営トップは，現在のミドル層は創業者である自分について来てくれた人材であるが，今後，経営の承継予定者（創業者の令嬢）を側面支援して欲しいのは現若年層であるととらえている。このような前提のもとで，企業の次代を担う人材の育成を現ミドル層の協力を得ながらすすめ，人材の層を厚くしていくことが喫緊の課題となっていることへの懸念を強調している。

ミドルからも，総務部長兼任の経営トップにとっての最大の悩みは，経営の承継者を支えるミドル層の早期育成であり，この点に関する経営トップの焦りを日々強く感じているとの指摘がなされた。

以上の判明事実により，A社における経営承継問題は，面接調査を実施した経営トップとミドルとの関係において，重要かつ喫緊の経営課題として組織横断的に共有されていると言える。

1.2　経営組織としての内部統合・外部適応

第4章第4節に前述したケース・スタディの結果，A社の経営トップおよびミドルは，経営理念を経営トップ自身の根本的な考えや意思，人生観そのものであり，職務遂行上の判断や意思決定の基準と位置づけている。その上で，社内外のステークホルダーのなかでも，とくに顧客に対する伝播を適宜図り，理解や受容につなげる努力を重ねていることが判明した。

経営理念の浸透を図ることで経営組織が享受する利点として挙げられたのが，成員の人心掌握による組織統合の強化である。具体的には，組織成員の目的や目標を意図する形に方向づけるといった，意識面からの組織統合を図る手段として経営理念が重用されており，事業承継時の唯一根本的な経営指針に位置づけられていることも判明した。

組織外部に対する利点についても，経営理念を基軸に置いた明確な経営トップのメッセージが，顧客・取引先をはじめとするステークホルダーに向けて繰

り返し発信されることは，信頼関係の構築につながるとの指摘であった。地域密着型企業としての社会貢献意識，行動基準や存在意義・価値に係るメッセージの対外的な告知は，自社組織の外部環境との適応を図るための重要な経営活動として位置づけられている。

以上のことから，経営理念にもとづく企業活動の方向性を，日々の意思決定や指揮命令に反映させる反復継続的な取り組みが，成員の人心掌握による組織一体感の醸成につながっているとして，経営トップが自己評価している事実の確認に至った。

また，副次的な利点として，従業員モチベーションや職務満足度の高揚，業務の標準化・効率化の進展など，企業業績につながる効果もマネジメント層によって確認されていた。

経営理念には，経営組織としての内部統合や外部適応をもたらす機能があるとの先行研究の示唆について，第2章第2節で指摘した。この点については，組織成員の意思や思考と経営理念とに整合性をもたせることによる，一体感・連帯感の醸成，行動規範や全社的ルールの遵守，目標達成や社会・会社への貢献意欲，従業員としての誇りの醸成，社外への経営姿勢の訴求が，A社における具体的な効果として挙げられる。

とくに，業績が芳しくない状況下での組織一体感の醸成に向けて，前述した経営理念の機能の発揮が求められる点が強調されている。

1.3 個人・組織・社会的アイデンティティの知覚

経営理念の起草目的を確認すると，個人ではなく集団で活動することによってその存在価値を高めようとする企業にとっては，経営活動の方向性の根幹を目に見える形で表現し周知徹底を図ることが，組織成員個々人がさまざまな選択や判断を迫られた際の指針の明示につながる。組織や個人の目標達成へ向けた取り組みへの調和を促し，より積極的に潜在能力を発揮してもらうための大きな役割を果たすことにもなる。これらの点からも，経営理念活用の必要性や有効性を見出すことができる。

個々の業務目的が理解され難い場合であっても，企業の存在理由や価値について経営理念を通じて明示し，理解を図る取り組みと関連づけるアプローチをとることが重要である。たとえば，口頭で何度も伝え，相手の心に落とし込むといった直接対話の反復継続である。このような取り組みにより，担当職務の

意味や目的・価値が伝達され，理解が得られやすくなることが，経営トップの発話より明らかとなっている。

経営理念の浸透が，個人や組織に対する意味づけをもたらすとの前提で，経営トップが抱くミドルに対する期待や課題を整理すると，自律した管理者としての自覚（アイデンティティ），リスク顕在化の未然防止を図る感性の高度化，一般従業員に対する経営参画意識の醸成や高揚が急務との指摘がなされた。

効果的な経営理念浸透への取り組みには，経営トップとミドルとの協働が欠かせないことは明らかであるが，経営行動を阻害するビジネスリスクに対するミドルの認識や受容などの対処理解には，個人差が見られる。

たとえば，情報の一元的な収集や伝達の迅速性の向上といった，危機管理上の情報コントロール面でも課題がある。このことは，経営理念の浸透促進を図る上でも阻害要因となるであろう。経営トップおよびリスク管理を主管する部門が，リスクに対する問題意識の全社的な平準化や組織横断的な浸透を主体的にリードしながら，リスクの評価・改善をすすめられる人材を，ミドル層を中心に早期に育成していくことが求められる。

組織成員一人ひとりが，自らのアイデンティティをもとに他者との相互作用を促進していく上では，主観的にとらえている自身の潜在能力を内省し，外部評価が可能な形にまで客体化していく努力が求められよう。そのためには，企業における人的資源管理上の仕組みとして，職位階層毎に期待する能力を客観的に明示しておく必要がある。

各人がめざすポジションに必要な経験・能力と，自ら客体化した潜在能力との差異を常に明確に把握できる仕組みが機能していることは，次にめざすステップへの自己革新につながるキャリアパスの創造のみならず，高次の個人アイデンティティの醸成にもつながるものと考えられる。

なお，第2章第1節第2項の図表2-9で言及した内部統制については，A社では定型化された手法にもとづく取り組み事例を見出すことはできず，この点からの有意なインプリケーションは得られなかった。有効な経営管理手法としての内部統制に対する経営トップの問題意識の高さは認められるものの，導入計画の策定や手法の選択に対する具体策が定まらない状態にとどまっており，導入に向けた実効性ある側面的支援が求められる。

ただし，経営トップによる「社会規範を重視し遵守する姿勢は，企業としての社会的存立の意義を深めながら，結果として経営理念の浸透につながる」と

の言明は，組織内部に対するコンプライアンス意識の強化に通じる地道な姿勢の表れと言える。具体的には，以下の経営トップ発話からもわかる。

> 経営トップとして公私混同しないことが，従業員からの信頼獲得につながる。経営者には，常に質素で謙虚な姿勢が求められる。

このことは，中小企業においても，ルールに則った業務遂行の徹底を図る内部統制を意識した忠実な取り組みが可能であることの証左として注目される。

1.4 人的資源の活性化

組織統合を図る取り組みがミドルや一般従業員層に与える効果として，経営トップによる最終意思決定前の重要な予備的検討に参画する機会を与えながら，問題・課題の本質や価値の追求といった本質的思考の刺激にもつながっていることが指摘できる。

判断や意思決定に困った際に根本に立ち返る意識で確認する経営理念の浸透は，とくに，理念が何たるかを踏まえながらいかに自分で考え行動しているかで評価される，一般従業員の動機づけの基軸をもなしていると言える。

経営理念の浸透を図る日々の取り組みにおいて，経営トップがミドルに求める機能について職能という観点から挙げているのは，率先垂範で遂行する行動力，経営理念に立脚した意思決定や行為の反復継続をもたらす忍耐力，および自律性である。さらに強調されているのが，謙虚さと感性の高さである。

感性については，経営理念にもとづいて経営トップが表現する意思や指示内容を咀嚼し，その要点を自らの言葉で再整理し，可視化を図りながら部下の行動につなげていくといった，着実な取り組みが可能なレベルが求められている。

とくに，経営トップと一般従業員とをつなぐ戦略的な結節点としての機能を，ミドルが自覚しながら果たす際には，自己のさまざまな経験を統合させて職責を全うするなかで応用しながら，経営トップが発揮するリーダーシップを自律的に補完して欲しいと考えている。

その上で，部下に対するマネジメントとしては，高次の職務遂行につながるような経営参画意識の発掘や醸成に，担当職務の領域にとどまらず俯瞰的に取り組むことを経営トップは期待している。

なお，顧客などのステークホルダーが商取引成立の意思決定を行う上で，経営トップやミドルに必要な資質として求めているのは，信頼感・頼りがい，自

[図表6-1] A社のミドルにみられる経営理念志向の個人別行動基準・意識

1	経営理念は理解しており,行動の指針となっている。創業時からの基本として維持していくのが良い。
2	経営理念は理解し,信奉している。全社的に認知させることが重要。
3	会社の理念である「冠婚葬祭を本業とせよ」は理解している。社会動向の変化に影響を受けない業態であるだけに,会社を支える基盤として不安がない。
4	経営理念,社是は身に沁み込んでいる。顧客第一が最大の理念であり,顧客満足がすべての目標。顧客に感謝の気持ちを伝えるつもりでも,誤解を生み逆効果になるといった事例を開示して学習する。
5	社訓は理解しており,行動,経営の指針である。
6	経営理念を理解し,変換のスピードと顧客の価値観の変化に対応する力を身につける。単に経営方針に順応するのではなく,長いスパンでの発展に向けた発想,方策を助言できるよう成長する。
7	社訓を理解し,業務に反映するよう努力している。部下へも浸透させていきたい。「顧客第一」の社訓が古びることはない。
8	経営理念は大切であり,信奉していきたい。
9	経営理念の理解はしている。'人間関係の調整'が最重要。
10	社長の顧客第一主義を理解している。会社のビジョンは把握している。本業以外で儲かる事業を開拓してはどうか。現在の事業展開は戦略に合っている。葬儀部門の展開は,現実に則している。
11	社訓は優れているが,若い世代に浸透するには時間がかかるだろう。会社のビジョンは理解,信頼している。
12	顧客第一主義は信奉している。互助会の会員獲得が,給料や事業向上の道である。
13	経営理念,社訓の必要性は理解し,行動の指針にしている部分もある。社訓は,従業員の意識をまとめるのに役立っている。変化していく顧客ニーズに合わせた経営体制を考えることが,今後の喫緊の課題。競争相手に侵食される原因を理解し,危機感を維持することが大切。
14	社訓は活きている。すべての項目に意味がある。接客業の基本として風化することはない。
15	若年期には経営理念の意味を感じなかったが,今では理解するようになった。理念と社訓が一人歩きしている面も否めないが,理念は従業員の緊張感持続のために必要。理念の個々の項目に関しては,考えたことはない。
16	行動の指針,とくに'人間関係の調整'への取り組みは,サービス業の根幹として大切にしている。
17	経営理念の内容は理解している。
18	顧客第一の社訓は理解している。経営の展開状況は把握している。
19	社訓は記憶しているが,すべてを行動の指針にすることはない。顧客第一主義は実践している。
20	社訓は理解しているが,実践には自信がない。
21	社訓の理解はしており,行動の指針にしている。管理課の改善の仕事をしてみたい。
22	社訓を理解,共感し,行動の指針にすることもある。
23	社訓を理解し,会社存続に努力している。たとえ会社の業態が変わっても,経営の原点として陳腐化することはない。
24	社訓は,基本的に守っていくべきものである。

出所:筆者作成。

律性,謙虚さ,誠実さであった。

ミドルに示された経営トップの厳しい要請は,A社の事業規模ともなれば経営トップによる全社掌握にも限界があるだけに,ミドル層に対する期待の大きさの表れと言える。実際にミドルの一部は,トップの要請を自らの行動基準に置き換え,日々のマネジメントに活かしている。

図表6-1では,ミドルの個人別行動基準や意識についてヒアリングした結果を例示した。

一方で,A社経営トップから示された当面の課題は,経営理念浸透の阻害要因にもなっている点であるが,企業の次代を担う基幹的人材の育成・啓発の遅れ対策であった。

経営理念の浸透を図るプロセスにおける人的資源活用のあり方については,先行研究からの示唆も得られている(横山[2007], p.30)。具体的には,個人や集団アイデンティティなどの特性をもった人的資源は,経営理念を基軸に策定された経営戦略を経営目標の達成に向けて展開するフェーズにおいて,とくに影響を及ぼすとの指摘がある。

同時に,理念経営が実践される経営組織の人的資源は,組織形成のプロセスや組織文化などといった,組織に内在するコア・コンピタンスに対しても影響力をもつとしている。

2．経営理念の浸透促進プロセス

2.1　経営理念浸透のプロセスパターン

ケース・スタディの結果からは,経営理念が浸透するプロセスには二つのパターンがあることが判明した。第一のパターンは形式知的なプロセスである。これには,基幹的なプロセスと補完的(側面支援的)なプロセスを見出すことができる。第二のパターンとして,暗黙知的なプロセスが挙げられる。

2.1.1　形式知的プロセス

経営理念が組織成員に浸透していくプロセスが,経営トップをはじめとする成員が自らの経験や知見を形式知化し,組織的な行動をとり,メンバー間で共有した形で構築されているパターンである。

経営トップは，日常的な業務のPDCAサイクルを反復・継続的に回すことを主導しながら，経営理念として描かれている目標と業務遂行の現状との差異や，トップとして掲げる経営理念の受け止め方と部下（とくにミドル）の受け止め方との差異を理解し，自らの行為の評価につなげることにとくに注力している。そのため，物事を俯瞰的・大局的にみて自己判断の正否を検証するよう，日々の多様なケースをもとに指導・評価しながら，人間関係を調整する術をOJTで学ばせている。

ミドルは経営組織内で，上位職層（経営トップをはじめとする経営陣）と下位職層（一般従業員）という，職位階層の中核に位置しながら，とくに下位層メンバーのもつ暗黙知を形式知に変換していく機能を，日々のコミュニケーションを通じて果たしている。これは，組織内コミュニケーションの結節化・円滑化を自律的に図る機能の発揮である。

経営トップに対しては，強い使命感のもとにトップによるリーダーシップを補完する機能を果たしている。たとえば，一般従業員に対する自立意識，当事者意識，経営参画意識の醸成・強化を念頭に置き，彼らが正統的周辺参加[1]を日々の職務遂行を通じて果たすよう努めている。この具体例は，以下のミドルの発話から把握される。

> 部下の経営理念意識度は，経営理念が何たるかを踏まえながら，いかに自分で考え行動しているかで評価している。また，部下が自分の意見として疑問を呈しているかも常に確認している。（D氏）
> 経営理念は「経営トップの考え方そのものである」との基本認識のもと，一般従業員とはその意が伝わる表現を用いながら，コミュニケーションの深化に努めている。（D氏およびE氏）

具体的な行動パターンとしては，マネジメント層と一般従業員とが共通の課題や目的をもった仕事や活動に共に取り組むことへの働きかけ，業務経験年数や適性・能力に応じた一般従業員に対する一定役割の積極的割り当て，一般従業員が自らの意思でマネジメント層の仕事や活動の場に参加し，その様子を参与観察[2]するための支援が挙げられる。

言語による直接的，あるいは非言語による間接的な働きかけを通じて，ミドルとして重要であり望ましいと考えていることについて，日常的に目に見える形で一般従業員に対する経営理念の理解や受容につなげていることが，以上の

パターンからは指摘できる。

ただし同時に，経営理念の浸透促進を側面から補完する既存制度の必要性も認められた。たとえば，経営理念の具現化を意識した行為や成果に対する人事評価制度，経営理念の浸透促進への貢献に対する表彰制度の運用である。

なお，過去にＡ社では，日々の職務遂行において経営理念を具現化した程度を，評価指標の一つに設定した**図表6-2**に示す人事考課制度が，被評価者をミドル以上に限定しながら運用されていた事実を確認した。2006年実施の人事処遇制度の抜本的見直しの際に一旦は廃止されたものの，制度内容を見直した上での再運用が，現在検討されている。

［図表6-2］　経営理念を基軸とした目標展開・人事考課シート
（Ａ社における過去の運用実例）

	評価項目	重み	評　価　要　素	1次評価	2次評価	3次評価
業務の進行度	計画性（PLAN）	7	経営理念を基軸としながら策定した業務計画には具体性があり，はっきりとしたゴールの明示があるか			
	実践度（DO）	7	経営理念の具現化に向けて，方向を見失わず身近なことから行動し，業務の優先順位づけができているか			
		6	権限をもっている人の説得や，協力者づくりはできているか			
	検証度（CHECK）	5	結果に対して客観的な検証を実施し，原因が追求できるか			
	改善度（ACTION）	5	経営理念の思想をもとに検証した結果，対策を数多く考え，他人の意見を参考に対策がとれるか			
		6	商品開発，業務改善を積極的に行っているか			
	育成・指導	5	同僚とのチームワークがとれ，問題意識や課題を共有しているか			
		5	計画的にOJTを実施しているか			
	自己の力量向上	3	専門知識・技量・力量を向上させるために，切磋琢磨しているか			
		3	管理者・監督者としての人望はあるか			
		3	管理者・監督者として，PDCAを実践しているか			
		3	管理者・監督者に必要な経営管理知識を有しているか			
	報告・連絡・相談	2	的確なチームワークのため，タイムリーな報・連・相ができたか			

出所：Ａ社からの入手資料をもとに筆者作成。

2.1.2 暗黙知的プロセス

本ケース・スタディでは，組織的な行動のあり方によっては，経営理念の浸透が日常的な感覚や意識のなかで，明確な認識でない形で果たす機能が働くことも確認された。このことについて経営トップは，自社の組織文化あるいは組織風土が表れた一つの様相としてとらえている。

2.2 経営理念浸透促進プロセスの概念

前項で示した二つのパターンを把握するもととなったインタビューイの発話内容を検討し，経営理念の浸透促進プロセスに係わる概念をフローで明示したのが**図表6-3**である。

経営理念の浸透促進にあたっては，まず浸透目標の設定や具体的な浸透促進手段の決定が求められる。浸透促進上の主眼は，全員参画と反復・継続である。

［図表6-3］　経営理念の浸透促進プロセスに係わる概念図

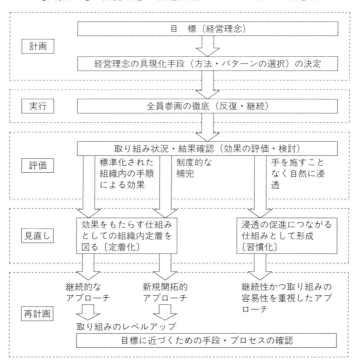

出所：筆者作成。

取り組み状況および結果の確認では，効果の検討が中心となる。組織内で標準化されている手順や，経営理念の浸透促進を補完する制度にもとづいて評価できた効果は，組織内への定着化を図る。

一方，特段の手順や施策に関係なく自然に浸透していると判断される効果については，継続的な浸透促進につながる仕組みとしての習慣化を図っていく。定着化にもとづく効果は，継続的あるいは新規開拓的なアプローチにより，さらなる向上につなげる。習慣化による効果については，取り組みの継続性や容易性を重視したアプローチを採る。

定着化や習慣化につなげるパターンについては，第3章第4節第4項で言及した安藤［2001］の議論に共通する部分が見られる。すなわち，形式知的プロセスは，組織メンバーによって一旦咀嚼され，各自が利用しやすいように加工された組織文化として進行するものである。暗黙知的プロセスは，単に組織内に漠然と存在する組織の価値や特性としての組織文化が進行するものとの解釈が可能である。

3．経営理念浸透の促進機能・作用

3.1 トップ・マネジメントの機能

経営理念の組織内浸透を図ることは，組織成員の積極的なコミットメントを引き出し，パフォーマンスを高め，経営課題の解決による企業目的達成につながるのではないだろうか。その際に，組織運営の最終責任者である経営トップや，業務プロセスや成果物を定義しながら，担当部門の職務領域全体を俯瞰的にコントロールするミドルは，経営理念の浸透促進にいかに貢献し得るのであろうか。

このような観点から調査した結果，経営理念の浸透促進による協働体制の構築に向けては，理念を基軸として形成された経営トップの個人アイデンティティを，組織成員が知覚し受容することが肝要であると判明した。

本書で取り上げる社会的アイデンティティについては，その形成過程や背景が多様であり，かつ可変性も高く，企業としてどこまで受容しながら組織活性化へ活かすべきかの判断が実務上困難との評価であった。

ただし，顧客などステークホルダーとの多様な相互作用の中で，弾力的に知

覚しながら組織内の協働体制のなかで活かしていく方向はある。すなわち，経営トップ自らが自身の言行の基底を経営理念に置きながらも，常に内省を図る源泉の一つとして社会的アイデンティティを知覚し，受容していく姿勢である。

経営理念は，企業の社会的存在意義を表明するものとして，従来から日本の経営者に重要視されている。このなか，経営理念によって基準化された経営者の意思をもとに，組織成員が知覚する多様なアイデンティティを活かしながら理念の浸透に努めていくためには，経営トップが組織内外で果たし得る理念浸透の促進機能に加え，職場で連結ピンの役割を担いながら組織活性化を図るミドルの結節機能の発揮が求められる。

以上の機能に焦点を当て，経営トップやミドルが知覚するアイデンティティが，いかに理念浸透プロセスに係わり得るのかについて探究する必要がある。

3.2 ミドルの結節機能

経営組織においてミドル層が果たす機能の重要性については，第3章第4節第3項で明示した問題意識の所在や，第2章および第3章における先行研究レビューのなかで既述したとおりである。とくに，第3章第4節第3項で取り上げた「ミドル・アップダウン・マネジメント」においては，ミドルが現場の一般従業員と経営トップとの中間に位置しながら，業務管理や組織運営上の戦略的な実務主導者としての役割を担うことや，組織において一般従業員や経営トップを巻き込みながら，組織変革を遂行する中心的役割も担っていることが指摘されている。

実際，A社における経営理念の浸透促進を図る取り組みは，トップダウンおよびボトムアップの双方向を意識したものであり，経営トップがミドルに対し具体的に抱いている期待レベルとして，本ケース・スタディの結果から以下の発揮機能が明らかとなった。

まず，自己のさまざまな経験を統合させて職責に応用しながら，経営トップが発揮するリーダーシップに対し，自律的に補完する機能である。そのなかで，一般従業員に対し，経営参画意識の発掘や醸成を地道に進めていける機能が指摘された。組織内外のさまざまな発信源から情報を集め，活用に向けて方向づける結節点としての立場を自律的に務める機能も挙げられた。

情報活用の観点からは，組織内外の環境において把握される新たなニーズや付随するリスクを認識した上で，将来を展望した実効性あるビジョンを策定す

る機能も指摘されている。

　部や課における実務上の責任者であることから，組織文化の変革を促す主導者として，経営活動の新たな方向性や，社内各部署が全社横断的に新しい文化を醸成していく重要性を繰り返し説きながら，一般従業員の理解や受容につなげていく機能も求められている。

　いずれも高次の要求であるが，A社のミドルに係わる発見事実からは，経営者の期待値を常に意識した自律的な行動が認められた。具体的には，本章第1節第4項の図表6-1に示したとおり，経営理念の具現化に向けたA社ミドル各人の行動基準や意識には若干の個人差がみられるものの，一貫した意識や行動を示すものとしてとらえられる。

　この事実は，A社経営トップが創業以来長年にわたり，ミドルに対し貫徹してきた育成の成果を示している。経営トップがミドルに対し期待する発揮機能は，育成にあたって強く意識されてきた主眼とも言える内容である。

　本書では，以上の判明事実も踏まえながら，経営トップをはじめとするマネジメント層に求められるリーダーシップについて，「未来への鋭い洞察力をもとに，大局的かつ長期的に掲げた目的・目標の実現に向けて示される，不断の情熱と努力，リスクを果敢に取る発想や行動力」と定義づける。

　しかし，リーダーシップが効果的に発揮される場合でも，人材の絶対数や層の厚さで優位性を保つ大企業の場合はともかく，誤った経営トップ判断が即深刻な経営状態を招くような潜在リスクが指摘される中小企業の場合には，そのリスクの回避あるいは最小化を図る意識と行動が重要となる。強大な権限をもつ経営トップの孤立化を，側面的に未然防止する人的な役割を組織内で機能させることが重要と考えられる。

　経営に係わる最終的な意思決定は経営トップ自身が下すとしても，多くの中小企業に見られるような過度の権限集中は，非組織的な経営活動をもたらす温床となり，弊害も多いことは第1章第1節第3項でも指摘したとおりである。

　企業の経営力の優劣は，経営トップ自身が従業員の知恵を結集させ，活かしていくマネジメント力に左右される面が強いと言える。取り組み課題によっては全組織成員で考え，創意工夫を導く仕組みを構築しておかなければ，物言わぬような組織風土を増長させ，経営トップが，組織が抱える実情を的確につかむことができなくなるであろう。経営トップが自身の弱点を認識し，周囲に示しながら適任の補佐役を任用することも重要となる。

併せて，現場とのコミュニケーションの促進はもとより，社内における健全な意見対立が積極的に存在するような，風通しの良さが求められる。このことが，従業員一人ひとりが自ら考え，判断し行動することを尊重する組織風土の醸成にもつながってくるものと考えられる。

以上の役割を担う適任者としても位置づけられるのが，ミドルである。高次の意思決定を伴うような経営参画も可能なポジションに位置しながら，現場の実務にも精通するミドルは，一般従業員の能力を適宜活用しながら，経営トップの要求や期待に応えていく役割を担っている。たとえば，現場で生起する事実を的確かつ速やかに経営トップに報告・進言していくことは，経営トップのミスリードを未然に防ぐとともに経営組織内を活性化させ，ひいては組織の長期的な存立に大きく貢献するものと考えられる。

経営理念の浸透促進に向けては，さまざまな努力・工夫が求められることは指摘するまでもない。労働を通じて自己実現や報酬の獲得，社会参加をなす組織成員に対し，経営理念に対する理解や受容を図っていくためには，理念に包含されるメッセージを実務レベルにまで徹底して客体化していくことが主眼となる。そこで求められるのが，ミドルが組織内の結節点に位置しながら果たす機能と言える。

なお，A社経営トップから得られた発見事実を要約した第5章第4節第3項の図表5-5，および同社ミドルから得られた発見事実を要約した図表5-6の内容や，ミドルの個人別行動基準や意識を示す図表6-1（本章前掲）の内容からは，マネジメント層による一般従業員に対する働きかけいかんで，経営理念の浸透促進以外の自律的行動の喚起も可能であることが判明している。

3.3　相互作用

日々の経営行動に係わる基軸を確認する際の重要な視点の一つに，顧客の視点から表出される「顧客満足度」がある。顧客が，提供される商品やサービスに対し抱く期待，満足度・満足感，または不満足のことであり，サービスの提供者と顧客との間における相互作用[3]によって高度化されるものとしてとらえることができる。

相互作用が高度化していく過程においては，以下の三つのフェーズが見られることが，本事例研究の結果からも把握された。

第一フェーズは，社会通念上当然とみなされる所期の期待や満足の水準であ

る。これは，社会人としての一般的マナー，道徳心，コンプライアンスへの意識をベースとした，人間的な信頼関係を形成する基礎的なフェーズである。言わば，どのような職務にも共通して求められる部分である。当フェーズにおいて提供される役務には，社会や顧客が期待する品質，機能，価格，納期が担保された，最低限の満足の提供が必須条件となっている。

　第二フェーズは，顧客が期待している以上の満足が求められる水準である。サービスを提供する側がプロフェッショナルである以上は，顧客が想定しているレベル以上の商品・サービスを提供することこそが責務との想いに裏打ちされた行動により，提供するサービス自体を進化させることが可能でなければならない。

　経営理念に包含されたサービスの原点を必要に応じて再確認する姿勢が，顧客に安心感を与えると同時に，サービス提供者自身も職務を通じた成長が可能となる段階である。第1章第2節で述べた，「企業が経営行動の原点を経営理念で確認することの意義」を考慮すると，このレベルに到達してこそ，顧客満足の維持・向上という視点からの本来的な目標達成が可能となる。企業経営の原点である経営理念の実現を日々求めていくことの重要な意味合いが，この段階から見出されることになる。

　第三フェーズは，顧客との対等な関係をもとにした顧客満足が提供される水準である。言わば，担当職務を超えた日々の生活上のパートナー的存在として信頼関係を構築し，常に進化させていくといった理念経営の主眼に位置づけられる段階である。サービス業における顧客との相互作用が高次に機能し，経営理念が浸透する利点を組織として享受する段階でもある。

　A社のマネジメント層から共通して得られたメッセージの一つが，顧客ニーズの把握は，聞き手の話術の巧みさではなく，接客のプロとしての独自の考えを相手に明解に示すことで可能という考え方であった。顧客が望んでいる本当に価値のある情報を聞き出すために，従業員は，商品・サービスを提供するにあたっての独自プランを提案しながら，顧客とのやり取りに努めている。

　提案を行う際の主眼は，提案者側の基本姿勢や考え方にぶれがないことである。たとえ接客話法は未熟でも，プロとしての自分の考えを明確に提案し，常に一貫性のある明解な提案をしている接客スタッフほど，顧客からの信頼を得ている事実がマネジメント層からは強調された。

　従業員の人事交流を効果的に進める上では，単にいずれかの組織に配属し育

成を図るだけでなく，組織を離れ，各人が自らの暗黙知をもち寄り，共通の目的や目標に向かって力を発揮していける場としての'プロジェクト'の設定が重要との指摘が，経営トップからなされている。

その際，組織成員に最も求められるのがコミュニケーション能力であり，明確な独自プランを顧客に示しながら率直な意見や要望を引き出すことが，話術の巧みさを超えた本来的なコミュニケーション能力であるとの示唆も得られた。この点は，接客業の場合にはとくに重要であり，応対マニュアルや個人ノウハウを超えたコミュニケーション能力として位置づけられる。

プロジェクトチームを編成し，特定の経営課題について議論させたものの，集団行動としての成果がなかなか創出されないケースに関する見解が，経営トップから示された。リーダーが自分の想いから強いメッセージを発しても，メッセージの裏づけが十分に理解されず，メンバー間で共有言語化されていないため，誰も自律的に動かないことに起因している場合が多いとの指摘である。

言葉というものは本来，一つの記号に過ぎないと考えれば，言葉の裏づけを共有するために相手との相互作用が高まるコミュニケーションが大切となってくる。また，コミュニケーション力とは，多様な'力'を内包した言葉を聴く力でもある。

このような観点からも，言葉の裏づけの基軸となる経営理念活用の重要性が認識される。

3.4 アイデンティティの知覚と受容

A社においては，成員の個人アイデンティティを尊重することが，経営理念の浸透促進行動を喚起するうえでの原点となっている。

まず個人アイデンティティは，組織または社会的アイデンティティへの同一化が強制されることなく，企業組織の主体として，本来的に強固で最も重要な概念に位置づけられている。経営トップ自身の強固な個人アイデンティティが経営理念の基底として形成されており，組織アイデンティティを形成する中核として同一化されていることが，経営理念に対するミドルの知覚や受容を図るうえでの有効な要件となっている。

また，経営トップやミドルが組織成員の個人アイデンティティを尊重し，傾聴姿勢を堅持しながら，経営理念を基準としたコミュニケーションを部門横断的に拡散させることから，全社横断的な協働体制の構築が進展している。

次に，社会的アイデンティティを知覚・受容することと，経営理念の浸透を喚起する行動との関係について考察する。複合性（複層性）が見られることで，知覚はされても受容が限定的となる社会的アイデンティティの活用による経営理念浸透促進では，強固性が高い個人アイデンティティを重視する場合と異なり，評価や見直しが図れる有効な方策の創出は限定的と言える。

ただし，経営トップには，自身の個人アイデンティティを基軸として，組織の視点から俯瞰的に組織アイデンティティや社会的アイデンティティを知覚し，自身を客観視しながら内省した行動を喚起するといった，基軸的な姿勢が見られる。

ミドルには，自身の個人アイデンティティをもとに，組織アイデンティティとの同一化を図り得る範囲で社会的アイデンティティを知覚し，自身の意思決定や言行に係わる基準を見直し強化する姿勢が見られる。

経営理念が浸透している状態とはどのような様相なのかを考察するにあたり，関連する先行研究をレビューした結果，'人'というミクロレベルで組織全体からとらえた研究として，高尾・王［2012］に着目した。そのなかで，経営理念の浸透に係わる概念上の最終段階モデルを明示した例が**図表6-4**である。

この段階は，組織アイデンティティが理念的カテゴリーによってとらえられるだけではなく，個人も理念的カテゴリーを自らのアイデンティティに深く取り込み，理念的カテゴリーが個人アイデンティティの中核的部分を構成する状態への到達を示している。

一方，本ケース・スタディの成果をもとに，経営理念が浸透している状態について経営トップの視点から考察した結果，経営理念の浸透促進を図るプロセスにおいてアイデンティティを知覚し受容することが，協働体制の構築につながる行動の喚起につながっていることを把握した。

[図表6-4]　経営理念浸透の最終段階モデル

注：Id. はアイデンティティの略。
出所：高尾・王［2012］，p.44「図2-2」。

[図表6-5] 経営理念の浸透状態モデル

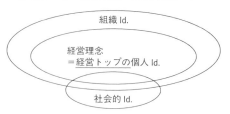

注：Id.はアイデンティティの略。
出所：筆者作成。

　ただし，その前提は**図表6-5**に示すとおり，経営トップの個人アイデンティティが経営理念とほぼ同一化されたものであり，組織アイデンティティの中核をもなしていることである。そのうえで，社会的アイデンティティが，意思決定や言行を顧客視点から評価する基準の見直しといった内省に活用されていることも判明した。

　このことは，筆者のこれまでの研究の基底である，「経営理念の浸透プロセスが機能すれば，組織成員が知覚し受容するアイデンティティを活用した協働体制の構築につながる」との試論をもとに，経営理念の浸透促進プロセスについて考察した結果でもある。

　その結果から，経営理念，社訓，行動指針，組織文化，個人アイデンティティ，組織アイデンティティ，社会的アイデンティティ，内面化，経営姿勢，行動力といった，既に言及した諸概念の関係性を示すモデル図として，**図表6-6**を構築した。

　図表6-6が示す要諦の１点目は，A社の経営理念は，起草時の基底となっている経営トップの個人アイデンティティとの同一化が見られるだけでなく，企業としての知覚される組織アイデンティティともほぼ同一化されていることである。

　２点目は，ミドルは経営トップの強固な個人アイデンティティを知覚することで，経営理念を受容した自らの個人アイデンティティの中枢を形成し，理念の体現に努めていることである。

　３点目は，経営トップが経営理念を基軸とした日々の意思決定や言行を内省し，改善を図る行為は，社会的アイデンティティの知覚による競合他社との差異の受容などに，結果的につながっていることである。この点は，ミドルにも

［図表6-6］ 組織成員のアイデンティティを活かした経営理念浸透促進プロセス（概念関係図）

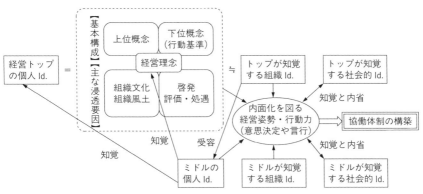

注：Id.はアイデンティティの略。
出所：筆者作成。

同様の様相が見られた。

4．経営理念の浸透を阻害する組織文化の逆機能

　強い組織文化が経営組織に与える影響については，第3章第4節第4項で述べたところである。組織成員がとるべき日常の行動を明らかにし，成員に対する期待値や組織の不文律などを理解していれば，刻々と変化する状況においても，一人ひとりがいかに行動すべきかを自ら迅速に判断することが可能であろう。

　強力な組織文化とは，組織自体が確固たる信念や信条を体系的に保持している状態であり，組織成員は信念を共有しながら，組織文化に忠実に準拠した行動をとることになる。

　言わば，準拠度合いの強弱が組織文化を評価する一つの基準となろう。準拠とは，決して組織への忠誠を強制するのではなく，組織成員一人ひとりが自ら共通の価値や視点を考え行動するための一貫したマネジメントに努めることにより，結果として組織の安定化につながるものと考えられる。

　マネジメント層による管理や統制を強化するほど，たとえば，生産性を伴わないような細かなルール作りばかりが増え，従業員の士気や挑戦意欲を低下さ

［図表6-7］ 組織文化の逆機能を示す具体的事象

具 体 的 な 事 象	指 摘 者
上司（とくに経営トップ）への意思決定依存	T/M
責任ある行動からの逃避	T
自己発想・咀嚼からの逃避	T
自己完結意欲の低下	M
意思決定の均一（均質）化	M
成功体験への安直な依存	T

注 ：Tは経営トップ，Mはミドルの略。
出所：筆者作成。

せることにもなりかねない懸念が，先行研究においても指摘されている。

また，経営組織において経営理念の浸透促進を阻害する要因の一つとして，経営の現場で露呈する組織文化の逆機能が指摘されることについても，第3章第4節第4項で取り上げた先行研究の議論から明らかとなった。

安藤［2001］は組織文化について，単に組織内に漠然と存在する組織価値や組織特性としての組織文化と，組織メンバーによって一旦咀嚼されて，各自が利用しやすいように加工された組織文化とに大別した上で考察している（pp. 90-91）。

A社のマネジメント層に対するヒアリング結果からも，組織文化の逆機能が露呈したものと判断される具体的な事象が，**図表6-7**のとおり判明した。

図表6-7では，各露呈事象の把握が経営トップの指摘によるものか，ミドルによるのか，あるいは両者の指摘なのかについて事象毎に明示している。このなかでとくに強調された事象は，経営トップに対する過度の意思決定依存である。

図表6-8では，逆機能の露呈事象に対し，A社において実行中または検討中の対応策を明らかにした。

A社では，理念経営を貫徹している経営トップの強固なリーダーシップにより，強い組織統合といった組織文化の順機能効果を意識したマネジメントが遂行されている。同時に，逆機能の露呈を懸念し，マネジメント層がそれぞれの立場で実施可能な対策を講じやすい環境整備に努めていることも判明している。

たとえば，顧客を中心とした社内外の広範なステークホルダーとの相互作用を意識した行為の反復継続が挙げられる。

[図表6-8] 組織文化の逆機能に係わる具体的対応策および対応状況

具体的な対応策	実行中	検討中
【経営トップの行為】		
ミドルの自律性を高める啓発の反復・継続	○	
人事考課への反映		○
ステークホルダー（とくに取引金融機関）による強い働きかけ	○	
【ミドルの行為】		
一般従業員に対する経営参画意識・当事者意識の醸成	○	
自律性の高揚および堅持	○	

出所：筆者作成。

5. 経営理念の浸透促進要件に関する検討

5.1 経営理念浸透の必要性・有効性

　本節では，第5章に明示した発見事実をもとに，経営理念の浸透を図る必要性や有効性について考察する。

　本ケース・スタディの結果からは，第2章で取り上げた先行研究の議論に即した内容のインプリケーションが得られた。なかでも注目すべき内容は，大企業では集団規範と企業の論理とが概ね一致していると考えられるが，中小企業の経営活動は双方のバランスの上に成立している（竹内 [1995]，p.44）点である。

　中小企業であるA社においては，経営トップの強固なリーダーシップの下で適正利益の獲得を図るといった資本の論理は，あくまでも集団規範にもとづく共同体性に包含されている実態が確認された。その集団規範による一体感の醸成や日常行為のあり方は，経営理念に依拠したものとして確立されている。

　このことは言わば，中小企業が強固な組織形成をなすためには経営理念の浸透が必要不可欠であり，強固な組織は同業他社が真似できない自社だけの特長となることの証左と言えよう。

　また，経営理念が起草され，展開され，浸透することは，企業という経営組織体が発信する表現をもとに組織外部が認識できる全社的なイメージが，経営理念を反映しながらの形成につながるといった側面も確認された。

経営理念の浸透を図ることは，組織内部の統合のみならず，経営組織として社会に存在する理由を包含したＣＩや企業ブランドの訴求も可能としている。この有効な仕組みが，経済合理性の意図的な実現が可能である大企業同様に，中小企業としての経営活動のなかで自律的になされていることが，Ａ社の強みとして評価される。

ただし，徹底した理念経営を標榜するＡ社のような企業においても，ミドルの経営理念に対する理解，受容の程度，意思決定や行動への展開レベルといった観点からみた個人別の差異が想定以上に認められることが，経営トップによって指摘されている。

このことは，ミドルが保有する経営理念の浸透促進方策に係わる暗黙知について，形式知化を図ることの難しさを示す事実としてとらえられる。

5.2　経営理念浸透の基本プロセス

異部門間のコミュニケーションについて，既存の組織図上による公式的なコミュニケーションのみに頼られては，形骸化しかねない会議や委員会を単に増やすだけである。会議などのフォーマルな場を設置することは，部門を越えた情報や意見交換を根づかせるための仕組みとしての意義はある。

しかし，その場では必ずしも忌憚のない，既存の知識体系や価値基盤による秩序や均衡を否定するような意見が交わされるとは言えず（十川［2002b］，p. 146），有効性には懸念がある。

企業として経営理念の浸透促進を図っていく場は，組織内外の広範なエリアでとらえられるものの，部署・部門の壁を越えて全社横断的にコミュニケーションを深化させていくことの難しさは，経営活動において強く指摘される点である。

しかし，本書の調査からは，組織成員が顧客を中心とする外部のステークホルダーとの接触による相互作用を促進するなかで，経営理念の浸透状況把握や課題の抽出，見直しの策定につながる情報を得ながら，理念経営を進めているＡ社の実態が明らかになった。

そこで，経営理念の浸透を図ることが，いかなる形で企業活動の成果や経営組織としての価値創出につながるのかについて，ケース・スタディの結果をもとに考察した。まず，経営理念には，自社の組織において内部的な統合や外部環境との適応を図り，経営の承継時の経営指針を提供する重要な機能が確認さ

れた。

　組織統合や外部適応については，先行研究において言及のある機能である。たとえば，社会適応や企業内統合などの機能を経営活動に活かすことのできる状態に具現化することが，経営理念の意義（横川 [2010a]，p.223）と論じられている。

　なお，組織統合とは，意思決定や行為の際の依拠を共有し，組織活動を意図する形に方向づけていくとの意味合いからとらえることができた。経営の承継がなされる際に，「経営理念が唯一根本的な指針としての機能を果たすなかで，組織成員が理念に則った行動規範をもつことにより，好循環が生まれてくる」というA社経営トップの発話は，本ケース・スタディにおいて得られた重要なインプリケーションである。

　以上のような，経営理念を基軸とした戦略策定や執行の過程における浸透効果の評価は，組織内部では成員同士の相互作用から，組織外部との関係では社会的学習といった観点から，成員と顧客など外部ステークホルダーとの相互作用を通じてなされる。その結果に対する自己評価をもとにした，組織成員の自律的な経営行動の反復継続が，経営成果の漸進的な拡大につながっていくというインタビュー結果の解釈から，経営理念の浸透を促進する基本プロセスの存在が認められた。

　第7章第1節第1項で後述する社会的学習については，観察学習というモデリングを中心とし，認知的な要因を重視した行動，個人，環境の相互作用によって個人の行動が決定される点に特徴がある概念として，先行研究（大室 [2004]，p.185；Bandura [1977]）で議論がある。この点についてはとくに，経営理念に対する意識の高い一般従業員がなす日々の言動のなかで把握されている。

5.3　経営理念浸透を促進するミドルの機能

　A社経営トップに対する面接調査からは，ミドルが経営理念の浸透促進に向けて機能発揮する際に，意識的に高めながら自らの意思決定や行為に活かすことをトップが期待している要件が，以下の発話から明らかになった。

> 経営者としてミドルに対し，質的な向上を期待している8つの発揮機能や基本姿勢がある。これらはミドル層が日々，自分の職責を果たすなかで部下を育成していく際に，とくに意識して取り組んでいると聞いている。経営者としての目線からは，ミドルが個人的な努力の範囲で高めて欲しいものと，どちらかと言えば，

ミドル同士が協調・協働しながら高めて欲しいものとに大別できる。

それぞれの機能や姿勢を高めていく難易度の高低で見ると、高いレベルでは、「従業員の自律性高揚を側面的に支援すること」や「一般従業員に対する経営参画意識の発掘や醸成」がある。「顧客などステークホルダーとの関係重視の姿勢」は、どちらかと言えば、ミドルが協働体制で取り組んで欲しいレベルである。

逆に、個人的な努力で高めて欲しい姿勢としては、「反復・継続が徹底できる忍耐力」や「自己のさまざまな経験の統合によるマネジメント力の高揚」が挙げられる。

個人であれ、他者との協働であれ、日々の業務遂行における基本姿勢としては、「現場の声や業務プロセスに目配せすること」、「日々感知するビジネスリスクへの意識を高め、異常緊急時の自律的行動につなげる姿勢を堅持すること」、「さまざまなコミュニケーションをとるなかでは、自ら咀嚼して伝播する姿勢を習慣化すること」を求めたい。

具体的には図表6-9に示すとおり、ミドルに対し発揮が求められる結節機能について、経営トップがその質的向上を図る積極的な取り組みに期待している8要件が、向上目標の程度とともに示されている。

図表6-10では、第3次面接調査（第4章第4節第2項の図表4-10参照）において、経営トップより示された8要件のとらえ方をもとに、ミドルが個人的あるいは他者との協働により高めていく目標の程度を5段階の尺度でプロットし、各要件の特徴を明示した。

［図表6-9］　8要件の質的向上を図る目標の程度

	要　件	他者との協働による向上目標の程度	個人的努力による向上目標の程度
1	咀嚼・伝播	2	4
2	反復・継続	2	2
3	リスク顕在化の未然防止	1	3
4	自己経験の統合	1	4
5	従業員の自律性の高揚支援	5	4
6	経営参画意識の発掘・醸成	4	4
7	顧客との互恵関係重視	4	2
8	現場およびプロセス重視	3	2

注：向上目標の程度を示す5段階の数値は、5が高度、3が中度、1が低度をそれぞれ示す。
出所：筆者作成。

[図表6-10] ミドルの結節機能を構成する8要件の分布

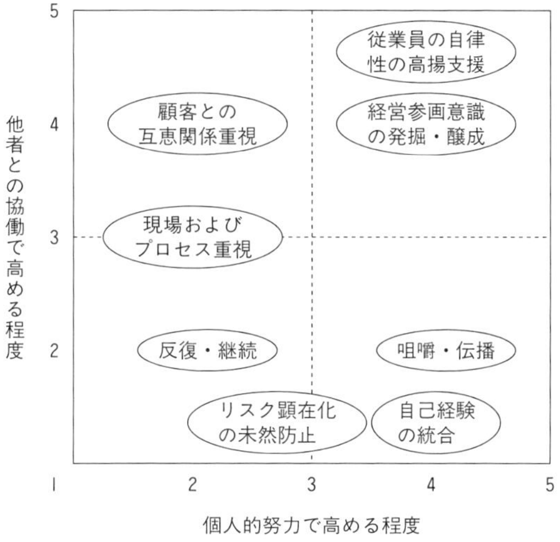

縦軸:他者との協働で高める程度(1〜5)
横軸:個人的努力で高める程度(1〜5)

- 従業員の自律性の高揚支援
- 顧客との互恵関係重視
- 経営参画意識の発掘・醸成
- 現場およびプロセス重視
- 反復・継続
- 咀嚼・伝播
- リスク顕在化の未然防止
- 自己経験の統合

出所:筆者作成。

なお、8要件のなかではとくに、自律性、反復・継続、咀嚼・伝播の重要性が3名のインタビューイによって強調されている。

ミドルによる発揮が期待されている結節機能の8要件について、さらなる向上を図る際の目標とすべき程度を示した図表6-9の数値をもとに、マトリックスにプロットした結果が図表6-10である。8要件を発揮する程度を高めていく目標について、他者との協働を軸にとらえた場合と、組織成員自身の個人的努力を軸にとらえた場合とでは、かなりの差異があることが判明した。

上記の8要件について、再度整理する。各要件に込められた経営トップの期待値や背景などを考慮すると、個人的な努力で可能なのか、あるいは他者との協働が必要となるのかといった観点から4グループに仕分けされる。

常時発揮が求められる基本的な要件として、「咀嚼・伝播」「反復・継続」「リスク顕在化の未然防止」が挙げられた。リスク顕在化の防止に向けては、顕在化後の迅速な対処に向けた判断力や行動力など、職務を取り巻くビジネスリスクに対する感度の高さが求められている。

高度な要件は「自己経験の統合」である。この背景として、A社のインタビューイとなったミドルは、第4章第4節第1項の図表4-8に記載のとおりいずれも勤続30年超の熟練者であり、入社以来のキャリアパスを通じてさまざまな

職務経験を有していることが挙げられる。

　長年培ってきた多様な暗黙知を，他のミドルとの差異を把握しながら個人スキルとして統合し，職責への応用を図りながらマネジメント能力として活かすことを，経営トップは望んでいることが判明している。

　基本的な行為に関しては，その活用を図る上での高次の目標に位置づけられる要件として，一般従業員に対する「自律性の高揚に対する側面的支援」や，「経営参画意識の発掘や醸成」を図ることが挙げられた。その達成に向けた重要な要件として，「ステークホルダーとの互恵関係の重視」や「現場（事実）および業務プロセスの重視」が示されている。

《注》

1）第2章第1節第3項において言及した理論である。
2）調査の実施者が，調査（観察）対象となっている集団生活に自ら参加し，その一員としての役割を演じながら，その場に生起する事象を多角的かつ長期的に観察する方法のことである。
3）A社における発見事実からは，組織成員間に見られる相互作用のメリットの例として，下表の内容が把握されている。

経営トップと顧客との相互作用	経営組織として存続していくことにより，ステークホルダーの利益に貢献する強い意思の伝播が可能
経営トップとミドル・マネジメントとの相互作用	「この会社の従業員で，この経営者・上司の部下で良かった」という，個人アイデンティティの高まり
ミドル・マネジメントと顧客との相互作用	些細な顧客ニーズでも指名で受注できる関係づくりを通して，真の顧客ニーズの把握が可能
ミドル・マネジメントと一般従業員との相互作用	経営トップに対する信頼感の高まりと，個人アイデンティティの知覚

第7章

戦略的経営理念論の構築に向けて

1．戦略的な経営理念浸透促進の方策

1.1　A社の事例から

　本書では，第4章で明示したとおり，経営理念をもとに経営トップの意思を基準化し，理念の組織内浸透を図るプロセスを通じて人的資源が知覚するアイデンティティを活かしながら，協働体制の構築を図っている中小企業を対象にケース・スタディを実施した。これは，高尾・王［2012］が経営理念には必ず含まれていると指摘する，「われわれとは何者か」といった組織自体による自己定義（p.25）を基軸に，組織活性化に向けた現場改善を図っている事例である。

　A社に係わる発見事実について，前章で考察した結果からは，経営理念の浸透促進を可能とするプロセス全容が，**図表7-1**のとおり明らかになった。

　A社で把握されたプロセスには4つのフェーズが存在し，経営理念の浸透を図る「働きかけ」が経営理念の「理解・受容・行為への反映」につながり，組織行動による「学習」を創出しながら「学習成果の自覚」に至るプロセスであることが判明した。

　各フェーズにおいて，経営トップ，ミドル，一般従業員が，それぞれの立場からいかに経営理念の浸透促進を図っているかを示すため，図表7-1においては具体的な行動内容を時系列で明記している。併せて，ミドルの結節機能を構成する8要件が，当プロセスを形成する各行動にいかに係わっているのかについても明示した。

[図表7-1] 経営理念の浸透を促進するフェーズ・プロセスの全容（A社の事例）

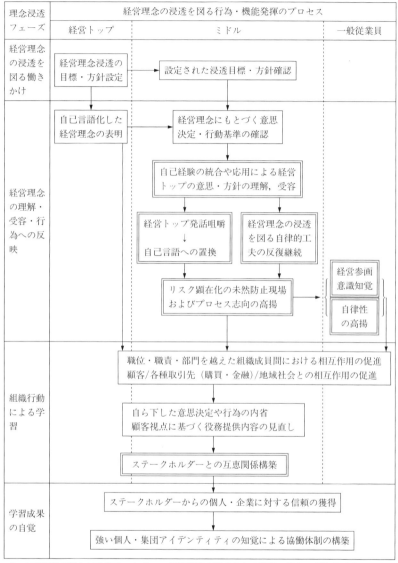

注：二重線で囲んだ内容は，ミドルの結節機能を構成する8要件に係わる行為を示す。
出所：筆者作成。

図表7-1により,経営理念を経営活動の基本方針に位置づけながら浸透を図るプロセスにおいては,ミドルが果たす機能が重要であることが明らかとなった。企業において,経営トップなど上位マネジメント層と一般従業員層との間に位置づけられるミドルならではの結節機能の発揮が,経営に係わる基本方針を具体的な意思決定や行為に資する方針として再構築させ,現場での発揮につながるプロセスが確認されたと言える。

　とくに,結節機能の発揮については,マネジメント層が自ら発信する経営理念浸透の働きかけと,一般従業員の理解・受容とのギャップを把握しながら,一般従業員のもつ暗黙知を自律的に形式知化していくことが重要となる。

　経営理念の浸透促進状況が組織内部で把握され,評価されているA社の実態からは,経営理念の浸透促進プロセスが有効に機能していることが確認できた。具体的には,浸透のための手順や目標などの具体的方針が設定された上で,経営理念の浸透促進に向けた働きかけが組織成員に対してなされている。

　このことが,自律的な行動を伴った浸透への取り組みにつながり,組織成員同士や顧客との相互作用が浸透状況の把握や評価をもたらすことで,当初目標と浸透実態との差異確認や改善方法の検討が可能となっている。当該相互作用から得られる利点が,経営理念の浸透に取り組む上での課題把握,改善手法の学習や内省であると判明したことが,重要なインプリケーションである。

　とくに,外部顧客と組織成員とは,相互依存関係にある利害関係者同士との解釈も成り立つだけに,両者間で互恵関係を築くことは双方に経済的利益をもたらすだけではなく,価値を創造していく力の強化にもつながるものと考えられる。

　経営理念が浸透していく組織が享受する利点として,組織成員が,組織統合力の強化をもたらす個人や集団としての,アイデンティティの知覚や高揚感を自覚することが挙げられる。その結果,経営理念浸透の働きかけが,組織内外との相互作用を通じてアイデンティティの知覚に至るプロセスの存在が明らかとなった。

　アイデンティティの形成については,社会的実践の一側面としてとらえられる学習に包含されるとする先行研究(Lave and Wenger [1991])がある。本ケース・スタディの結果からも,組織成員が日々の職務を通じたさまざまな社会的学習から,自らが働く職場・企業に対する誇りや仲間・上司に対する信頼感を高めていくことにつながり,とくにミドル層が,所属部門全体を俯瞰しながら

組織運営を図っていくことで、集団としての有能感が高揚していくプロセスが確認できた。

以上の成果に依拠することにより、経営理念の浸透促進が経営組織や人的資源の活性化をもたらすモデルの提案も可能と考えられる。

なお、経営理念浸透プロセスが把握されたA社において、経営理念を志向した経営が組織的に支えられている背景を確認すると、A社特有と言える以下の重要な発見事実が認められた。

まず、経営理念の浸透促進を図るための年次あるいは月次目標が、経営トップによって明確に設定されていることが挙げられる。同時に、ミドルによって一般従業員への周知徹底も図られている。経営トップは経営理念浸透の目標のみならず、具体的な促進方法も事前に設定、公表し、ミドルを巻き込みながら組織内における共有化を率先して進めている。

創業時に入社した従業員は、経営トップとともに社業の発展に努めるなかで長い年月を経て育成されており、中途退職や他社への転職者もなく、現在は経営の中枢的職務の一翼を担っている。また、すべてのミドルは若年期に、サービスを直接提供する現場におけるマネジメント業務の経験を有しているが、このような人事施策が、A社における人材の層の充実につながっているものと判断される。

経営理念という共有言語を活かした、職場・職域・職位を越えたダイレクト・コミュニケーションが、相手の人格を尊重した経営トップとしての強いリーダーシップと、一貫した率先垂範の姿勢を通じて浸透していることも、組織の内部統合や外部適応といった経営理念浸透の本来目的の推進に活かされている。

加えて、経営の承継時における重要なツールとしての経営理念の活用も前提とした浸透促進に、組織を上げて取り組まれている。

経営理念を基軸としたコミュニケーションの徹底と、倫理観や透明感の高い経営トップ自身の一貫した姿勢が、経営トップに対する信頼感や、従業員の個人アイデンティティを高める重要な要因となっていることも、A社における人材活性化の源泉となっている。

1.2 ㈱コーポレーションパールスターの事例から

経営トップに対するインタビューでは、人間とりわけ経営トップ自身が学習し、自身の精神を成長させることこそが組織経営の本質であり、経営トップに

求められる姿勢の基軸は，仕事の価値は社会のなかでいかに役立つかで決まるといったトップ自身の自負が明確となった。

さらにトップの姿勢が，経営理念という共通言語を通じて組織内外へ伝播していくことは，とくに目標志向性が強いミドルや若年従業員の，モチベーション向上や今後の事業承継にも役立つだけでなく，社会的な還元（フィードバック）を進める姿勢にもつながり，地場の顧客からの評価を得るには必須の要件と言える。

また，顧客評価の獲得に向けて，まず経営トップに求められるのは，明確な経営理念あるいはビジョンにもとづいた，10年先・15年先という長期的視野に立った自社の'立ち位置'の創造である。このためには，今日一日の延長が必ずしも将来の姿とは言えない現実を踏まえながら，今何をなすべきかを常に考える姿勢が肝要となる。

当面は，経営トップの顔がとりわけ若手の組織成員からよく見える範囲で，自律性を重んじながら自立化を図り，組織成員のやりがいや仕事の面白さにつなげていくことの必要性が追求される。

そのため，**図表7-2**に明示したように，理念を基軸とした経営行動を，トップ主導で全社挙げて進める強い戦略的思考が，具体的な行動に裏打ちされた形で見て取れる。

お客様から届く感謝の手紙は，経営者と従業員とで共有すべき貴重な財産で

［図表7-2］　**経営理念の具現化を支える経営トップの戦略的思考・行動**

	理念具現化に向けた戦略的思考	左記の裏づけ行動
<経営理念> 「人の人生に直結するものづくり」	○外注化・下請化では，製造現場の隅々にまで目が行き届かず，商品に対する説明責任が十分に果たせない ⇒製造コストは高くても，自社製造することで説明能力が高まる ○顧客クレームへの対応力（問題処理能力）の向上が大切 ⇒自社商品の説明不足への気づき	○「機能性とデザイン性を追求するものづくり」推進 ○「介護・'予防'にお金を使ってもらえる商品づくり」の推進
<社訓> 「道徳なき商いはやらない」	○カリスマ性のある創業者でなく，三代目の経営の承継者である以上，従業員から後ろ指を指されることのないよう，背伸びすることなく'自然体経営'を貫く	○仮に経営の承継が不調の場合であっても，M&Aの対象となり得るような，「高い技術力をもち，健全な経営姿勢を貫く企業」としての存立へのこだわり

出所：筆者作成（2015年10月，2016年5月・9月・11月の半構造化面接調査による）。

[図表7-3] 全員参加型の理念経営スキーム（㈱パールスターの事例）

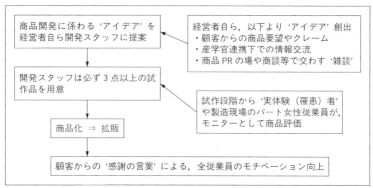

出所：筆者作成。

あるといった，経営トップ独自の考え方により，経営理念に準じる貴重なツールとして社内活用されている。単なる御礼ではなく，感謝の意が込められた手紙を通じて，顧客に自社商品を認めていただくことは，ものづくりに携わる者としての誇り・プライドにつながり，従業員のモチベーション向上にも大きく寄与している。

　以上の考察結果をもとに，㈱パールスターにおいて取り組まれている，理念を基軸とした全員参加型経営のスキームを明示したのが**図表7-3**である。

　なお，㈱パールスターのミドルの一人であるG氏[1]からは，経営トップの日々の言行には，経営理念に裏打ちされた強い信念が常に感じられ，従業員として安心して職務にあたることができる点が強調されている。

　この点は，ミドルにとどまらず，多数を占める非正規雇用従業員においても同様にとらえることができ，経営理念である「人の人生に直結するものづくり」を志向することの正当性を実感しながら，一人ひとりが社内のコミュニケーションを深めている事実も把握された。

1.3　経営理念の浸透促進に向けて

　本書のケース・スタディの趣旨は，創業以来の経営理念を，具体的な判断基準や行動規範を併記する形で明示しながら，理念の具現化に向けた徹底した経営にこだわりを見せるA社と，経営理念の明確な対外的表示はないものの，経

営トップが常に抱いている理念を基軸とした経営戦略の展開を，トップが主導するコミュニケーションの深化のなかですすめている㈱パールスターの比較検討である。

本スタディを通じて，経営理念を起草した際の背景や理念の掲げ方，理念の浸透を図る際の基本方針や，社業への活かし方などに差異が見られる，中小サービス業および中小製造業を営む企業それぞれに把握された，発見事実の分析，考察をもとにインプリケーションを導出した。

その結果，創業以来の理念を経営に活かすことへのこだわりは，業種・業態・経営哲学の違いを越えて，ともに明確に把握することができたと言える。たとえば，経営理念の浸透という概念については，何らかの補完的な制度や仕組みによる型にはめた浸透の促進ではなく，組織成員一人ひとりが常に，当事者意識と問題意識を持ち，自ら考え行動するために '内省' することの重要性を見出したことである。

経営理念に係わる企業調査のなかでよく耳にする諺に，'不易流行' がある。特に，本書で取り上げた経営トップの姿勢からは，変えるべきではないものは決して変更しない強い信念やこだわりと，変えていくべきものの改変に対する理解や受容といった心理的な落ち着きの双方が把握された。

多様な事象が輻輳し，一層複雑な様相を呈する現代の経営環境において，とくに経営トップに対しては，何が '不易' であり，何が '流行' であるのかを見極めながら，独自性・新規性・意外性のある経営戦略をいかに展開していけるのかが，日々の経営行動のなかで問われていると言えよう。

同時に，経営トップやミドルに対しては，ボトムアップによる理念の意味構築を導きながら浸透させようとする場合，経営理念に対する成員の解釈の自由度をできるだけ大きくしながら，現場における試行錯誤や議論を重視していく姿勢の必要性も指摘される。

2．中小企業の経営特性に係わる学説への貢献

第1章第3節第4項において述べたとおり，経営理念の浸透を図ることの必要性や有効性は，多くの研究者や実務家が幾度となく言及しながらも，学術的な議論や研究の蓄積が意外に進展していない。とくに，全企業数の99.7％を占める中小企業を対象に，経営組織としての特殊性に起因する経営課題の解決に

向けて，経営理念の活用といった側面から考察している研究は未だ少ない。

　中小企業に関連する先行研究の理論動向を整理して見ると，大きく二つの潮流が把握されることを第2章第3節第2項で指摘した。一つは，中小企業を企業体制の成立とともに衰退する命運にある存在ととらえ，その存立条件や基盤を分析対象としたマルクス経済学に影響を受けた理論の展開である。もう一つは，1960年代からの日本の高度経済成長が，中小企業に係わる議論に変化をもたらすなかで台頭してきた中小企業成長論の展開である。

　企業の量的および質的な成長性といった，ミクロ的な二つの側面をとらえている中小企業成長論では，質的成長性の側面では経営における自立化の過程を重視し，中小企業が親企業による従属的支配を脱却し，一定の自律性をもって事業を行うことを成長の一過程ととらえられている。

　しかしながら，経営理念の浸透に係わる必要性や有効性，具体的なプロセスについて，個別企業事例をもとに明らかにする本書の場合，経営組織を単に集団的（マクロ的）にとらえた研究からでは，個々の企業に潜在する特性にもとづいた考察は困難と考えられる。

　ミクロ的にとらえた研究を見ても，事例として取り上げた企業から得られた判明事実を羅列した内容の研究が多く，新たな理論的知見や含意の把握が難しい点で理論上の限界が見られた。

　第2章および第3章における先行研究レビューにおいては，リサーチ・クエスチョンの解明に直接的に係わる論点以外からも，理論上の限界を把握した。

　まず，考察の対象とした経営組織の業種・業態・規模といった基本的属性について，意図をもって言及している研究は少数と言える。また，経営理念の浸透に係わる調査研究には相当の時間経過を要するものと考えられるが，実際の調査期間において得られた発見事実の時系列変化といった観点から考察した内容が不十分である。さらに，先行研究で示された成果がいかなる既存の理論体系に立脚した内容であるのかといった観点からみた場合に，確認が難しい研究例も散見される。

　本書では，以上のような先行研究にみられる課題点を考慮し，その解決に向けた質的研究法の一つであるケース・スタディを実施した。質的研究については，得られたインプリケーションに係わるオリジナリティといった観点からの，他の研究にはみられない学術的な貢献が求められている。そこで，中小サービス業であるA社に対し約10年の歳月をかけて実施した面接調査の結果から，多

くの経営理念研究が対象としている製造業では見られない特長を明示した。

具体的には，均質性が求められる有形の物財を介した間接的な顧客との関係性が，製造業の特徴として挙げられる。企業として，何を社会や顧客に提供するのかを明確にするため，何をもって社会貢献するのか，そのために提供可能な価値とは何かについて，経営理念をもとに定義づけし，製品を通じた理念浸透を図っている。

一方，不特定多数との相互作用を通じて無形な役務が提供と同時に消費されるサービス業においては，顧客との直接的な相互作用を維持するなかで，単なるサービスの提供ではなく，経営理念を基軸とした企業としての想いや文化，価値を，社会へ直接的に伝えようとしている。

サービス業にみられる相互作用は，役務の生産者と消費者（顧客）との直接的な関係からもたらされる。理念経営を貫く企業とそうでない企業から提供される役務の差異を考えてみると，従業員が顧客とのコミュニケーションをとっている間に現れてくる差，つまり顧客との相互作用を通じてみえてくる差であり，同時消費の側面だけで喚起されるものではないと言える。

仮に，提供と消費の同時性対策のみで良いのであれば，マニュアルワークでほとんど解決可能であるが，相互作用が創出された瞬間から不確実性が高まり，マニュアルワークや知識の伝授だけでは顧客への即応が求められるサービスの現場では間に合わなくなってくる。この点が，サービス業を営む上での主眼であり，相互作用のもう一歩先のフェーズでは，サービス生産者と消費者間の感情のやりとりが生じることにも言及した。

従業員も顧客も，コミュニケーションをとるなかでお互いの感情が直接的に深く見えてしまうことが，当業界において経営理念の浸透を図る意味づけの大きな要因となっている。

その結果，サービスの同時性，相互作用，感情のやりとりがあるなかで，経営理念を活かした日々の経営活動が，難しい判断を強いられてもぶれることなく冷静な対応が可能な現場の力につながっていることが判明した。このことが，経営理念の浸透促進を図る具体的プロセスの明示につながったのである。

また本書では，経営理念の浸透促進を図ることの必要性や有効性およびそのプロセスについて，所期の研究目的に則り，先行研究レビューで明らかとなった今後の研究課題を踏まえながら，組織成員の役割や機能といったミクロ的視角から発見事実を個別具体的に解釈した。その結果を考察したインプリケー

ションが，経営トップやミドルが組織的に活動するなかで強い影響力を及ぼしている中小企業の事例から得られた。

併せて，中小企業経営に指摘される一貫性は，経営理念の浸透促進を図る有力な要件となることや，経営理念の浸透は，中小企業に同様に指摘される非組織的な意思決定や行為に対する懸念の最小化につながっていることも判明した。

以上の判明事実は，中小企業をマクロ的あるいはミクロ的にとらえた先行研究に指摘される，理論上の限界の補完につながる研究成果であると考えられる。

中小企業経営に見られる個別具体的な発見事実をもとに，ミドルが経営理念の浸透促進プロセスにおいて果たす役割といったミクロ的な視点から考察し，中小企業における理念経営の必要性や有効性を明示したことは，中小企業経営に係わる研究としての本書の学術的意義を見出すものである。

このように，A社および㈱パールスターの事例を取り上げ，比較検討するなかで，サービス業と製造業とに見られる理念を基軸とした経営行動の差異を明らかにし，理念浸透プロセスを見出したことは，本書ならではの成果である。

ただし，事例企業のミドルを対象としたヒアリング調査を進め，組織内の職階を越えた経営理念浸透の様相をさらに分析し，論拠を補強していく必要がある。この点は，今後の派生的研究につなげていきたい。

3．中小企業経営の実務・実践的課題解決への貢献

経営理念とは，とくに意思決定時における自らの判断のぶれに対し，その検証や是正を図る唯一の指針ととらえることができる。本来的には，非組織的な経営活動が指摘される中小企業の経営トップに対し，最大の利点をもたらすのが経営理念であるとも言える。

しかしA社のように，総員400名程度の中小企業が経営理念の浸透を図る場合には，ミドルが経営トップと協働しながら，さまざまなケースにおいて果たす結節機能が強く求められている。企業が顧客などのステークホルダーとの関係を重視するもとでの相互作用を組織力強化につなげていくためにも，ミドルによる結節機能の発揮は有効であることを確認した。

A社における理念経営の実態は，組織成員による経営理念依存の一つの形を提起したものと言える。すなわち，理念に帰依する状態が経営の現場にあり，その仕組みが個人の正義や基本的な価値観につながることにより，たとえ顧客

に多様な感情から迫られて対処困難な状況に陥っても，最善の顧客対応とは何かを常に判断し行動する際の拠りどころとして，経営理念が位置づけられているのである。

経営理念の対外的な明示はないものの，経営者が常に抱く戦略の基軸として，社内では明確な理念が掲げられている㈱パールスターでは，顧客から寄せられる商品評価情報（感謝の声）を，顧客の真摯な想いが綴られた貴重な財産として，経営トップと従業員とで共有しながら，成員のモチベーション高揚の源泉として活用している。

この特徴的な事例からは，経営トップの強い意思にもとづくぶれのない経営姿勢に対し，従業員をはじめ多様なステークホルダーの理解や支持があれば，理念の具現化を図る経営行動プロセスを通じた，ゴーイング・コンサーンの追求は可能であることが把握された。

また，㈱パールスターのようなイノベーションへの取り組みに特長のあるベンチャー型中小企業では，「経営者主導による創意工夫」に最も力点が置かれている。大企業に比べて「経営者の旺盛なチャレンジ精神」や「経営者の素早い意思決定」の傾向が強く，とくに経営者の資質やリーダーシップが成功の鍵を握る実態となっており，理念を基軸に据えた経営方針をトップ主導で遂行していくことが，より一層求められている。

以上のことから，中小企業の場合，経営理念の浸透促進は非組織的な経営活動の見直しを図る有効な手段となり，経営改善に対する経営理念の貢献度は，合理的組織運営が可能な大企業よりも高いものと判断される。

中小企業において，経営理念の浸透促進を図る目的として，経営組織として抱える特異性に起因する経営課題の解決が挙げられる点からも，本書の成果は，中小企業経営の高度化に向けた実務領域での応用が可能な内容ではないかと考えられる。

4．戦略的経営理念論が目指す方向

本書では，中小企業が異質多元組織であることを踏まえながら，個別経営がもつ一貫性や非組織的な経営活動に焦点を当て，経営理念の浸透促進を図る組織成員の戦略的役割や機能といったミクロ的な視角から，経営理念浸透の必要性や有効性を論じてきた。

経営組織が，戦略の創造・実現主体として「世の中で何を想い，何を成し遂げたいのか」という理念を基軸とした経営をすすめるためにも，経営トップにはまず，「こうなりたい」という自身の，そして企業の姿を中長期的な視点から描き，自らの言葉で発信し，理解・受容を図っていくことが求められる。何故なら，経営理念に内包された将来戦略への想いは，すべての組織成員が当事者意識を持って参画してはじめて実現可能となることが，本書で取り上げた経営理念の戦略的活用事例からも明らかとなったからである。

　また，本事例における面接調査からは，全員参画型の戦略的理念経営の具現化こそが，組織に集う人材を活性化させる道筋であることや，自ら内省することを通じて学び，経営の基軸を理解・受容し，経営理念の具現化に向けて変化を厭わない人材が成長することが示唆されたと言える。

　本書が問う『戦略的経営理念論』としてのさらなる論究を通じて，多様性や複雑性が増す一途の企業において経営理念の浸透を戦略的に図る言行が，組織成員の積極的なコミットメントを引き出しながらパフォーマンスを高め，輻輳する経営課題を解決しながら企業目的の達成につながる真因となり得ることを，具体的な事例を交えながら今後も明示してまいりたい。

《注》

1）詳細な属性は，第4章第4節第1項の図表4-8に記載のとおりである。

資 料 編

資料1 「経営理念の浸透レベルに関する経営者意識調査」実施企業一覧

No	本社所在地	従業員数			営業エリア	事業所数	創業年（西暦）	同族経営	事例調査先の選定結果	調査得点
		男	女	計						
1	宮城	35	33	68	岩手県，宮城県	10	1973	○		
2	秋田	41	48	89	秋田県	5	1979	○		
3	福島	116	132	248	福島県，宮城県	24	1981	○		51
4	福島	164	129	293	福島県，茨城県	95	1979	○		
5	福島	91	73	164	福島県，山形県	36	1972	不明		
6	栃木	171	295	466	栃木県	35	1969	○		
7	群馬	353	479	832	群馬県，東京都	81	1981	×		
8	群馬	34	57	91	群馬県	6	1966	○		
9	埼玉	226	165	343	埼玉県，東京都	114	1962	○		
10	埼玉	22	29	51	埼玉県	11	1967	不明		
11	千葉	92	40	132	千葉県	15	1961	○		
12	千葉	200	517	717	千葉県，東京都	59	1962	○		
13	千葉	100	82	182	千葉県	28	1915	○		54
14	東京	80	50	130	東京都，千葉県，広島県	27	1971	○		
15	神奈川	42	169	211	神奈川県	35	1973	○		
16	神奈川	10	116	126	神奈川県，東京都	58	1969	○		
17	神奈川	6	182	188	神奈川県，山梨県，静岡県	44	1973	○		
18	新潟	32	86	118	新潟県	29	1979	○		
19	長野	15	35	50	長野県，埼玉県	19	1972	不明		
20	長野	90	150	240	長野県	17	1976	×		
21	岐阜	118	147	265	岐阜県	21	1958	○		

No.	都道府県				対象地域		年			
22	静岡	90	120	210	静岡県	15	1962	○		56
23	静岡	40	32	72	静岡県	15	1972	○		
24	静岡	23	50	73	静岡県	12	1967	○		
25	愛知	296	125	421	愛知県	32	1956	○		
26	三重	37	35	72	三重県	13	1971	不明		
27	京都	35	232	267	京都府，滋賀県，大阪府，石川県，岡山県，東京都	88	1959	○		
28	大阪	148	388	536	大阪府，和歌山県	34	1971	○		68
29	大阪	37	18	55	北海道，秋田県，宮城県，東京都，富山県，愛知県，三重県，兵庫県，島根県，山口県，香川県，福岡県	239	1969	○		
30	鳥取	23	21	44	鳥取県	5	1972	○		
31	広島	164	124	288	広島県，山口県	25	1971	○	面接調査実施	77
32	徳島	43	45	88	徳島県	7	1969	○		
33	愛媛	16	47	63	愛媛県	7	1963	不明		
34	高知	58	49	107	高知県，愛媛県	22	1968	不明		
35	福岡	69	79	148	福岡県	17	1969	○		72
36	福岡	109	127	236	福岡県，宮崎県	35	1966	不明		
37	福岡	53	126	179	福岡県，沖縄県	24	1966	×		
38	福岡	16	14	30	福岡県，大分県	35	1967	○		
39	福岡	16	14	30	福岡県	8	1965	○		
40	福岡	―	―	50	福岡県，佐賀県	13	1971	○		
41	長崎	299	346	645	長崎県，佐賀県	35	1969	○		
42	長崎	24	52	94	長崎県	7	1965	×		
43	熊本	36	22	58	熊本県，鹿児島県，大分県	40	1968	○		
44	宮崎	140	181	321	宮崎県	28	1989	×		

注1：2008年12月に選定。事業所数は直営のみ。
注2：調査得点は，資料2の調査結果による。
出所：筆者作成。

資料2 経営理念の浸透レベルに関する経営者意識調査

浸透レベル別の態様	（下記)レベルの支持度	(思わない)								(強く思う)	
		1	2	3	4	5	6	7	8	9	10
1 (低)	経営理念が自社内に存在していることを知っている										
	経営理念に描かれた内容（言葉）を覚えている										
2	経営理念を象徴するような具体例を知っている										
	経営理念にもとづいた行動を自分で経験したことがある										
3	経営理念の意味を自分なりに解釈できる										
	経営理念の内容を自分の言葉に置き換えて伝えられる										
4 (高)	経営理念を自らの行動に結びつけることができる										
	経営理念が常に自分の行動の前提になっている										

注：表左側の態様毎に，右半分の該当箇所に○印を記入し，得点を算出。
出所：北居（2001）p.55，図表3-1をもとに筆者作成。

資料3 「経営理念の組織内浸透に関する経営者意識調査」 実施結果（A社：第2次調査）

調　査　票【A社回答結果】

【回答方法】
回答用の選択肢がある設問の場合は，原則として，最も該当すると思われる選択肢一つを選び，冒頭の空欄に○印を記入。ただし，（※）印のある設問では該当するすべての選択肢に○印記入可。自由記入欄のある設問や選択肢のない設問には，意見などを記入。

(注1) 標題に示す「経営理念」には，経営理念はじめ，経営哲学，経営思想，経営信条，経営ビジョン，経営倫理，経営戦略，経営方針，行動指針，社是，社訓，家訓，家憲，綱領なども含む。
(注2) 設問内の「経営者」には，経営の承継者も含む。
(注3) 各選択肢左欄の○印は，A社経営トップによる選択回答結果を示す。
(注4) 自由記入選択肢の（　）内は，A社経営トップによる自由回答内容を示す。

==

1 経営理念の起草・変更状況

1	起草時期		大正以前
			昭和（戦前）
		○	昭和20年代以降
			平成以降
			その他（　　　　　　　　　　　　　　　）
2	起草のタイミング	○	創業時
			創業後（　　　　　　　　　　　　　　　）
3	起草内容の類型(※)		自戒型
			規範型
		○	方針型
			その他（　　　　　　　　　　　　　　　）
4	起草者	○	創業（経営）者本人
			創業（経営）者が相談・協議の上
			総務部などのスタッフ
			（全社横断的）起草委員会
			外部専門家
			その他（　　　　　　　　　　　　　　　）
5	起草の理由(※)		経営理念は，経営方針/経営戦略/経営計画の出発点
			経営理念は，経営行動の指針としての組織の土台
		○	経営理念は，「人間尊重」など心の重要性を示す指針

資 料 編 197

		○	経営理念は，信念を表明したリーダーシップの基盤
			経営理念は，企業経営を左右する要素
			その他（　　　　　　　　　　　　　　　　　　　　）
6	理念の起草/刷新時に最も留意された事項		誰もが納得でき，わかりやすい内容とする
		○	経営者としての使命感を表現した内容とする
			承継した会社の哲学，技術を集大成させる
			その他（　　　　　　　　　　　　　　　　　　　　）
7	経営理念の変更経験の有無		ある（社長交代時は変更すべき。時代の反映が必要。）
		○	ない

[2] **経営者としての経営理念・リーダーシップに対する意識について**

8	経営者としての，日々の経営理念意識度合い	○	大いに意識している
			少しは意識している
			どちらでもない
			意識していない
9	経営者として，経営理念を強く意識する場面（※）		朝礼などで唱和する際
			問題・課題が生起し，解決策を検討する際
			問題・課題の解決策を，部下に指示する際
		○	経営に係わる諸会議での議論の場
			部下との話し合いの際
		○	その他（経営トップ自身の生き方が，企業活動そのものになっていると感じる時。　　　　　　　　　　　　　　　　　　　　）
10	経営者としての経営理念のとらえ方（※）	○	経営者の生きざまを表現したものである
			企業経営の外的環境に自社組織を「適合させる」原理であるとともに，組織メンバーの人心を「統合させる」原理として，各人の価値判断の相違性を克服できるものである
		○	組織メンバーの行動に対し，枠組み・規範や具体的な指針を与え，啓発的教育性をもつ
			その他（　　　　　　　　　　　　　　　　　　　　）
11	経営者として発揮すべきリーダーシップに求められる役割（※）		取り巻く環境が激変する今日において経営変革を目指し，相応しいビジョンを構築・伝達し，その実現に向けて組織メンバーを動機づける
			全組織成員が仕事に対して'夢'をもち，創造性溢れる独自の「企業文化」を根づかせる
		○	次期経営者に企業経営を承継させる際に，経営理念の眼目も確実に承継させる

		○	その他（自社能力をわきまえながら，社会貢献をしつつ，お客様から確実な信頼を得るためのリードを果たすこと。　　　　　　　　　　　　　）

3　経営理念を組織内に浸透させる取り組み

12	経営理念を自組織内へ浸透させる必要性		大いに必要である
			少しは必要である
			どちらでもない，分からない
			不要である（その理由：　　　　　　　　　　　　　　　　　　　　）
13	12の回答理由（※）		明文化された経営理念は，文面を読んだだけでは理解し難い
		○	経営理念は，組織メンバーに会社に対する帰属意識・忠誠心を高揚させる唯一最高のツールである
		○	経営理念は，会社の原点を示すものとして体得することが重要であり，現場経験を通じて学ばせていく必要がある
		○	経営理念にもとづいた経営者としての意思決定には，組織メンバーに対する説得力・納得感がある
		○	次期経営者に経営の承継させる際の経営の原点である
			その他（　　　　　　　　　　　　　　　　　　　　　　　　　）
14	13の回答を踏まえて考えられる，自社組織にとっての経営理念浸透メリット（※）		組織メンバーのモチベーションや満足度が高まり，業績の改善や更なる向上が期待できる
			業務の標準化や効率化が進み，業績の向上に役立つ
		○	目前の課題について，迅速的確な解決が図れる
		○	企業不祥事の未然防止につながり，顧客をはじめとする利害関係者からの信頼が増す
			組織メンバーにとって，経営戦略の理解につながる
			その他（　　　　　　　　　　　　　　　　　　　　　　　　　）
15	経営理念浸透効果の評価タイミング（※）	○	組織メンバーとの定期的な面談・意見交換時
			問題解決の方策検討時
			組織メンバーへの人事考課フィードバック時
			その他（　　　　　　　　　　　　　　　　　　　　　　　　　）
16	現在実行中である経営理念浸透の手段・方策（※）		経営者の年頭挨拶や，経営方針発表会での言及（説得・伝播）
			経営者自らが，第一線の現場で適宜指導
		○	新入社員研修や（階層別，継続的）社員研修での，経営者自らの言及（説得・伝播）
			従業員手帳に掲載

		○	朝礼時に唱和
		○	経営理念内容を伝えるツール（パンフレット/ビデオなど）を開発し，適宜活用
			管理職研修などで，ミドルに理念などを刻み込む
			経営理念に忠実な行動が伴っている人材を高く評価
			日常業務の遂行マニュアルに経営理念を反映
			社内で自然と語り継がれている，理念などにまつわるエピソードを尊重
			浸透を図る取り組みはしていない
		○	その他（経営理念の「社員証」への明記。経営理念をキーワード化したスローガンの社内明示。　　　　　　　　　　　　　　　　　　　　　　）
17	経営者として，経営理念浸透を実感できる状況・場面（※）	○	自ら，経営理念にもとづいて意思決定したと実感できた場合
		○	組織メンバーが，個々人のもつ価値観と経営理念の精神との間で葛藤している姿に遭遇した場合
			その他（　　　　　　　　　　　　　　　　　　　　　　）
18	経営理念の浸透を効果的に図る際の中心的な役割（※）		経営者自らが果たすべき
			ミドルが主体的に果たすべき
		○	経営者とミドルとが，協働しながら果たすべき
19	経営者が従業員を引きつけることができるカリスマ性（※）	○	日常的な言動・態度（自律性・清廉潔白・謙虚さなど）
		○	信頼感・頼りがい
			権力
			その他（　　　　　　　　　　　　　　　　　　　　　　）
20	経営理念の浸透が図りやすいと思われる組織（員数）規模		10人未満
			10人以上100人未満
			100人以上300人未満
		○	300人以上1,000人未満
			1,000人以上
21	経営理念の組織内浸透を阻害すると考えられる要因（※）		経営者としての，理念に対する自覚・理解のなさ
		○	組織メンバーの，理念に対する理解・共感のなさ
			事業所の立地が分散しており，本社からの集中管理は困難
			理念浸透をリードし得るような人材がいない
			その他（　　　　　　　　　　　　　　　　　　　　　　）
22	経営理念の組織内浸透を補	○	ある ○毎月1度の役員会や部・課長会議で実施。

	完（バックアップ）する制度の有無		ない (具体的理由：　　　　　　　　　　　　　　　　　　) ○浸透するまで繰り返し伝える他ない。
23	22の補完制度を仮に人事考課とした場合，その対象となる職位		経営陣（役員以上）のみ
		○	ミドル以上の上位職者のみ
			全組織メンバー（有期雇用者を除く）
			全組織メンバー（有期雇用者を含む）
24	経営理念浸透を補完する制度がなくても人から人へ承継されていることの有無	○	ある ○2箇月に1度の幹部会議で実施。
			ない

4　RM や ERM の実践状況

※本欄の設問は，以下の説明文をお読みの上お答えください。

【RMとは】⇒ 部門毎に，それぞれ保有するリスクに対応する経営管理システム。
「リスク」とは，経営理念の実現に向けた事業活動遂行の妨げ，顕在化の可能性やその影響度が不明確な要因で，企業として認識し適切に対処しなければ事業目的の達成を後退させ，企業イメージや信用の低下などを招き，企業価値を損ねることは勿論，永続的発展を阻害する可能性がある全事象を指します。
「リスクマネジメント」とは，各部門が個別に保有するリスクを中心に，以下のPDCAサイクルを回しながら管理することです。
〔Plan：リスク管理実施計画の作成 ⇒ Do：計画の実行 ⇒ Check：結果の評価 ⇒ Action：リスク管理方針の見直し〕

【ERMとは】⇒ 組織目標の達成を妨げる重大リスクを企業組織全体で統合的に管理するシステム。
企業を取り巻く環境変化に伴うリスクの巨大化，複雑化により，全社横断的な視点でリスクを管理するERM（Enterprise Risk Management：全社的リスクマネジメント）構築の必要性が高まっています。
各事業所や部門を越えて企業全体として，横断的かつ適切に上記のPDCAサイクルによってリスクを管理することは，企業目的の達成による企業価値向上を図るための経営手法であり，企業活動そのものと言われています。

【RMやERMの実践において，ミドルが果たす機能について】
「ミドル」の定義は企業規模の大小などにより異なりますが，たとえば係長や課長，あるいはチームリーダーなどのように，企業活動における最先端の実務現場での責任者ということができます。RMを企業組織内で実現するための必須要件は，経営者がRM思想を確立し実現しようとする意欲を維持することに他ならず，「具体的に何をどうするのか」という点については実務の現場で取り組むことが求められます。したがって，実務の責任者である中間管理職の意識づけや機能を明

らかにしておくことが，RM や ERM の実践において重要と考えられます。

25	CSR（企業の社会的貢献）の範疇で，優先的に取り組まれている分野(※)		コーポレート・ガバナンス（企業統治）
		○	コンプライアンス（法令などの遵守）
			環境問題への対応
			安全・品質の追求
			雇用の維持
			労働環境の改善（労働災害の防止など）
		○	地域貢献（メセナ活動など）
		○	リスクマネジメント
			人権問題への対応
		○	個人情報保護などの情報セキュリティ
			情報開示
			その他（　　　　　　　　　　　　　　　　　　　　　）
26	経営者自身のRM/ERM の概念理解		RM のみ理解
			ERM のみ理解
			双方とも理解
			双方とも理解していない
27	RM/ERM の組織内における概念理解レベル(職位による評価)(※)		経営者は理解
		○	役員レベルは理解
			ミドルは理解
			いずれの職位も理解
			いずれの職位も理解していない
28	RM/ERM の実践状況	○	RM のみ実践
			ERM のみ実践
			双方とも実践
			双方とも実践していない
29	RM/ERM に関する教育・啓発状況		RM のみ実施
			ERM のみ実施
			双方とも実施
		○	双方とも実施していない
30	会社として全社的に抱える	○	ある ○行政の指導方針や業界内の環境変化などを理解し，行動して実績を上げ

	重点経営リスク		る迄の従業員理解には時間が必要。 ○火災リスク, 食中毒リスク。
			重点的に意識しているリスクはない
31	経営者自身が独自に抱える重点経営リスク		ある
		○	重点的に意識しているリスクはない
32	組織内を交錯する各種「情報」に対し認識するリスク		情報には「多義性」がある
			情報には「不確実性」がある
		○	情報には「多義性」も「不確実性」もある
			情報は精査しており,とくに認識するリスクはない
			その他（　　　　　　　　　　　　　　　　　　　　）
33	経営者としての倫理観に対する認識(※)		高度な倫理基準にもとづいたリーダーシップの発揮は,輝かしい経済的成果（業績）をもたらすと言う観点から見ると,双方の関係性は高い
		○	不正をしないことと同時に,正しいことを積極的に行なうことが,経営者にはとくに求められる
			教養と言うよりも「徳育」に満ち,公の精神をもって地域社会に対し何らかの価値を還元することが,経営者には求められる
			RM/ERM,内部統制といった経営行動そのものととらえられるシステムが有効に機能するための前提である
			その他（　　　　　　　　　　　　　　　　　　　　）
34	RM/ERMの実践は,経営理念の浸透を図る有効策となり得るか		RMについてはそう思う
			ERMについてはそう思う
		○	双方ともそう思う
			双方ともそう思わない
			わからない
35	34の回答理由		いずれも「企業価値を向上させるための経営手法」という観点で共通しており,双方を同期化させた取り組みは可能
			ERMは,全社横断的に取り組む経営管理システムという観点で,経営理念の浸透を図る取り組みと同目的である
		○	とくに,中小企業の場合は,経営資源の脆弱さゆえの経営リスクを抱える組織であり,経営理念を基軸とした全社共通リスクの管理は必須
			RM/ERMの概念理解が不十分な段階では無理がある
			その他（　　　　　　　　　　　　　　　　　　　　）

36	34の取り組みを効果的に図る際の，中心(リーダー)的役割		経営者自らが果たすべき
			ミドルが主体的に果たすべき
		○	経営者とミドルが，協働しながら果たすべき
			わからない
37	頻発する企業の不祥事に対するとらえ方	○	企業不祥事を引き起こす企業体質と経営理念との間には関係性があり，企業不祥事を起こす企業には経営理念がないか，形骸化の状態
			企業不祥事を引き起こす企業体質と経営理念との関係性はない
			経営者自身の日々の意識や行動の問題
			その他（策略的不祥事もあり，一概に特定は判断困難。　　　　）

出所：筆者作成。

資料4　経営理念の浸透に関する「ヒアリングポイントチェックリスト」

段階	確認視点	チェック項目	確認事項＆コメント・備考
起草	起草者は誰か	□経営者（創業者）自身	
		□創業家のメンバーのみ	
		□経営陣（役員クラス）	
		□経営者リードのもとで，ミドルも巻き込んで	ミドルに相当する具体的な職位
		□ミドルリードのもとで一般従業員（正規・非正規雇用従業員すべて）の意見も反映	一般従業員の参画方法（選抜か，全部門対象か）
		□社外の専門家（経営コンサルタント，税理士，社会保険労務士，顧問弁護士など）	具体的職業
		□社外のステークホルダー（主要株主など）	具体的職業
		□社外の篤志家中心	
	起草にかけた期間は	□　　年　　箇月	
		□不明	
	起草時の留意事項	□簡単明瞭に，わかりやすく	
		□上位概念とともに，具体的な行動・判断基準を下位概念として明示	「階層性」具備の有無
		□社内へのアピールを強調	
		□社外へのアピールを強調	
		□社内外へのアピールを強調	
	経営理念の定義づけ，位置づけ	□双方，会社として明確に規定	規定化推進の中心者
		□定義づけは，会社として明確化	具体的内容
		□位置づけは，会社として明確化	具体的内容
		□双方，個人的な想いで明確化	具体的内容
		□定義づけは個人的な想いで明確化	具体的内容
		□位置づけは個人的な想いで明確化	具体的内容
	経営者交代時の経営理念の見直し法	□一切見直していない	理由
		□全面改訂済	理由
		□一部（行動規範などの下位概念のみ）改定	改定基準の有無，内容
	内容を見直した経営理念の評価方法	□経営者（創業者）独自に評価	
		□起草者全員で合議	

		□社外の専門家に一任	
		□評価まではせず	
浸 透 Ⅰ	経営理念浸透を図る目的の明確化	□理念の内容に盛り込んで明確化	
		□明文化してないが，概念的には明確化	
		□明確化せず	
	経営理念浸透を図る手段・方策の明確化	□理念の内容に盛り込んで明確化	
		□明文化してないが，概念的には明確化	
		□明確化せず	
	経営理念浸透を制度的に補完する仕組み	□経営理念の精神に則った意思決定や行為を，人事考課に反映する制度の運用	
		□経営理念の精神に則った意思決定や行為に係わる表彰制度の運用	
		□(社外) ステークホルダーの活用	
		□補完的制度の必要なし	
	経営理念と経営戦略の位置づけ(関係性)	□常に経営理念を基軸として戦略を策定	
		□経営戦略の内容によって，理念を基軸に策定	
		□経営理念を基軸とした戦略策定はせず	
	経営理念の実現を阻害（毀損）する事象の把握	□経営上の重大リスクとしてとらえ対応中	
		□経営上の重大リスクとしてとらえてはいるが，未対応	
		□とくに把握せず	
	リスクに係わる定義づけ	□自社独自の定義あり	
		□定義せず	
	リスク管理の概念化または手順化	□ERM（全社リスク）視点で概念化，手順化済	
		□RM（部門リスク）視点で概念化，手順化済	
		□ERM視点でのみ概念化済	
		□RM視点でのみ概念化済	
	PDCAサイクルの定義化	□定義済	
		□定義化せず	
	情報に係るリスク管理（多義性・不確実性）	□重要なリスクとして特定済	
		□特定し，影響度を評価し，対策中	
		□とくに対処せず	

浸	経営理念浸透目的の従業員への教示法	□年頭挨拶，経営会議，成果発表会などの場で経営者自ら発話	経営者以外では誰がいるか
		□社内教育（全社一斉，階層別）の場で経営者自ら発話	経営者以外では誰がいるか
		□会社案内パンフレット，社員証，従業員手帳などに記載	その他のツールがあるか
		□日常業務内で事ある毎に発話	それは誰か
		□とくに明示も教示もせず	その理由
	経営理念内容の社内外への発話方法	□年頭挨拶，経営会議，成果発表会などの場で経営者自ら発話	経営者以外では誰がいるか
		□社内教育（全社一斉，階層別）の場で経営者自ら発話	経営者以外では誰がいるか
		□会社案内パンフレット，社員証，従業員手帳などに記載	その他のツールがあるか
		□日常業務内で事ある毎に発話	それは誰か
		□とくに発話せず	その理由
透	経営理念の経営行動への落とし込み方法	□経営判断の基準として	
		□日々の行動基準として	
		□人材育成・啓発の基軸として	使用ツールの有無
		□広報・宣伝活動の基軸として	使用ツールの有無
		□経営理念には落とし込んでいない	
II	（前述）落とし込みのリード役・形態	□経営者（創業者）がリード	
		□経営陣（役員クラス）で合議しながら	
		□経営者（創業者）がミドルを巻き込んで	対象となるミドルの具体的な職位
		□ミドルが主体的に	
		□一般従業員も参画させた，階層横断的な合議体で	
	経営理念の浸透で期待されるメリット	□人心の統一化の観点からの組織統合（遠隔事業所含む），および社会適応 ⇒従業員のベクトルを統一化 　（一体感・連帯感の醸成） ⇒社外への宣伝効果	
		□ERM進展による企業価値の向上	
		□従業員のやる気，社会・会社への貢献意欲，誇りの醸成	

浸透 II		□組織文化，風土の一層の明確化	
		□社員の行動規範，会社のルールの明確化および遵守強化	
	ERMへの取り組みで期待されるメリット	□中・長期計画や事業計画の信頼性を高め，企業戦略とアクションプランのより確実な実現が可能	
		□会社にとって不利益となる想定外の事象または状況が回避され，潜在的損失が減少	
		□事業を取り巻く環境変化で生じる新たなリスクに対応	
		□よりストレッチした高い目標や，成長戦略への挑戦が可能	
	経営理念浸透に向けてミドルに求められる行動		
	社外の力（影響力）を用いた経営理念浸透策		
浸透 III	ERMの対象とするリスク	□対象リスクの名称	
		□対象リスクの洗い出し法	
	PDCAサイクルの実効性評価	□定められた手法で評価	□依拠したもとは何か □評価は独立した部門（者）が実施しているか □評価指標はどのようなものか
		□未確定な手法で評価	具体的な評価法は
		□評価せず	その理由
	P(plan)の具体的方法		□全く独立したプロセスではなく，日常業務に強化策として組込んでいるか □ERM遂行の手法が確立しているか
	D(do)の具体的方法		ERM遂行の手法が確立しているか
	C(check)の具体的方法		□定期的に（または必要に応じて）見直しているか □企業内のリスクモニタリ

			ングシステムは統一化されているか
	A（action）の具体的方法		企業内のリスクモニタリングシステムは統一化されているか
	経営理念の浸透レベルに係わる自己評価法	□独自の評価軸を設定し，活用中	□依拠したもとは何か □評価は独立した部門（者）が行っているか
		□具体的な評価軸はないが，適宜（感覚的に）評価	
		□評価まではせず	その理由
浸	経営理念浸透への取り組みが評価できる，経営者の姿勢・言動		
透	経営理念浸透を実感し得る事象		
	ERMの機能化に必要な施策		
Ⅲ	ERMの機能化に向けて，人的資源に求める行動	□経営者に対して	
		□ミドルに対して	
		□一般従業員に対して	
	経営理念の浸透促進に向けて，マネジメント層に求められるリーダーシップ		
	ERMの遂行による企業価値向上への評価		企業価値を測る尺度（評価軸）の有無および内容

注：浸透Ⅰ：浸透を図るにあたっての前提的要件を整備する段階。
　　浸透Ⅱ：経営理念浸透への理解促進を図る段階。
　　浸透Ⅲ：組織内における経営理念の定着・成熟を図る段階。
出所：筆者作成。

資料5　A社「面接調査」記録
(アルファベット人名の詳細は第4章第4節「図表4-8」に記載)

5-1．第1回実施（2006年9月～10月）結果：第1次調査
(1) 経営者（C氏）インタビューの詳細

質問	御社の従業員インタビューでは，経営理念を組織内に浸透させていくためには，経営者層と一般従業員層との間で中間管理職クラスがいかに両者を結びつけるかにかかっているとの意見があったが，この点について経営者としてどう思われるか。
C氏	経営理念を一般従業員にストレートに理解させるのは難しい。ゆえに，ミドルクラスの育成が当社の喫緊の課題である。当社の経営理念は，陳腐化することのない普遍的なものと思っている。当社は，人間がモノではなく人間を扱う（＝ハートを売る）という商売をしており，この人間である限りは普遍的なことは，徹底的に従業員の意識に植えつけたい。
質問	経営理念の組織内浸透を通じて，とくに従業員の育成にいかにつなげていきたいと思われるか。
C氏	経営理念というものは'コア'である。したがって，表面上の言葉は変化することはあっても，それは言葉のアヤが変わるだけであり基盤は変わらないものである。とくに当社は，冠婚葬祭業という人間の伝統・文化に係わるサービスを提供しているだけに，一人ひとりのお客様に対して心からの感謝の思いをもって仕事ができる従業員を育成していかねばならない。変なプロ意識や慣れだけで仕事をするようでは，事業継続は困難となる。 社業の継続にはリピーター客の確保が重要である。リピーターとは，最初にサービスした際のお客さまの感動で生まれるものである。自身も社長として，毎年秋と年始に顧客企業などの挨拶回りを継続している。トップセールスをすれば相手先もトップが対応して下さることにより，わが社は市場でそれだけ評価されている企業であるとわかる意味合いから，帯同する従業員にとっても自信につながる。
質問	御社の経営理念は詳細に表現されているが，これらを通じて最も伝えたいメッセージは。
C氏	社長であれ従業員であれ，皆人間であるということである。対外的な職位は違っても，社内的には仕事の上下も人間の上下もなく，皆同列であり仲間であるとの意識を常にもっている。また，雇用形態は多様であるが，誰にでも気軽に声掛けをしている。
質問	企業組織では，一般的に良い情報は上がってくるが悪い情報はどこかで寸断され上がってこないとの指摘がある。社内の上下職位間での円滑な情報交流の点で，心掛けていることは何か。
C氏	当社でも，悪い情報はなかなか報告が上がってこないという面は多少あるが，自分が頻繁に現場に入るために報告がなくても実態はよく見えている。 自分自身はカリスマ性の強い人間と思っていたが，従業員にいろいろ聞いて見ると意外にそうでもなく，結構日頃言いたいことを社員と言い合っている姿がわかった。この姿勢と，ちょっとした従業員への心遣いを欠かさないことが，自然と従業員からの親近感や信頼感につながっているのかも知れない。 主観的な話ではあるが，同じオーナー経営者でも，男性と女性とでは違いがあるのかも知れないと思っている。たとえば，事業計画を策定する際に，男性はとかく過大な将来予測・展望をしがちであるが，女性経営者は慎重に描く傾向が強く，取引銀行などの評価も良い。女

	性は，会社が順調に成長すればするほど，物事を慎重に見ている。要は苦しい時のことが忘れられず，舞い上がることなく常に足元を見ている。
質問	経営幹部や一般従業員の，社長に対する信頼感の源泉は何だと思うか。
C氏	私自身の日々の言行であろう。たとえば，公私のけじめや厳しい自己行動管理，質素で堅実な姿勢，従業員に対する公平な態度，ちょっとした従業員への心配りなどである。
質問	先のインタビューで，リーダーシップとは'情け'を掛けることとのお話があったが，具体的にはどのようにされているのか。
C氏	相手の'人格'を尊重することである。好きな言葉は「人間としての尊厳」であるが，「一寸の虫にも五分の魂」と言うように，魂を皆もっている。他者への思いやりや心遣いを忘れないという自分のスタンスをもち続けることは，本心を言えばしんどいことではあるが，一旦それを崩してしまうと日頃自分が話していることとの整合が取れなくなる。自分で自分に掛けた荷物を下ろしてしまったら，そこで終わりである。それに堪えることができなくなれば，引退しなければならない。 従業員が日頃抱いてくれている私自身のイメージを，大切にしていかねばならない。
質問	組織内での縦方向の情報伝達を滝の流れのごとくうまく流し，意思疎通を図っていくためには，ミドル層が果たすべき役割が重要との意見が従業員インタビューを含め何度も出された。このことについての見解を再度聞きたい。
C氏	情報が中間どころで詰まってしまい，下位層に行き届かない点がまだまだ当社の課題である。その理由を考えて見ると，大企業のように時間を掛けた体系的な従業員教育ができる余裕は，中小企業にはない点が挙げられる。人材を採用すれば即現場に配置して，戦力化を図っていかねばならないのが実態である。
質問	経営理念の理解度をダイレクトに人事評価につなげることの難しさは何度も指摘のあったことであるが，たとえば，どのような評価項目や方法であれば可能と考えられるか。
C氏	当社経営理念の最大ポイントである'人間関係の調整'のとらえ方を中心に，物事を俯瞰的・大局的に見て自分の判断が正しいのか否かをよく検証するよう，日々のいろんなケースで指導している。たとえば，出入りの業者さんも退職した元従業員も，見方を変えれば皆お客様であるという視点の徹底である。 経営理念は，ある意味'仕事そのもの'である。言い換えれば，仕事に反映していなければ経営理念ではないと考える。経営理念という言葉にオブラートに包まれたものが仕事に表れ，それが評価につながるといった図式ではないかと思う。 現在，若手従業員を構成メンバーとした事業化検討プロジェクトを，QC活動の手法を参考に立ち上げている。見積った費用の決済は私自身が行うが，その他の権限と責任を委譲し，役割分担を決めながら運営法や収支予測をゼロベースで検討させている。本当は，従来のように企画室メンバーで検討した方が結論は早いが，若手に対する経営参画意識の醸成と育成・訓練のため，提案が出てくるまで時間は掛かっても辛抱して待っている。こうすることで，結果として経営理念を反映した提案がなされ，これまでとは違った仕事の厚みが出てくることを期待している。

出所：筆者作成。

(2) ミドル（D氏）インタビューの詳細

質問	入社以来，総務畑一筋の職歴であるか。
D氏	勤続年数の半分程度はサービス現場での経験であり，このことが今，'お客様第一主義'の下での職務遂行に大変役立っている。
質問	入社当初と現在とでは，実感されている社内の雰囲気に差異があるか。
D氏	入社当初は社長との接点などほとんどなかったが，勤続を重ねるにつれて立場上，社長との距離が段々と縮まり直接会話をする場面が増えてきた。今や社長の体調まで心配になるほど，情が自分の中に入っている感がある。
質問	入社以来の，経営理念に対する自身の理解は。
D氏	中小企業独特の方法で，自分も若い時からやってきている。社長室での社長との直接対話から指示を受けるので，社長の考え方はわかりやすい。社長は総務部長でもあるので，何かあればすぐ報告（フィードバック）することを重ねている。 20数年勤めてきたなかで，自分なりには社長の'お客様第一主義''社員に対する思いやり'の考え方への共感は大きく，現在の状況に至っている。 社長自身が，かなり従業員に目線を下ろしたスタンスで話をされる。最後は'人'であるという考え方が，社業のいろんな面に大きく影響していると思う。
質問	社長へのインタビューで，自社の経営理念を通じて最も伝えたいことは何かを尋ねたら，「人（＝人間関係）がすべてということ」との回答があった。これは何を意味していると思われるか。
D氏	社長は常に「相手の立場をよく考えながら，とにかく会話をしろ」とよく言われる。これこそが，人間関係の調整に必要なことと思う。
質問	中小企業の場合，経営者と従業員（とくに幹部）との距離が非常に近い面があり，良い意味での緊張感・緊迫感を常にもちながら日々業務遂行されていると思われる。そのなかで，経営理念が活かされている場面を考えた場合，たとえば平穏無事な状況下ではなく，何か事案が起こり判断に困った時などは原点に立ち返って考えると言う意味で意識されることはないか。
D氏	社訓にもあるように，やはり'根本に返る'という意識は常にもっている。とくに自分は，18歳と言う右も左もわからない状況で入社しているので，現場経験を積み上げてはきたものの，社訓などへの理解は加齢とともに深まってきたというのが本音である。 若い頃は社訓などに書いてある難解な言葉の意味もわからず，ただついて行けば良いという発想であった。しかし，「当社では，学歴は一切関係ない」という入社時の社長の言葉でやる気が起き，やればやっただけのことが自分に返ってくることへの魅力を長年実感してきた。そのなかで辛いこともいろいろ経験してきたが，自然と社長の考え方への理解が訓練されてきたのかと，今振り返ってみて感じる。 当社には労働組合もなく，創業以来の会長・社長によるオーナー経営である。そして「気に入らない，やる気がないならいつ辞めてもらっても構わない」という厳しいスタンスも，社長は常にもっておられる。
質問	社長はインタビューのなかで，社員の皆さんに「この会社に勤めて本当に良かった」と実感してもらえる会社にしたいとの想いを強調されていた。そのもとで，社員に目線を合わせな

	がらのコミュニケーションにより，質素な生き方・考え方の徹底をされていると拝察される。この点はどう思われているか。
D氏	社長の質素さの背景には，当社はこの地域では知名度もあり，女性経営者である社長自身がとくに何もしなくても（派手な格好などしなくても）目立つ存在である面がある。業種的にも目立つ面があるため，社長自身も自らの言動には配慮されている。また，公私のケジメも徹底されている。
質問	今話された点であるが，ご自身の配下の若手従業員はどのような意識をもっているのかについて，日頃の行動を見ながら把握されていることは何か。
D氏	自分の部下は，常日頃から社長と私とのやり取りを見聞きしている。社長の考え方，物事の流れがよく見えているためか，要求以上のことを何とか自分の力でやるという癖がついている。 社長からの指示をただ単に下位職者に指示するのではなく，若手自身にまずその指示内容を咀嚼させ，それを達成するにはどうしたら良いのかを考えさせることで皆を巻き込み，常に参画意識をもたせている。とくに，自分はいろんな意味で全社的な調整役でもあり，従業員が自身の悩みや不満からやる気を低下させることのないよう意識して努めている。 自分が若い頃は言われたことを忠実に守り，叱られ叩かれながら成長してきたが，今の若手にそれを望んでも難しい。だからこそ会社に対する評論ではなく，問題・課題解決に向けてどうしたら良いのかを自身で考え，意見を述べさせるという経営参画意識の醸成を徹底している。 複雑な組織をもたない中小企業の良さとして意見がすぐ通りやすい面があり，若手からの提案が一部でも採用されれば，その当事者である従業員のやる気にもつながるため，参画させていくことは重要である。 自分自身も普段は，責任者として前面に出る場合以外は一実務担当者であるとの意識で，若手従業員と同じ目線で行動しており，自分が課長だから偉いという意識は全くもっていない。組織図上の上下関係はあっても，意識上はフラットな組織であり，自部門は風通しの良い明るい職場だと思っている。
質問	御社は3社の企業連合体として営まれているが，本社組織でそのすべてをコントロールされているのか。
D氏	グループ内各社には，それぞれトップ以下部長・次長・課長が各現場に配置されているが，全社的な取り纏めや調整は本社の総務部門で行っている。
質問	オーナー経営者であっても，御社の社長の指示は常にトップダウンという訳ではないのでは。
D氏	決断が必要な時は，オーナーとしての決裁が下る（その決断力は凄い）が，それ以外では社長が従業員の意見をしっかり聞いてくれるので，社長が判断を誤ることのないように現場の事実を的確に伝えるのが自分の使命と思い，上申している。我々の意見を，率直に積極的に聞いてもらえる点が大きい。
質問	言うべきことは言い，決断することはするものの，社長自身が聞く耳をもって'現場主義'で事実関係を確かめた上で判断されているのは，御社の社長は，良き情報は届き悪しき情報は下位で遮断するという，オーナー経営者にありがちな裸の王様状態にはないことの証なのか。
D氏	職制上は社長が総務部長兼務であっても，自分から見ればやはり社長は社長であり，事実と異なる情報によって誤った判断をされるのが怖いため，事実はすべて的確に伝えている。自

	分の判断で伝えない事のリスクは大きい。 ただし，社長の体調が優れないと思われる時などは，不要不急案件は伝えるタイミングをずらすこともある。
質問	重要な役割を担っている幹部社員が，いろんな局面で的確に機能している点は，企業経営にとって大きなプラス要因ではないか。
D氏	正直言って，守備範囲が広く，十分には機能していないといったジレンマが自分自身にはある。
質問	「従業員の経営理念への理解・浸透への取り組みが，ダイレクトに人事評価制度に組み込まれてはいない」と経営者インタビューでは伺っているが，たとえば，従業員が何か判断する局面において，その基準として社是・社訓をいかに意識しながら自分なりに考えているかといった視点から，従業員の行動評価をすることはないか。
D氏	正直なところ，具体的に社訓とダイレクトにつなげて考えることはあまりない。何故なら，やる気があり，一生懸命仕事をしている従業員は，日々の業務遂行のなかで自然とよく見えるからである。また，普段の声掛けなどを通して社員と接点をもつことにより，各従業員の成長度合いもよくわかるため，経営理念と結びつけた人事考課というものがなくても，仕事のできる従業員は判別可能と考えている。 今回の調査票を拝見して，一般従業員に対する新たな評価視点を教示頂いた思いであるが，これを一般従業員にまで展開するのは難しいと思う。ただし，幹部社員対象であれば別である。
質問	一般従業員が経営理念を意識する方法には，書かれたものを見たり，聞いて理解するという以外に，どんなことがあるか。たとえば，自分ではよくわからないことを上司に聞く場合に何でもすぐ聞くのではなく，わからないなりにもまず自分でよく考えた上で相談してくる従業員もいると思われる。その場合，どのように対応されているのか。
D氏	自分の考えをもっているか否かは，聞いてきた際に「君はどう思うのか」とすぐ意見を求めればわかる。これを繰り返すことが，自分でまず考えさせる訓練につながっていると思う。自分自身も幹部の一人として，社長に報告・相談する際は，自分の意見をよく整理して進言するようにしている。 決断の速い社長からすればすぐに決裁したいことでも，将来を睨んだ人材育成の一環として，社長も辛抱して意見を聞いて下さっていると感じている。その背景にあるのは，やはり「会社は皆のもの」という強い意識であろう。
質問	総員約400名規模の大組織で，ファミリー意識を醸成し維持・継続させていくのはなかなか大変なことと思われるが，その秘訣は何か。
D氏	現在の員数規模だから何とかうまくいっているのではないか。秘訣という訳ではないが，やはり幹部社員の意識と彼らが果たす役割が大きいと思う。
質問	経営理念の意識度という視点をダイレクトに処遇（実績評価）に結びつけることは，一般従業員に対しては難しくても，幹部社員に対しては行える方法（余地）があると思うか。
D氏	あると思う。当社の幹部社員の一部（10名程度⇒部長・次長・社長直轄部門の管理職）については，すべて社長が直接人事考課表を作成の上で業績評定面談を行い，‘強み・弱み’が明示される。とくに自分の場合，弱みを指摘してもらえる上司は部門長でもある社長しかおらず，励みになる。

	【参考：管理職の範囲】 課長代理以上（課長代理・課長・次長・部長・役員）であり，主任・係長が監督職。管理職数は役員を含め25名程度。係長を含むミドル相当職数は49名。
質問	御社のように「社長自身が経営理念である」との認識である経営組織の場合，理念という，いわば観念的なものを組織内に浸透させていくためには，どのようなことが必要なのか。
D氏	中小企業といっても総員で400名規模ともなれば，社長一人で組織全体に浸透させていくのは無理である。したがって，幹部クラスがいかに社長の思い（＝経営理念）をうまく下位職層にブレイクダウンさせていくかに，浸透の是非はかかっていると思う。 当社の社長は，オーナーであっても会社から給料を貰うサラリーマンでもあるとの意識が強く，「社長も社員も皆一緒」という思いで，相手に目線を合わせたコミュニケーションの繰り返しを日々徹底されている。 相手の目線に合わせた会話は，社長にとってはしんどいことだと思うが，これも，会社全体がファミリーであり，人間関係の調整がすべての原点という経営理念をベースとした意識ゆえのことと思っている。

出所：筆者作成。

(3) ミドル（E氏）インタビューの詳細

質問	御社のような'ファミリー意識'の強い魅力的な組織でも，経営者や管理職層と一般従業員層とでは経営理念の理解度（浸透度）にギャップはあると思われる。それを埋める方策は何か。
E氏	幹部社員は長年，社長の考え方（＝経営理念）を聞いて頭と体で理解しているが，一般従業員には言葉を換えてわかりやすく伝える努力をしている。ただし，自分自身の思いとして，果たして一般従業員に対してどこまで経営理念を伝えていくべきなのかという，若干の疑問はある。 自分の入社当初の頃を思い返して見ると，理念の認識などほとんどなかった。一般従業員に対しては，理念全体への理解には至らなくても，最低限押さえておくべきことの理解徹底を図れば良いのではないか。
質問	幹部社員とはいえ，経営理念の理解度に個人差（ギャップ）はあると思うが，それを少しでも埋めながらレベリングを図っているのか。その場合，どの様な方法を用いているか。
E氏	社長も同じことを何度も繰り返し話されているが，それでも個人間のギャップはあると思う。社長の考え方は理解していても現場には現場なりの言い分もあり，理念が示す精神はわかっていながらなかなかその通りにはできないこともある。 幹部級は社長の考え方をよく理解しており，相談や上申時の社長の反応が先読みできる程であろう。 しかし，時と場合によっては社長の方針通りにはなかなか進められないこともあり，難しい局面はある。
質問	企業組織における日々の業務はまさに問題山積状態であり，それらをいかにうまく解決していくかの繰り返しかと思うが，その解決策を探り解決の方向を見出す際の判断基準や原点にされていることはないか。
E氏	経営理念は，仕事を進める上で解決策を探り解決方法を判断する際の'基準'である。したがって必然的なものであり，その浸透を図ることは大変重要である。

質問	それは，どのような仕事であれ，進めていく上での重要な要素を含む基準ということか。
E氏	その通り。幹部社員は経営理念がよくわかっているので，それを基準に判断している。しかし，その幹部の言行を見ている一般従業員の場合は，経営理念の内容がどうであれ，たとえば全社的な方針を検討・策定する際に「何故会社はそのような判断をするのか」と疑問に思っているフシがある。その際，一人ひとりにどこまでわかってもらえるよう説明するのかが判断の難しいところである。 社長が常日頃から，「クレーム発生時には，先送りすることなくすぐに対応せよ」と徹底して指示されていることがわかっていても，なかなかすぐには対応できない幹部や一般従業員が一部いることは事実である。
質問	「問題発生時には対応を先送りせずすぐ動け」という指示の徹底は，他社の経営者インタビューでもお聞きしたことであるが，御社では実態としてどの程度徹底されているのか。
E氏	サービス業の場合，お客様相手であるがゆえに即時対応は鉄則である。ただし，たとえば今後の状況変化が想定される場合には，もう少し現状（事実関係）調査を行った上で判断し対応したいといった現場の言い分が出てくることもある。 そのような現場の意向は，自分は理解できるが社長には通用しないため，実際には即対応することになる。このような現場とのギャップをいかに埋めていくかで，頭を悩ますことはある。
質問	社長の指示と現場とのギャップを埋めていく妙案として，何か考えられていることはないか。
E氏	結局は繰り返し話をしていくことに尽きるであろうが，究極のポイントは'人間関係'と思う。とくに，幹部級と一般従業員との関係では，人間関係と職場の雰囲気がカギではないか。
質問	御社は3社で構成されるグループ企業体であり，各社それぞれに経営風土があると思われるが，それをいかにまとめながら，グループ横断的な'ファミリー意識'を醸成しているのか。
E氏	自分が入社した頃（約20年前）は100人程度の企業規模で，本当に全体が経営理念を理解し，団結し，仲間意識があった印象が強い。したがって，当時は会社のイベントをしても大変な盛り上がりがあった。 しかし最近は，若年者層の考え方（労働観）に起因する部分もあるのか，実施してもあまり盛り上がらず，実施すること自体に異論さえある。
質問	最近の若年者層の労働観について，具体的にどういった場面で感じられるのか。
E氏	つい最近も全社ボウリング大会を開催したが，盛り上がるチームとそうでないチームとに分かれる傾向にあり，全体的な熱気はいま一つ欠ける。社員旅行にしても，「やらなくても良いのでは。そんなお金があったら自分達に還元して欲しい」といった声が結構多い。 最近の若年者のこうした傾向は，仕事への取り組みを見てもすぐわかる。まさに，給料さえ貰えれば良いという自己中心的な意識や，我慢のなさの表れであろう。
質問	経営理念の理解度をダイレクトに人事考課に結びつけることは難しいにしても，たとえば一従業員については，「物事を上司に相談する際に，まず自分で経営理念を認識しながらよく考えて提案してくる」といった評価軸は設定可能と思われる。しかしそれでも，経営理念の浸透につながるような評価制度を，幹部社員のみならず一般従業員にまで対象を拡げて行うには無理があるのか。
E氏	管理職や監督職の人事考課では，経営理念に関わる評価項目があってもよいが，一般従業員

	に対しては難しいと思う。ただし，以前の全社員対象の人事考課表には「社長の方針/会社の方針が理解できているか」という評価項目があったが，2年前の人事評価制度見直し時に削除した経緯がある。
質問	その削除の理由は何か。
E氏	削除理由は知らないが，コンサルタントの手による評価制度の大幅な見直しであったため，以前の内容を廃棄して新たに作成したものと思われる。
質問	ミドルとして，社長方針や考え方を一般従業員に伝えていく際の苦労点は何か。
E氏	一般従業員にいかに理解してもらえるかが今の最大の悩みである。自分の実感としては，伝えるべきことの半分程度しか説明しきれていない。
質問	最近の若年者層について，業務指示をする際にその目的を明確に伝えないと動きが悪い傾向を指摘する声が一般的にあるが，御社ではどう思われるか。
E氏	当社はお客様商売であり，動きが悪くなるということまではないが，確かにそういった傾向は感じられる。自分が若い頃は，上司や先輩社員に言われたことは絶対であり，理由云々はなかったが，今はそのような価値観はみられない。いわば，根本から違うといった感じであり，対処はなかなか難しいと思う。
質問	経営者と一般従業員との間にあって，何かと苦労の絶えないミドルに求められる能力要件とは何か。
E氏	要するに'人間性'と思う。部課長クラスの人となり次第で，少々問題はあろうとも自然と人はついてくるといった側面が大きいのではないか。組織がまとまらないところは，どうやり方を変えてもなかなかまとまらない。
質問	まとまらない組織では，そこのトップを交代させてもまとまらないのか。
E氏	トップを交代させれば，その組織風土が大きく変わる面はあると思う。部課長といえども，いろんなタイプの人間がいるのが現実である。
質問	中小企業であるがゆえに，人と人との距離感が近く，上下左右の人間関係をうまくコントロールしていけるという側面はないか。
E氏	他者の顔が見え過ぎると，かえって難しい面もあるのではないか。これは万人共通の思いであろう。
質問	サービス業の場合，一般従業員層ではパート・アルバイトなどの多様な雇用形態もあって，人材の出入りが激しいと思われるが，その状況下で組織をまとめていく上での苦労点は何か。
E氏	昨今は，正社員でもいつ辞めるか予測が全くつかないのが現状である。自部門で採用業務も担当しているだけに，責任の一端を感じている。
質問	貴職にとって，現在の担当職務上の最大の悩みは何か。
E氏	総務部門として，全社員に対しいかに伝えるべきことをしっかり伝えていくかに尽きる。
質問	総務部長兼任の社長にとって，現在の最大の悩みは何だと思われるか。
E氏	次代の経営者を支えるミドルの早期育成であろう。この点での社長の焦りを，日々強く感じる。

出所：筆者作成。

5-2. 第2回実施（2009年2月～6月）結果：第3次調査

1．経営理念のとらえ方・認識	
C氏	経営理念とは経営者の人生観そのものであり，たとえば経営の承継者を社外から招けば，理念は変わる可能性がある。同業者の間でも，経営者による考え方の違いは大きい。 企業の業績が悪い際にそれをアップさせるのが，経営理念のもつ重要なポイント。従業員が一丸となれるワードであり思想である。企業業績が悪い時にこそ，経営理念が必要。 経営理念は，企業がどうあるべきかを考える一番のベース。業種によって掲げ方は違い，組織としての大義がずれれば，経営理念もずれる。 経営理念には，多少ニュアンスは違うが「社訓」や「家訓」という範疇もある。しかし，家訓を承継したら企業が残っているかと言えば，必ずしもそうではない。社訓や家訓で企業が存続し得るのかも，ポイントである。 経営破たん企業のほとんどは，お客さま不在で株主重視の儲け主義，配当あるのみといった経営姿勢である。 経営理念は，創業一代目だけでの活用では本物にはならない。何代も承継していくことにより，本物となっていく。 当社の経営理念は，陳腐化することのない普遍的なものと思っている。当社は，人間がモノではなく人間を扱う（＝ハートを売る）という商売をしており，人間にとって普遍的なことは，徹底的に従業員の意識に浸透させたい。
2．経営理念浸透への取り組み・工夫・苦労点	
C氏	経営理念は，口頭で何度も伝えて相手（組織成員）の心に落とし込まなければ駄目。 当社のモットーは'顧客第一主義'であり，「お客さまに喜んで頂ければ給料がもらえる。自分の給料を上げたければ，お客さまに尽くせ」という考え方を，従業員に繰り返し言い聞かせながら経営理念の浸透を図っている。 根底の経営理念の内容は変更せず，スローガンを毎年変えながら浸透を図っている。 （例）感謝，正直，一生懸命，安全，迅速 毎年，一年間掛けて集中的に取り組んで欲しいスローガンとして，その時々の時流（社会情勢）を踏まえながら，経営理念の本文から三つのキーワードを選択し，全従業員に「自分はキーワードをもとにどのような行動を取るか」を考えさせ，実行させている。 当社の経営理念は内容的にボリュームがあり，理解を深めるための簡素化も検討したが，結局どの言葉を取っても省くことができない。 本社部門と離れた職場に勤務し，日頃なかなか接することのできない従業員に対しては，個人的スキンシップによる（立場を越えた）独特なコミュニケーションを取っている。 経営トップとして従業員からの信頼を得るためには，決して公私混同しないことが重要。中小企業の場合，経営者の姿勢が常に質素で謙虚であれば従業員の士気は高まり，トップを信頼してついてきてくれる。まさに，土光敏夫氏の名言「暮しは低く想いは高く」の実践あるのみである。中小企業の経営者は，自分の真の姿を常に従業員に見せなければならない。 経営理念をどうしても理解できない（理解しようとしない）人間は，最終的には会社から去ってもらう他ない。価値観の同じ者が一つの組織で仕事をすればよい。ただし，その理念が，従業員や会社のために存在しているものでなければならない。
D氏	「人（＝人間関係）がすべて」との考えがベースである社長は，「相手の立場をよく考えながら，とにかく会話をしろ」とよく言われる。これこそが，人間関係の調整に必要なことと思

	う。
E氏	社長の方針や考え方を部下にいかに理解してもらえるかが，現在の最大の悩みである。

3．職務遂行上の苦労・悩み

C氏	大胆な意思決定（決断）力や行動力があり，次代を担えるミドル層の早期育成である。この点に関する社長としての焦りを，日々非常に感じている。
E氏	中小企業であるがゆえに，人と人との距離感が近く，上下左右の人間関係をうまくコントロールしていけるという側面がある反面，他者の顔が多少近過ぎてよく見えるため，かえって難しい面もある。 現在の担当職務上の最大の悩みは，総務部門として，全従業員に対しいかに伝えるべきことをしっかり伝えながら，経営参画意識の醸成を図っていくかに尽きる。

4．経営トップとしてのミドルへの期待

C氏	経営理念を，一般従業員にまで一気に理解させるのは難しい。ゆえに，経営者層と一般従業員層をミドルクラスがいかに結びつけるかにかかっており，彼らの育成が当社の喫緊の課題である。 コミュニケーションが中間どころで詰まってしまい下位層に行き届かない点が，まだまだ当社の課題である。その理由を考えてみると，大企業のように時間をかけた体系的な従業員教育ができる余裕は中小企業にはない点が挙げられる。採用すれば即現場配置して，戦力化を図っていかねばならないのが実態である。 ミドル全員に対しては，今抱えている課題の解決策を考えて出させ，3箇月毎に個別ヒアリングをしている。

5．経営理念の浸透促進に必要なミドルの能力要件

C氏	経営者としてミドルに対し，質的な向上を期待している八つの発揮機能や基本姿勢がある。これらはミドル層が日々，自分の職責を果たすなかで部下を育成していく際に，とくに意識して取り組んでいると聞いている。 経営者としての目線からは，ミドルが個人的な努力の範囲で高めて欲しいものと，どちらかと言えば，ミドル同士が協調・協働しながら高めて欲しいものとに大別できる。 それぞれの機能や姿勢を高めていく難易度の高低で見ると，高いレベルでは，「一般従業員の自律性向上を側面的に支援すること」や，「一般従業員に対する経営参画意識の発掘や醸成」がある。「顧客などステークホルダーとの関係重視の姿勢」は，どちらかと言えば，ミドルが協働体制で取り組んで欲しいレベルである。逆に，個人的な努力で高めて欲しい姿勢としては，「反復・継続が徹底できる忍耐力」や「自己のさまざまな経験の統合によるマネジメント力の高揚」が挙げられる。 個人的であれ，協働であれ，日々の業務遂行における基本姿勢としては，「現場の声や業務プロセスに目配りすること」，「日々感知するビジネスリスクへの意識を高め，異常緊急時の自立的行動につなげる姿勢を堅持すること」，「さまざまなコミュニケーションをとるなかでは，自ら咀嚼して伝播する姿勢を習慣化すること」を求めたい。

6．経営理念浸透による従業員育成

D氏	部下の経営理念の意識度を見る方法として，常時ではないにせよ「経営理念が何たるかを踏まえながら考えているな，頑張っているな」と思えることを見出すようにしている。

7．階層間の経営理念浸透度のレベリング	
E氏	幹部社員とはいえ，理念の理解度はまちまちである。社長も同じことを何度も繰り返し話されているが，それでも個人間のギャップはあると思う。 社長の考え方は理解していても，現場には現場なりの言い分もあり，理念が示す精神はわかっていながらなかなかその通りにはできないことも，現場には結構ある。
8．従業員の経営トップに対する信頼感の源泉	
C氏	やはり何と言っても，トップ自身の日々の姿勢や言動であろう。
D氏	とにかく社長は，公私のケジメを徹底されている。
9．トップ・マネジメントとしてのリーダーシップ発揮法	
C氏	経営トップとしてのリーダーシップは'情'をかけることと思っているが，相手の'人格'を尊重することである。好きな言葉は「人間としての尊厳」であるが，「一寸の虫にも五分の魂」というように皆，魂をもっている。 他者への思いやりや心遣いを忘れないという自分のスタンスをもち続けることは，本心を言えばしんどいことではあるが，一旦それを崩してしまうと，日頃自分が話していることとの整合が取れなくなる。自分で自分にかけた荷物を下ろしてしまったら，そこで終わりである。それに持ちこたえることができなくなれば，引退しなければならない。 従業員が日頃抱いてくれている私自身のイメージを，大切にしていかねばならないと日々思っている。
10．経営理念の浸透促進を補完し得る制度（人事評価制度など）	
E氏	管理職や監督職の人事考課では，経営理念に関わる評価項目があってもよいが，一般従業員に対しては難しいと思う。ただし，以前の全社員対象の人事考課表には「社長の方針／会社の方針が理解できているか」という評価項目があったが，2年前の人事評価制度見直し時に削除した経緯がある。 その詳細な理由は知らないが，コンサルタントの手による評価制度の大幅な見直しであった。とにかくリニューアルさせようということで，以前の内容を廃棄して新たに作成したものと思われる。
11．組織文化への認識	
C氏	全社・全グループ的な'ファミリー意識'が，組織文化そのものと思うが，総員400名規模の大組織でこれをさらに醸成しながら組織の維持・継続を図っていくのはなかなか大変なことである。現在の員数規模だから何とかうまくいっているのではないか。秘訣という訳ではないが，やはりミドルの意識と彼らが果たす役割が大きいと思う。
12．リスクマネジメントの認識，取り組み	
C氏	当社は現場主義で長年営んできたが，マニュアル化が遅れている。現在，専門家を雇い，リスクマネジメントの体系化を進めている。 当社にとっての最大の経営リスクは，「食中毒」と「火災」。施設産業であるため，仮に死者が出るような事態を引き起こせば経営破綻に至るとの危機感をもっている。 当社のグループ各社で，洗い出している最大の経営リスクはそれぞれ違う。たとえば，ホテル会社では「食中毒」「火災」であるが，保険会社は「コンプライアンス違反」「個人情報漏洩」である。

	経営理念もリスクマネジメントも，経営の基本という位置づけにあり，同じ基本をどう一体化させていくかが課題である。
13．経営観	
C氏	冠婚葬祭という儀式産業は，「伝統と文化の承継」が大義名分であり，人間生活には無くてはならないものと自負している。
	当社は決して順風満帆ではなく，高収益を出している企業でもないが，確固たる信用だけは築いてきた自負がある（参考：2007年度の経常利益は約2億円）。夫婦で創業した企業として，社会的信用を決して失墜させてはならないとの一念で今日まで頑張ってきた。経営トップとして欲は出さず，生活も質素にしながら，会社の存続・社員の生活保障という社会的責任と，お客さまへの還元を果たしてきた。
	創業経営者がいなければ社業が成り立たないような企業は存続しない。会社存続のために重要なものの一つが経営理念である。
	企業とは受け継ぐものであり，企てるものは承継されなければならない。一代だけで止めるのは興業である。
	抱えたものを失いたくないと思えば，決断が鈍る。
	軸をぶらさないことが大切であり，方向が見えなくなれば原点である経営理念に戻る。
14．人生観	
C氏	艱難は忍耐を生み出し，忍耐は練られた品性を生み出し，品性は希望を生み出す(聖書：「ローマ人の手紙」5章3～4節より)。人間は，自分の欲望を抑える方が良い顔になる。だからといって我慢し過ぎると，顔が歪む。
	人間に必要なのは「気力」（かたちあるものはうたかたである）。人間は，病気でなく寿命で死ぬのであり，生きるために必要なのは「生きる力（気力）」である。気力をなくせば，元気な者でもすぐに死ぬ。
	「知恵（智恵）」を重ねることは，年を重ねることとは関係ない。見たい，やりたいといった「好奇心」を忘れないことは，元気の源である。
	好奇心に裏打ちされた「気力」は，体力の源になる。50～60歳代で充実した人生を送れるように，30～40歳代でその布石を打っておくことが肝要。
	過去を振り返らず，将来についてもビジョンは掲げながらも夢ばかり追うのではなく，今日という日を真面目に精一杯生きることが重要。そのことが，明日につながる。
	ストレスを溜めないためには，一点ばかりを見ず広い視野で物事をとらえること。
	第一線を退いても，'人間としての尊厳'だけは忘れず日々暮らしていくことが肝要。
15．その他	
C氏	実践で活かすことのできない理論には，価値はない。

注：C氏は経営トップ，D氏・E氏はミドル。
出所：筆者作成。

5-3．第3回実施（2010年7月）結果：第4次調査

1．経営理念の位置づけ・承継に向けた活用法	
C氏	○経営理念の浸透促進は，従業員を絞り込み，一体化し，高めていくための有力な方法として位置づけられる。 ○しっかりした経営理念があるからといって，必ず企業経営が上手くいく訳ではない。経済の荒波に飲み込まれることもあろう。仮に厳しい事態に陥ろうとも，経営トップが繰り返し経営理念にもとづく意思決定や行為を重ね，従業員が理解・受容していれば，早期の原状回復も可能である。また，そのことが組織成員の活性化やお客さまからの信頼獲得にもつながる。 ○経営理念の思想にもとづいて，利益が出ればまず従業員に還元することや，逆に利益が出ずコスト削減が必要な場合にはまず経営者の給与からカットし，従業員給与のカットは最後の手段ということを当社従業員はよく知っているだけに，会社への帰属意識は高い。 ○企業経営が厳しい時や緊急事態時にこそ，経営理念が大きな下支えの機能を果たすと思う。当社の経営理念である「社是・社訓」を起草した会長が他界（2010年3月）したことで，理念が遺訓になった感がある。先代経営者の死去による経営の承継があっても，経営理念が活きていれば言葉でつながっていく面があると，つくづく思う。 ○経営者の交代があっても，前経営者からもたらされた経営理念をしっかり理解・受容した従業員が残っていれば，内面的な理念も受け継がれていく。実際，この度の会長死去後に若手従業員（とくに男性）から，本人が人生観などを語った「会長語録」が欲しいという声が上がった。そこで，本人の意が十分伝わるようにと，語った表現（言い回し）のままで語録を取りまとめて配った経緯がある。語録の例に，「信頼と信用は違う」というのがある。つまり，人を信用するハードルは高く，信頼できる人間はある程度いても，信用までできる人間はなかなかいないということである。これらの言葉も，経営理念そのものと言うことができる。 ○活きた言葉のもつパワーは大きく，その読み手を元気づけながら自然と浸透していくものと改めて実感している。 ○やはり経営理念は，経営トップの生き方・生きざまそのものと言える。経営者も必ずいつかは退くが，やはり人の上に立つ者は，自分が長年かけて培ったノウハウなどを，この世に存在した証として残していかなければならないと思う。 ○経営理念とは，経営者の生きざまをいかに受け継いでいくかといった言葉の集約でもあろう。とくに，承継予定者に残しておきたいキーワードは，「段取り，判断，スピード，決断，実行」である。なかでも，段取りが最大のキーではないか。スピードを上げようにも，段取りが悪ければできない。スピードがあっても，判断ができなければ決断もできない。決断はできても，実行がなければ何も動かない。この5つのキーワードは，どれ一つ欠かすことはできない。 ○経営トップに求められる資質には他にもいろいろあろうが，基軸とすべきは人間性である。人間的な愛情がベースにあってこそ，潜在する資質が活かされる。 ○経営理念の唱和は，以前は部署毎に行っていたが，今ではそれに加え，全部署から1名ずつ参加する形での唱和も行なっている。その際，全員唱和のリード役の声が大きければ他のメンバーの声も大きくなり，一丸となって気合いの入った唱和ができるなど，リード役の役割は大きい。やはり，人の上に立つ人間のリーダーシップや力強さは重要である。 ○経営理念の浸透促進を図るため，毎年，理念の表現からキーワードを抽出し，その意が変

	わらぬ程度に言葉を変え，スローガンとして社内に明示している。毎日毎度の言葉で唱和するだけでは変化がなく，飽きられるのではないかとの思いから始めたことではあるが，どのようなスローガンを掲げても，元の経営理念の表現とは大した違いは出てこない。 ○現在は，スリム，スピードといったスローガンを明示し，従業員一人ひとりに自分の立場で何ができるのかを考え実行させている。このような取り組みは，結局は自分自身のためでもあるということを含め，理解させ受容させることに腐心している。しかし，経営理念の浸透を図るには，経営トップの辛抱・忍耐が絶対必要である。 ○経営理念の真髄は変えず，時代の変遷に沿って表現の仕方を適宜変えながらスローガンの形で示し，唱和などを通じた浸透を図っている。経営理念とは不変的なものであると，常に思う。 ○経営者の交代があろうとも，会社運営の基軸や提供サービスの質も何ら変わることなく平然と経営がなされていることが，顧客の信頼を得て，企業価値を高めていく一つの大きな要因と考える。それだけに，承継した次代の経営者が，経営が厳しくなって現経営理念を理解・受容していない社外の資本に経営を委ねてしまう事態に陥ることが最も怖い。仮にそうなれば，たちまち顧客は離れ，経営は立ち行かなくなるであろう。この点をよく理解している多くの従業員は，承継予定者の育成強化を常日頃から私に訴えている。
2．組織化の変遷	
C氏	○ゼロからの創業であっただけに，最初は組織の絵も全くないままにスタートし，やみくもに役職者を任命したもののなかなか機能せず，かと言って，一旦任命した者に役職を返上させることもできず，まさに試行錯誤を重ねながら人材登用をルール化してきた。しかし，年功序列的な制度のままでは優秀な人材の発掘につながらないため，人事考課システムとリンクさせ，優秀な人材の早期登用など弾力的な登用ルールに改めた。 ○課長以上の幹部社員は，総員（現在，約400名）の1割程度いれば十分と考えている。全社的なフラット化は難しいため，三層構造の組織としている。 ○係長以上となれば，小規模店舗の運営は任せるといった権限や責任の付与を，金銭的インセンティブも併せた形で行なってきた。 ○創業というのは，まさに組織のないところからのスタートで，試行錯誤を繰り返しながら組織化を進めてきた。現在も，従業員が組織にとらわれずに実務的に職務遂行できるよう，組織を何度も変えている。 ○冠婚葬祭業は，もはや成熟産業である。したがって，本業である冠婚葬祭サービスを基軸としながら，経営環境に適応するべく業態を変えていく知恵がなければ，今後は生き残れない。これまでの成長期と同様の戦略や戦術では通用しない。当然のことながら，新たな戦略・戦術に見合った組織改革を断行している。 ○最近とくに，社内に訴えている言葉が'業態変換'である。たとえば，ホテル部門にあるレストランの業態変換について，「価格，デザイン，独自性，季節感，地産地消」というテーマから，関係社員にコストダウンを含めた検討をさせ，改善を図っている。小回りが利く中小企業の強みを遺憾なく発揮しながら，フレキシブルな業態変換に取り組んでいる。 ○理念を軸とした経営の根本に'ぶれ'がなければ，業態を変化させても支障はない訳であり，その意味でも，組織の内外に対する経営理念の浸透促進がなければ企業は生き残れないと思う。
3．人材育成の基本的考え方	
C氏	○今後の会社を担う人材の発掘と育成を早期に図っていくため，近未来的なミドル候補者の

	30歳代での登用と待遇改善を進めるよう，最近指示したところである。つまり，現ミドル層は自分（創業者）について来た人材であるが，その下の年代層は今後，経営の承継者（創業者の令嬢）について行ってもらわねばならない人材である。このような前提の下，当社の次代を担う人材の育成を現ミドル層の協力を得ながら進め，人材の層を厚くしていくことが喫緊の課題となっている。 ○現ミドルの次を担う世代の人材を，拠点運営を任せられるレベルに育成していくことが，当面の重点課題である。そして，幹部になる要件として，小規模（10名程度未満）の拠点や部門を三つ程度はマネジメントできることを求めている。 ○当社の場合は，サービス地域を限定した営業を展開しており，エリアマネージャー的な役割は不要である。 ○今年，創業者であった会長が死去したことは，社員の間に精神的支柱を失ったというメンタルな落ち込みを多少もたらしたが，実務上では逆に，自分達が自立しなければならないといった緊張感が出てくるなど，メリットもあった。会長の死去があっても実務はスムースに流れている。しかし，約10年前より実質的な経営を仕切ってきた自分がいなくなった場合を考えると，現状では経営の承継は無理である。そこで，創業者として取り組む最後の重点課題を，今後の経営の承継を円滑に進める仕組みを向こう10年程度かけながら構築し，企業としての継続性を担保しておくことにおいている。 ○権限委譲については，素早い決断が必要な案件は自分が処理することが多いが，恒常的な案件はできるだけ現場に検討や判断を任せるようにし，従業員の成長を促している。また，委譲する権限についてはできるだけ成文化し，判断基準の明確化も進めている。 ○実際に従業員に与えた経営課題に対し，従業員が実態調査をし，解決策をまとめて提案し，検討の結果採用となった案件をそのまま判断基準化することもある。 ○従業員が，委譲された権限を活かせるようになるための訓練期間も，相応に設定しなければならない。そこで，経営者として意思決定する際の根拠（提案に対しゴーサインを出す基準など）は，その都度教えている。教えても分からない場合は，従業員同士で改めて検討し再提案させることを繰り返しながら，育成を図っている。これは時間のかかることであり，一旦委譲したら不要介入はしない忍耐力や譲歩する姿勢も，経営者には必要である。 ○従業員育成を目的として，従業員と検討課題を詰める過程においては，経営トップとしての物事の考え方や価値判断基準を適宜示しながら，何故，経営者としてこのような判断をするのかを懇切丁寧に説いている。このように，課題を与えて検討させるパターンを長期にわたり地道に繰り返していくことが，従業員の経営理念に対する理解や受容につながるものと考えている。ただし，これは一生かかる話かも知れない。
D氏	本社から離れた遠隔地の拠点に勤務するマネジメント層は，本社勤務者と比べ，社長の基本的な考え・スタンスに対するとらえ方が多少違う面があるかも知れない。
4．冠婚葬祭業の特異性	
C氏	○一般的なサービス業とは違い，冠婚葬祭業は極めて地域に根ざした業態である。つまり，地域毎の風習やしきたりなどに沿った，その地域でしか通用しない役務を提供しなければならない。地域によって，長年培われた風習や人間関係の密度が違うだけに，提供すべき役務の内容はすべて異なることから，それらの統一化や標準化（マニュアル化）はできない。 ○結局，広いサービスエリアを構えて多店舗展開し，同一のマニュアルで営業している企業よりも，一点集中型で本来のサービスエリアに根ざした営業展開の方が堅実な経営が可能

	であり，生き残っていけると思う。たとえば，一定の地域で20％程度のシェアが取れれば，新たなエリアを開拓するといった戦略を繰り返している企業と，コアとしているエリア内で無理してシェアアップを図る訳でなく，大幅に下げることもなく，営業エリアを不要に広げず70％程度のシェアを堅実に守りながら地固めしている企業のどちらが強いのか，ということである。少子高齢化の波で，市場のパイは確実に減少するなか，20％程度のシェアが半減でもしたら生き残れないのではないか。 ○多店舗展開を図っても，以上のような商売の難しさがあることから，外資系企業が新規参入を狙ってもできないのが現実である。長年，地域に根ざした商売をしてきている企業が結局は強い。代理店方式（注）を採用し，複数の都道府県にまたがった広いエリアで営業している企業は，提供している役務の質の点で地元企業と比べると問題があり，今後は厳しくなってくるだろう。 （注）　本社機能が，独立採算制を敷いた別組織の各代理店に対し，必要経費から一定程度の本社経費分を差し引いて渡し，業務毎に執行可能な予算をフィールドマンが細かく指示命令しながら管理している営業方式。全社横断的なコミュニケーションの浸透を図っていくには難しい面があり，拠点長などの幹部は業績だけで即刻入替となるケースが多く，人材の定着率も低い。
5．企業の社会的責任	
C氏	○最もわかりやすい企業の社会的責任とは，当社の社是・社訓の筆頭に明記しているように，存続していくことだと思う。会社が潰れれば，顧客や取引先などのステークホルダーが困ることになるが，最も困るのは従業員である。企業として従業員の生活を守り，きちんと納税していくことこそが最大の責任ではないか。 ○社会規範を重視・遵守する姿勢は，企業としての社会的存立の意義を深めながら，結果として経営理念の浸透につながるものと考えている。 ○最近，あまりにも身勝手で社会的責任を取らない経営者が続出したことが，昨今のCSR論議の背景であろう。結局，会社を倒産させたために，このような議論が噴出していると思う。
6．経営理念と組織文化	
C氏	○経営理念は浸透することで，部分的であってもその組織の文化になると考えられる。しかし，文化としての定着を一旦誤ると，その修正はなかなか難しい。 ○同じ中小企業経営者でも，結構派手に振る舞われる人もいる。しかし，サービス業の経営は，お客さまが注文されたコーヒー一杯の利益の蓄積で成り立っており，その経営者は決してお客さまより派手にしてはならないという強い信念のもとで，自分は日々生活している。派手な生活や姿を見られた途端，儲けさせたと思われたお客さまが離れていく。かと言って，あまりみすぼらしい格好もできず，常にお客さまを意識した商売をする難しさがこのような点にもある。同時に，組織文化の一つの表れでもあろう。 ○将来を見据えた上で今日の積み重ねを実践していく必要があり，先を見通すという意味合いでも'大眼'は重要である。従業員にとっての大眼は，たとえば戦略の策定で求められる。 ○資質のある人材にはある程度の権限を委譲し，経営課題を検討させているが，最終意思決定はやはり経営者が行うことになる。しかし，過度な経営者依存を露呈する側面も確かにあり，徐々に権限委譲していける能力を経営トップももたなければならない。

7．アイデンティティ

C氏	○この会社の従業員で良かった，この経営者の部下で良かったという思い（アイデンティティ）の強い従業員が，結局のところ残って頑張っているのが実態である。 ○当社の従業員には，この会社だから学歴もない自分でも役職者になれたという誇りが，会社に対する忠誠心や日々の行動のエネルギーになっている者が多いと思う。これも立派なアイデンティティであろう。 ○経営理念の表現にはないが，学歴では評価はしないのは，組織アイデンティティの一つとも言えよう。学歴はなくても，マネジメント層による精神を込めた育成・指導から学び取る心があれば，その人間は育つ。現場では理屈よりも行動力が求められるというのが，当社の社風でもある。 ○経営理念の浸透促進に限らず，経営理念を主体とした組織アイデンティティは，企業経営における重要な要素である。個人アイデンティティは，会社という組織の中の主体である。
C氏	○個人のアイデンティティを支える需要な要因は，何と言っても健康ではないか。健全な肉体に健全な精神は宿るのである。健康であるからこそ，会社の利益も上げられ，最低限の保証も可能となる。健康であれば，いろんなものの創造も可能であり，たとえ苦労を重ねてきた人生であっても決して不幸だとは思わない。体が壊れてしまえば，心も壊れるという側面は強い。 ○組織（企業）アイデンティティの高揚のためにも，健全である会社をつくることが何より重要である。そのことが，組織成員に心のゆとりをもたらし，主体性をもって生きていくことにもつながるであろう。 ○やはり経営者は，健康であり健全でなければならない。同時に，身をもって経営理念を実践していかなければならない。

8．情報の活用

C氏	ニーズの先取りのもとになっているのは，やはり情報である。加えて必要なものは勘であるが，これは後天的に養われるのではなく先天的なものである。ただし，勘も年を取ればぶれるし鈍くもなる。勘のもとになるのは，情報の集約ではないか。一つではなく複数の情報からひらめくものが出てくると思う。

9．葬祭ディレクター技能審査

C氏	厚生労働省認定資格である「葬祭ディレクター技能審査」を受験し，葬祭ディレクター（1級・2級）の認定を受けた従業員が，当社には十数名いる。かなり価値ある認定であり，お客様に対し相当のインパクトがある。この有資格者はプロフェッショナルであるという見方がなされるが，試験内容が難しく，なかなか合格しない。
D氏	試験内容は実技と筆記であるが，とくに，実施主体が厚生労働省になって以降は内容のレベルが高くなっている。
C氏	従業員にキャリアをつけさせるという点では，良い材料となっている。
D氏	その有資格者が社内に何人いるかで，今ではお客様が葬祭業者としての評価をされるほど，社会的認知度が高まっており，社長もまず2級からの資格取得の推進を強く言われている。資格取得者には1級：5,000円，2級：2,500円の手当（資格給）を毎月支給し，努力に報いるという点でも平等である。

10．相互作用

D氏	お客様との相互作用で何をめざしているかと言えば，どんな些細な事でも依頼してご用命頂ける一種の自分の信者のような人間関係の構築である。
C氏	当社の従業員は皆それぞれに，同様の考えでお客様と接していると思う。
D氏	どのような役務提供のご要望でも，自分を指名して頂けるようになるまで時間をかけて丁寧な接客を繰り返している。会社の名前でサービスを購入して頂く以上に，自分の名前で購入して頂ける顧客（リピーター）を増やすことに腐心している。
D氏	顧客との相互作用が機能している間も，経営理念の精神が常に頭にある感覚である。
C氏	日頃繰り返して語っていることは，「顧客が一番，従業員が二番，会社が三番，株主が四番」という基本理念である。これはそのまま，経営に係わる意思決定や利益還元の優先順位でもある。
C氏	顧客に対してであれ，従業員に対してであれ，思い込ませるまで理念経営を徹底していくという意味では，宗教と似た面もあるかも知れない。 ただし，有言実行は勿論であるが，言うこととすることが違っていれば人は誰もついてこない。また，自分が身綺麗であれば，言いたいことも言える。
D氏	社長自身が日頃から有言実行であるからこそ，社長の言動には説得力があり，周りの従業員は信頼しているし何も言えない。これは，職位の上下にかかわらず，従業員間での相互作用が働いている一例であろうし，このことから，経営理念の浸透に限らず社内コミュニケーションが深化しているものと思われる。
11．その他	
C氏	経営理念のとらえ方，活かし方，浸透方法などに関して，経営組織による違いがあるとすれば，大企業と中小企業という経営規模による差なのか，製造業とサービス業という業種による差なのかといった観点からの研究も，今後必要ではないか。

注：C氏は経営トップ，D氏・E氏はミドル。
出所：筆者作成。

■ 参考文献

Albert, S. and D. Whetten (1985) "Organizational Identity," in L.L. Cummings and B.M. Staw, (Eds.), *Research in Organizational Behavior*, Vol. 7, pp.263-295. Greenwich, CT : JAI Press.

Anita, J. & Thibodeaux, M.S. [1999] "Institutionalization of Ethics : The Perspective of Managers", *Journal of Business Ethics*, vol. 22, pp.133-143.

Bandura, A. [1977] *Social Learning Theory*, Prentice-Hall, Inc.（原野広太郎訳『社会的学習理論－人間理解と教育の基礎』金子書房, 1979年）

Barnard, C.I. [1938] *The Functions of the Executive*, Harvard University Press.（山本安次郎ほか訳『新訳 経営者の役割』ダイヤモンド社, 1968年）

Bartolome, M.L., Francisco, G.L. & Vicente S.S. [2002] "The Role of Human Resource Management in the Cooperative Strategy Process", *Human Resource Planning*, vol. 25, Issue. 2, pp.34-44.

Collins, J.C. & Porras, J.I. [1994] *Built to Last : Successful Habits of Visionary Companies*, New York : Harper Business.（山岡洋一訳『ビジョナリー・カンパニー』日経BP出版センター, 1995年）

Daft, R.L. & Lengel, R.H. [1986] "Organizational Information Requirements, Media Richness and Structural Design", *Management Science*, vol. 32, No. 5, pp.554-571.

David, A.N. [1998] *CHAMPIONS OF CHANGE How CEOs and Their Companies Are Mastering the Skills of Radical Change*.（斎藤彰悟監訳 平野和子訳『組織変革のチャンピオン』ダイヤモンド社, 1998年）

Deal, T.E. & Kennedy, A.A. [1982] *Corporate Cultures*, Addison-Wesley.（城山三郎訳『シンボリック・マネジャー』新潮社, 1983年）

Denise, K.R. & John, L.W. [2005] *FAMILY BUSINESS*, 1st edition.（富樫直記監訳 秋葉洋子訳『ファミリービジネス永続の戦略－同族経営だから成功する』ダイヤモンド社, 2007年）

Denison, D.R. [1984] "Bringing Corporate Culture to The Bottom Line", *Organizational Dynamics*, vol. 13, pp.5-22.

Denison, D.R. [1990] "Corporate Culture and Organizational Effectiveness", New York : Willey.

Dyer, W.G. & Wilkins, A.L. [1991] "Better stories, not better constructs, to generate better theory : A rejoinder to Eisenhardt", *Academy of Management Review*, vol. 16, Issue. 3, pp.613-619.

Falsey, T.A. [1989] "Corporate Philosophies and Mission Statements : A Survey and Guide for Corporate Communicators", *Journal of Business Communication*, vol. 26, Issue. 3, pp.278-279.

Grojean, M.W., Resick, C.J., Dickson, M.W. & Smith D.B. [2004] "Leaders, Values, and

Organizational Climate: Examining Leadership Strategies for Establishing an Organizational Climate Regarding Ethics", *Journal of Business Ethics*, vol. 55, pp.223-241.

Hamm, J. [2002] "The Five Messages Leaders Must Manage", *Harvard Business Review*, vol. 84, Issue. 5, pp.114-123.

Harmon, F.G. & Jacobs, G. [1985] *The Vital Difference*, Amacom. (風間三郎訳『活力の経営学』TBSブリタニカ, 1986年)

Harp, C. [1995] "Link training to corporate mission", *HR Magazine*, vol. 40, Issue. 8.

Kirkeby, O.F. [2001] "Management Philosophy: A Radical-Normative respective", *Journal of Management Studies*, vol. 38, Issue. 5, pp.765-768.

Kotler, P. & Keller, K.L. [2006] *Marketing Management, Twelfth Edition*, Prentice-Hall. (恩藏直人監修 月谷真紀訳『マーケティング・マネジメント［第12版］』PEARSON Education Japan, 2008年)

Kotter, J.P. [1995] "Leading Change", *Harvard Business Review*, March-April.

Lave, J. & Wenger, E. [1991] *Situated Learning-Legitimate peripheral participation*, Cambridge University Press. (佐伯胖訳『状況に埋め込まれた学習－正統的周辺参加－』産業図書, 1993年)

Ledford, G.E. Jr., Wendenhof, J.R. & Strahley, J.T. [1995] "Realizing a Corporate Philosophy", *Organizational Dynamics*, vol. 23, No. 3, pp.5-19.

Lewin, K. [1951] "Field Theory in Social Science", New York: Harper & Row.

Looy, B.V. [1998] *Services Management: An Integrated Approach*, FINANCIAL TIMES PITMAN PUBLISHING.

Normann, R. [1991] *SERVICE MANAGEMENT, Strategy and Leadership in Service Business, Second Edition*, John Wiley & Sons Ltd. (近藤隆雄訳『サービス・マネジメント』NTT出版, 1993年)

Oren, H. [1995] "The successful manager in the new business world", *Management Review*, vol. 84, Issue. 4, pp.10-12.

Ouchi, W.G. [1981] *Theory Z: How American Business Can Meet the Japanese Challenge*, Reading, Mass.: Addison-Wesley. (徳山二郎監訳『セオリーZ－日本に学び, 日本を超える』CBSソニー出版, 1981年)

Panne, G., Beers, C. & Kleinknecht, A. [2003] "Success and FaiLure of Innovation: A Literature Review", *International Journal of Innovation Management*, vol. 7, No. 3, pp.309-338.

Peters, T.J. & Waterman, R.H. [1982] *In Search of Excellence*, Harper & Row. (大前研一訳『エクセレント・カンパニー』講談社, 1983年)

Schein, E.H. [1985] *Organizational Culture and Leadership*, Jossey-Bass. (清水紀彦・浜田幸雄訳『組織文化とリーダーシップ』ダイヤモンド社, 1989年)

Schneider, B. & Bowen, D.E. [1992] "Personnel/human resources management in the service sector", *Research in Personnel and Human Resource Management*, vol. 10, pp.

1-30.
Simon, H.A. [1997] *Administrative Behavior*, 4/E, THE FREE PRESS. (二村敏子ら訳『新版経営行動－経営組織における意思決定過程の研究』ダイヤモンド社, 2009年)
Tajfel, H. [1978] *Differentiation between social groups : Studies in the social psychology of intergroup relations*, London : Academic Press.
Tichy, N.M., Fombrun, C.J. & Devanna, M.A. [1982] "Strategic human resource management", *Sloan Management Review*, vol. 23, Issue. 2, pp.47-61.
Turner, J.C., Hogg, M.A., Oakes, P.J., Reicher, S.D., & Wetherell, M.S. [1987] *Rediscovering the social groups : A self-categorization theory*. Oxford : Blackwell.
Walton, A.E., David, A.N. & Robert, B.S. [1995] "Staging Discontinuous Change", *Discontinuous Change : Leading rganizational Transformation*, Jossey-Bass, Inc. Publishers. (斉藤彰悟監訳　平野和子訳『不連続の組織変革－ゼロベースからの競争優位を創造するノウハウ』ダイヤモンド社, 1997年)
Walumbwa, F.O., Lawler, J.J. & Avolio, B.J. [2007] "Do Cultural Values Shape Employee Receptivity to Leadership Styles?," *An International Review*, vol. 56, No. 2, pp.212-230.
Yin, R.K. [1994] *Case Study Research, 2nd ed.*, Sage Publications, Inc. (近藤公彦訳『ケース・スタディの方法［第2版］』千倉書房, 1996年)
Yin, R.K. [2009] *Case Study Research, Design and Methods 4th ed.*, Sage Publications, Inc.
Zeithaml, V.A., Parasuraman, A. & Berry, L.L. (1985) "Problems and Strategies in Service Marketing", *Journal of Marketing*, vol. 49, pp.33-46.

浅野俊光［1991］『日本の近代化と経営理念』日本経済評論社。
安部忠彦［2006］「サービス・イノベーションの促進に向けて」『富士通総研：研究レポート』第258号, 1-26頁。
安楽城大作［2008］「日本経済における中小企業の役割と中小企業政策」『香川大学　経済政策研究』第4号（通巻第4号）, 49-66頁。
安藤史江［2001］『組織学習と組織内地図』白桃書房。
石川敬之［2004］「中小零細企業の成長要因と収益性」『産開研論集』第16号, 57-64頁。
石田英夫［2006］「組織変革者と起業家」『流通科学研究』第6巻第1号, 17-31頁。
伊丹敬之・加護野忠男［2003］『ゼミナール経営学入門（第3版）』日本経済新聞社。
伊藤勝教［2001］『インターナル・コントロール－内部統制システム構築の手引き－』商事法務研究会。
伊藤駒之［1980］「意思決定と不確実性に関する一考察」『国民経済雑誌（神戸大学）』第141巻第3号, 45-57頁。
井上善海［2001］「バリュー・マネジメントの理論と実際－ベンチャー企業を対象とした調査研究をもとに」『經營學論集』第71巻, 195-200頁。
井上善海［2002］『ベンチャー企業の成長と戦略』中央経済社。
井上善海・木村弘・瀬戸正則　編著［2014］『中小企業経営入門』中央経済社。

井上達彦［1998］『情報技術と事業システムの進化』白桃書房。
市野省三［1994］「中小企業のホワイトカラー有効活用問題－その現状と課題－」『四日市大学論集』第7巻第1号，1-15頁。
植田浩史・桑原武志・本多哲夫・義永忠一［2006］『中小企業・ベンチャー企業論』有斐閣コンパクト。
上原衛［2007］「KCM（ナレッジ・チェーン・マネジメント）・e－KCMによるERMの構築」『愛知淑徳大学論集』第4号，55-67頁。
梅澤正［1994］『顔の見える企業－混沌の時代こそ経営理念』有斐閣。
梅澤正［2003］『組織文化　経営文化　企業文化』同文舘出版。
大谷美咲［2006］「内部統制による組織の権力濫用への抑止効果について」『九州共立大学経済学部紀要』第106巻，1-11頁。
大野貴司［2008］「戦略形成の組織論的考察－先行研究のレビューを中心に－」『環境と経営：静岡産業大学論集』第14巻第1号，15-24頁。
大平吉朗［2008］『同族経営学』産労総合研究所。
大室悦賀［2004］「ソーシャル・イノベーションの機能と役割」『社会・経済システム』第25巻，183-196頁。
岡村衡一郎・高橋秀紀・宮入小夜子［2007］「参画型経営による中堅・中小企業の組織変革プロセス」『経営行動科学学会年次大会発表論集』，第10号，224-227頁。
岡本英嗣［2010］「先行研究からみたキャリア開発の規範的命題－キャリア開発の問題点を探る－」『経営学研究』（目白大学），第8号，77-90頁。
小川英次［1991］『現代の中小企業経営』日本経済新聞社。
小川英次［2009］『現代経営論－中小企業経営の視点を探る－』中央経済社。
奥村悳一［1994］『現代企業を動かす経営理念』有斐閣。
奥村悳一［1996］「変革期における経営理念の刷新－経営理念の階層性と領域性に関連して」『横浜経営研究』（横浜国立大学），第17巻第3号，217-233頁。
小野瀬拡［2008］「中小企業の事業承継における価値観の役割－まるは油脂化学のケーススタディ－」『経営学論集』第19巻，第1号，17-35頁。
小野弓郎［1987］「〈研究ノート〉経営理念への1つのアプローチ」『東洋大学経営論集』第28巻，281-303頁。
柿本敏克［2001］「社会的アイデンティティ理論」『社会的認知ハンドブック』北大路書房。
加護野忠男　編［2003］『企業の戦略』八千代出版。
加護野忠男［2003］『新装版　組織認識論－企業における創造と革新の研究』千倉書房。
春日賢［2004］「新興企業における経営者精神と経営行動－北海道企業の経営者に対するアンケート調査報告－」『北海学園大学経営論集』第2巻第3号，1-36頁。
門川清秀［2008］「中小企業の適正化と協業化をめぐって」『太成学院大学紀要』第10巻，133-139頁。
金井壽宏［1991］『変革型ミドルの探求－戦略・革新指向の管理者行動』白桃書房。
金井壽宏［1997］「経営における理念（原理・原則），経験，物語，議論－知っているはずのことの創造と伝達のリーダーシップ－」『神戸大学経営学部研究年報』第43巻，1-75頁。

金井壽宏・松岡久美・藤本哲［1997］「コープこうべにおける『愛と協同』の理念の浸透－組織の基本価値が末端にまで浸透するメカニズムの探求」『組織科学』第31巻第 2 号，29-39頁．

鎌田伸一・金井一頼・野中郁次郎訳［1986］『バーレル/モーガン　組織理論のパラダイム－機能主義の分析枠組－』千倉書房．

蒲生智哉［2008］「サービス・マネジメントに関する先行研究の整理－その研究の発展と主要な諸説の理解－」『立命館経営学』第47巻第 2 号，109-125頁．

刈屋武昭［2007］「エンタープライズ・リスクマネジメント（ERM）への展望」『日本統計学会誌』第37巻第 1 号， 3 -23頁．

岸眞理子［1996］「組織の環境解釈と情報処理」『経営志林』第32巻第 4 号，145-156頁．

岸眞理子［2004］「組織の情報処理と意味構築」『オフィス・オートメーション』第24巻第 4 号，56-60頁．

北居明［1999］「経営理念研究の新たな傾向」『流通・経営科学論集』（大阪学院大学），第24巻第 4 号，27-52頁．

北居明［2001］「経営理念の確立」（小田章 編著［2001］）『経営学への旅立ち』）八千代出版，41-61頁．

北居明［2005］「組織文化と経営成果の関係－定量的研究の展開－」『大阪府立大学経済研究』第50巻第 2 ・ 3 ・ 4 号，141-164頁．

北居明・田中雅子［2009］「理念の浸透方法と浸透度の定量的分析－定着化と内面化－」『経営教育研究』第12巻第 2 号，49-58頁．

北居明・出口将人［1997］「現代日本企業の経営理念と浸透方法」『大阪学院大学流通・経営科学論集』第23巻第 1 号，65-83頁．

北居明・松田良子［2004］「日本企業における理念浸透活動とその効果」（加護野忠男・坂下昭宣・井上達彦 編著『日本企業の戦略インフラの変貌』）白桃書房，93-121頁．

北林明憲［2005］「企業における経営理念の浸透策と浸透度についての研究－エレクトロニクスメーカーのドメインカンパニーの比較調査より－」『神戸大学大学院経営学研究科現代経営学専攻専門職学位論文』．

清成忠男・田中利見・港徹雄［1996］『中小企業論』有斐閣．

清成忠男［1997］『中小企業読本（第 3 版）』東洋経済新報社．

金融財政事情研究会［2008］『【第11次】業種別審査事典　第 7 巻』㈳金融財政事情研究会．

黒瀬直宏［2002］「複眼的中小企業論（上）」『商学研究所報』第34巻，第 1 号， 1 -45頁．

黒田勉［1990］「企業の社会的責任観の浸透を－経営理念の全社的普及にあたって－」『白鴎女子短大論集』第14巻 2 号，119-130頁．

桑田耕太郎・田尾雅夫［1998］『組織論』有斐閣．

経済産業省［2013］「繊維産業の現状及び今後の展開について」調査・報告書．

河野豊弘・Stewart R. Clegg［1999］『経営戦略と企業文化－企業文化の活性化－』白桃書房．

小橋勉［2002］「あいまい性，多義性，不確実性－組織の環境を規定する要因間の関係に関する分析－」『日本経営学会誌』第 8 巻，43-53頁．

小林誠［2004］「リスクマネジメントの『機能』と『システム』」『CUC view & vision』千葉商科大学経済研究所〔編〕第18号，11-15頁。

近藤隆雄［1996］「サービス・マーケティング研究とその実践的テーマ－これまでの発展と現状」『JAPAN MARKETING JOURNAL』Vol. 62。

近藤隆雄［2004］『サービス・マネジメント入門－商品としてのサービスと価値づくり－』生産性出版。

西條剛央［2007］『ライブ講義・質的研究とは何か SCQRM ベーシック編』新曜社。

坂下昭宣［2000］『経営学への招待－改訂版』白桃書房。

坂下昭宣［2001］「二つの組織文化論：機能主義と解釈主義」『國民經濟雜誌』第184巻第6号，15-31頁。

坂下昭宣［2002a］『組織シンボリズム論－論点と方法』白桃書房。

坂下昭宣［2002b］「組織文化はマネジメント可能か」『國民經濟雜誌』第186巻第6号，17-28頁。

坂下昭宣［2004］「エスノグラフィー・ケーススタディ・サーベイリサーチ」『國民經濟雜誌』第190巻第2号，19-30頁。

坂下昭宣［2007］「実証研究と『結論の一般性』」『組織科学』第41巻第1号，93頁。

坂本英樹［2001］『日本におけるベンチャー・ビジネスのマネジメント』白桃書房。

咲川孝［1998a］『組織文化とイノベーション』千倉書房。

咲川孝［1998b］「組織文化とイノベーション－ケース・スタディ－」『日本経営学会経営学論集』第68巻，130-136頁。

佐竹隆幸［2008］『中小企業存立論－経営の課題と政策の行方－』ミネルヴァ書房。

佐藤郁哉・山田真茂留［2004］『制度と文化　組織を動かす見えない力』日本経済新聞出版社。

佐藤秀典［2009］「ケース・スタディの魅力はどこに？」『赤門マネジメント・レビュー』第8巻第11号，675-686頁。

佐藤善信［2006］「企業家精神の心理学的分析」『ビジネス＆アカウンティングレビュー』（関西学院大学），第1巻第1号，29-44頁。

佐藤善信［2008］「革新的ニッチ企業の持続的成長の失敗に関する研究」『ビジネス＆アカウンティングレビュー』（関西学院大学），第3巻，1-17頁。

佐野守・若林満［1987］「経営理念と企業の組織風土特性－実証的データに基づく比較研究－」『経営行動科学』第2巻1号，23-35頁。

澤邉紀生・飛田努［2009］「中小企業における組織文化とマネジメントコントロールの関係についての実証研究」『日本政策金融公庫論集』第3号，73-93頁。

塩次喜代明・高橋伸夫・小林敏男［2009］『経営管理－新版－』有斐閣。

芝隆史［1986］「経営理念の企業内浸透に関する実態調査－T社の実態分析を介して－」『愛知学院大学経営研究所々報』第25巻第1号，1-11頁。

柴田仁夫［2013］「経営理念の浸透に関する先行研究の一考察」『経済科学論究』第10号，27-38頁。

嶋内秀之・伊藤一彦［2012］『ベンチャーキャピタルからの資金調達　第3版』中央経済社。

島田公一 ［2004］「企業不祥事とリスクマネジメント」『CUC view & vision』千葉商科大学経済研究所〔編〕第18号，6 -10頁．
清水馨 ［1996］「企業変革に果たす経営理念の役割」『三田商学研究』第39巻2号，87-101頁．
清水馨［2003］「中堅企業と大企業との経営比較－上場製造業のべ932社回答のアンケート調査に基づいて－」『千葉大学　経済研究』第17巻4号，23-43頁．
清水龍瑩［1995］「経営者の人事評価（Ⅰ）－経営者機能－」『三田商学研究』第38巻3号，1 -18頁．
清水龍瑩［1995］「経営者の人事評価（Ⅱ）－経営者能力－」『三田商学研究』第38巻4号，1 -30頁．
社会経済生産性本部 ［2001］『2001年度版　日本経営品質賞とは何か』生産性出版．
鈴木勘一郎 ［2009］「中堅中小企業における理念経営に関する研究－価値，理念浸透，そして業績－」『VENTURE REVIEW』第14巻，13-22頁．
住原則也 編著 ［2008］『経営理念－承継と伝播の経営人類学的研究－』PHP研究所．
瀬戸正則 ［2007］「経営理念の組織内浸透プロセスに関する研究」平成18年度　広島大学大学院社会科学研究科マネジメント専攻提出修士論文，未公刊．
瀬戸正則 ［2008a］「経営理念の組織内浸透と中間管理職の役割・機能に関する研究」2008年広島大学マネジメント学会研究報告会報告，未公刊．
瀬戸正則［2008b］「中小企業における経営理念浸透の有効性に関する研究－中間管理職主導のリスクマネジメント視点から－」経営行動研究学会第69回研究部会報告，未公刊．
瀬戸正則［2008c］「経営理念の組織内浸透におけるコミュニケーションに関する研究－同族経営中小企業における経営者・中間管理職の行動を中心に」『経営教育研究（日本マネジメント学会）』第11巻第2号，125-139頁．
瀬戸正則 ［2008d］「第1章：中小企業の理念経営」（井上善海 編著 ［2008］『中小企業の成長と戦略－その理論と実践－』）同友館，23-38頁．
瀬戸正則 ［2009a］「経営理念の組織内浸透に係わる先行研究の理論的考察」『マネジメント研究（広島大学マネジメント学会）』第9号，25-35頁．
瀬戸正則 ［2009b］「エンタープライズ・リスクマネジメントによる経営理念の浸透に関する一考察－冠婚葬祭業に着目して」『経営哲学（経営哲学学会）』第6巻第1号，99-112頁．
瀬戸正則 ［2009c］「第1章：中小企業の戦略と理念経営」（井上善海 編著 ［2009］『中小企業の戦略－戦略優位の中小企業経営論－』）同友館，31-52頁．
瀬戸正則 ［2010］「経営理念浸透と組織文化に関する一考察－同族経営中小冠婚葬祭業に着目して」『経営教育研究（日本マネジメント学会）』第13巻第2号，69-78頁．
瀬戸正則 ［2012］「中小サービス業における経営理念の浸透促進に関する研究」平成23年度広島大学大学院社会科学研究科マネジメント専攻提出博士論文，未公刊．
瀬戸正則［2013a］「経営理念浸透促進機能としての社会的アイデンティティの知覚に関する研究」『組織学会大会論文集』Vol.2，No.1，75-80頁．
瀬戸正則［2013b］「中小企業における経営理念の浸透に関する研究－アイデンティティの知覚に着目して」『九州経済学会年報』第51集，125-130頁．
瀬戸正則 ［2014］『連携による知の創造－社会人大学院の新たな試み－』117-119頁を分担執

筆，広島大学マネジメント研究センター。

瀬戸正則［2016］「中小・ベンチャー企業の存立・成長に資する経営理念の機能に関する一考察」『九州経済学会年報』第54集，95-100頁。

全日本冠婚葬祭互助協会［1998］『冠婚葬祭互助会五十年の歩み』社団法人全日本冠婚葬祭互助協会。

十川廣國［1997］「『脱成熟化へ向けての経営』に関するアンケート調査」『三田商学研究』第40巻2号，123-143頁。

十川廣國［2002a］「『戦略経営』に関するアンケート調査」『三田商学研究』第44巻6号，145-179頁。

十川廣國［2002b］『新戦略経営・変わるミドルの役割』文眞堂。

十川廣國［2003］「『未来創造型経営』に関するアンケート調査」『三田商学研究』第45巻6号，143-186頁。

高巌［2010］「経営理念はパフォーマンスに影響を及ぼすか－経営理念の浸透に関する調査結果をもとに－」『Reitaku International Journal of Economic Studies』第18巻1号，57-66頁。

高尾義明・王英燕・髙巖［2009］「経営理念の浸透と組織マネジメントに関する考察－ある製造企業での質問紙調査を通して」『経営哲学論集』第25号，158-161頁。

高尾義明・王英燕［2011］「経営理念の浸透次元と影響要因－組織ルーティン論からのアプローチ－」『組織科学』第44巻第4号，52-66頁。

高尾義明・王英燕［2012］『経営理念の浸透－アイデンティティ・プロセスからの実証分析』有斐閣。

高田馨［1971］「経営者の社会的責任」『経営学論集』第41巻，149-161頁。

高田馨［1986］「経営文化と経営理念」『追手門経済論集』第21巻1号，1-19頁。

高田亮爾［2008］「中小企業の地位・役割と政策の意義」『流通科学大学論集－流通・経営編－』第21巻第1号，91-104頁。

高田亮爾［2011］「中小企業研究の歴史と課題」『流通科学大学論集－流通・経営編－』第23巻第2号，1-24頁。

高田亮爾 編著［2009］『現代中小企業論』同友館。

高橋徳行［2008］「中小企業と人材」『中小企業研究センター年報2008』1-14頁。

竹内毅［1995］『中小企業の経営－その特質と診断視点－』同友館。

武田清［1998］「経営理念と企業統治について」『東京経営短期大学紀要』第6巻，13-25頁。

田中雅子［2006］『ミッションマネジメントの理論と実践－経営理念の実現に向けて』中央経済社。

田中雅子［2016］『経営理念浸透のメカニズム－10年間の調査から見えた「わかちあい」の本質と実践』中央経済社。

田舞徳太郎［2002］『理念経営のすすめ－成功する会社の経営理念と戦略』致知出版社。

田村光三［1965］「わが国における会社の経営信条とその特質」本位田祥男編『新企業原理の研究』清明会叢書。

中小企業基盤整備機構［2008］『サービス産業生産性向上支援検討調査（結果概要）』独立行政

法人中小企業基盤整備機構。

中小企業庁[2005]『中小企業白書　2005年版－日本社会の構造変化と中小企業者の活力』ぎょうせい。

中小企業庁[2006]『中小企業白書　2006年版－「時代の節目」に立つ中小企業』ぎょうせい。

中小企業庁[2008]『中小企業白書　2008年版－生産性向上と地域活性化への挑戦』ぎょうせい。

中小企業庁[2009]『中小企業白書　2009年版－イノベーションと人材で活路を開く』経済産業調査会。

中小企業庁[2013]「今すぐやる経営革新」『平成25年度版　中小企業新事業活動促進法解説書』中小企業庁経営支援部。

出口将人[2006]「組織文化変革における日常的な行為の重要性」『オイコノミカ』第3・4号, 209-217頁。

寺岡寛[2003]「日本における中小企業の研究動向－主体, 意識, 背景, 方法, 課題」『大原社会問題研究所雑誌』No.541, 19-36頁。

鄧兆武[2005]「経営者のリーダーシップは企業業績に顕在化するか」『経営行動科学学会年次大会発表論文集』第8巻, 227-234頁。

徳谷昌勇[2004]「リスクマネジメントは企業不祥事の防止に役立つか」『CUC view & vision』千葉商科大学経済研究所〔編〕第18号, 21-24頁。

徳常泰之[2003]「リスクマネジメントの目的に関する一考察」『関西大学商学論集』第48巻5号, 663-680頁。

鳥羽欽一郎・浅野俊光[1984]「戦後日本の経営理念とその変化」『組織科学』第18巻第2号, 37-51頁。

中川敬一郎[1972]『経営理念』ダイヤモンド社。

中島恵[2006]「経営理念浸透プロセスの一研究－東京ディズニーリゾートの事例－」『明治大学経営学研究論集』第24巻, 57-76頁。

中牧弘允・日置弘一郎[2009]『会社のなかの宗教－経営人類学の視点』東方出版。

中山金治[1978]「中小企業経営論の問題視角」『經營學論集』第48巻, 293-297頁。

中山金治[1985]「中小企業政策の展開と企業構造の変化－近代化政策の理念と問題点－」『經營學論集』第55巻, 70-78頁。

長島俊男[1993]「中小企業論研究の視点」『経営学紀要』第1巻第1号, 57-82頁。

長瀬勝彦[2000]「不確実性下の意思決定の実験」『オペレーションズ・リサーチ：経営の科学』第45巻第1号, 27-32頁。

奈良由美子[1995]「経営の2側面とリスクマネジメント－ファミリー・リスクマネジメントの可能性と課題－」『日本家政学会誌』第46巻11号, 13-22頁。

西剛広[2008]「行動科学における変革型リーダーシップとコーポレート・ガバナンス－環境適応志向型の組織変革を目指して－」『明大商学論叢』第90巻第3号, 83-103頁。

日本経済団体連合会[2006]『中小企業の人材確保と育成について』日本経済団体連合会。

日本能率協会[2009]「日本企業の経営課題2009－過去に克ち, 未来を創る経営」日本貿易振興機構[2006]「産業レポート：日本の葬祭業の動向」『Japan Economic Monthly』日

本貿易振興機構（ジェトロ），第23号，6-19頁。
沼上幹［1995］「個別事例研究の妥当性について」『ビジネスレビュー』第42巻第3号，55-70頁。
沼上幹［2000］『行為の経営学－経営学における意図せざる結果の探求－』白桃書房。
野中郁次郎・紺野登［1966］『知識経営のすすめ』筑摩書房。
野中郁次郎・紺野登［2007］『美徳の経営』NTT出版。
野中郁次郎・竹内弘高［1996］『知識創造企業』東洋経済新報社。
野中郁次郎・遠山亮子・平田透［2010］『流れを経営する－持続的イノベーション企業の動態理論』東洋経済新報社。
野中郁次郎 編著［2012］『経営は哲学なり』ナカニシヤ出版。
野林晴彦・浅川和宏［2001］「理念浸透『5つの策』－経営理念の企業内浸透度に着目して－」『慶応経営論集』第18巻第1号，37-55頁。
野林晴彦［2006］「経営理念の浸透策と浸透度」『経営行動科学学会年次大会発表論文集』第9巻，『慶応経営論集』63-66頁。
間宏［1971］『日本的経営－集団主義の功罪』日本経済新聞社。
間宏［1984］「日本の経営理念と経営組織」『組織科学』第18巻第2号，17-27頁。
馬場杉夫［1996］「環境不測時代の人間資源管理－今後の方向性－」『三田商学研究』（慶応義塾大学）第39巻第2号，143-156頁。
日野健太［2002］「関係とリーダーシップの有効性」『早稲田商学』第393号，97-129頁。
日野健太［2003］「組織変革への経営者育成の適応：松下電器産業の事例を中心に」『日本経営学会誌』第10号，3-14頁。
日野健太［2008］「カリスマ・変革型リーダーシップとフォロワー」『駒大経営研究』第40巻第1・2号，35-89頁。
日野健太［2010］『リーダーシップとフォロワー・アプローチ』文眞堂。
平澤哲［2013］「未知のイノベーションと組織アイデンティティ－相補的な発展のダイナミクスの探究」『組織科学』第46巻第3号，61-75頁。
平田光弘［1983］「日本企業の経営理念と経営者」『ビジネスレビュー』第30巻第3・4号，21-36頁。
平野光俊［2003］「組織モードの変容と自律型キャリア発達」『神戸大学経営学研究科 Discussion paper』第29巻，1-29頁。
藤江俊彦［2004］「CSRとリスクマネジメント概念の進化」『CUC view & vision』千葉商科大学経済研究所〔編〕第18号，25-28頁。
藤田晶久［2007］「顧客志向の組織運営におけるサービス連鎖について」『経営行動科学』第20巻第1号，55-63頁。
逸見純昌［1997］「経営理念と企業成長－2つの企業事例を通じて－」『東海学園大学研究紀要』第2巻，23-32頁。
槇谷正人［2012］『経営理念の機能－組織ルーティンが成長を持続させる』中央経済社。
松尾睦［2006］『経験からの学習－プロフェッショナルへの成長プロセス』同文舘出版。
松尾睦［2009］『学習する病院組織－患者志向の構造化とリーダーシップ』同文舘出版。

松岡久美［1997］「経営理念の浸透レベルと浸透メカニズム－コープこうべにおける『愛と協同』」『六甲台論集。経営学編』（神戸大学）第44巻第1号，pp.183-203。

松田良子［2002］「経営理念研究の体系的考察」『大阪学院大学企業情報学研究』第2巻2号，89-101頁。

松葉博雄［2007］「経営理念の浸透が顧客と従業員へ及ぼす効果－事例企業調査研究から－」『経営行動科学学会年次大会発表論文集』第10巻，75-78頁。

松原敏浩［2006］「経営者のリーダーシップは業績に顕在化するか(2)」『経営行動科学学会年次大会発表論文集』第9巻，318-321頁。

松村洋平［1999］「環境適応に向けた企業文化に関する一試論」『東京経営短期大学紀要』第7巻，115-129頁。

松村洋平［2003］「組織におけるアイデンティティの諸相」『日本マネジメント学会全国研究大会研究報告集』第48巻，59-63頁。

松本潔［2008］「コミュニティ・ビジネスにおける組織概念に関する一考察－『ソーシャル・キャピタル』と『場』のマネジメント概念を通じて－」『自由が丘産能短期大学紀要』第41巻，15-38頁。

三井泉［2010］「経営理念研究の方法に関する一試論－『承継』と『伝播』のダイナミック・プロセスの観点から－」『産業経営研究』第32号，93-106頁。

三井逸友［2010］「中小企業研究のグローバリゼーションと今日的課題」日本経営教育学会第61回全国研究大会特別講演，未公刊。

三ツ木芳夫［1984］「現代企業の経営理念とその本質－経営理念の史的展開と現代的意義への一試論－」『札幌大学女子短期大学部紀要』第3巻，29-49頁。

三好俊夫［1998］「情報社会の企業経営」『FRI Review　1月号』114-117頁。

水谷内徹也［1992a］『日本企業の経営理念－＜社会貢献＞志向の経営ビジョン－』同文舘出版。

水谷内徹也［1992b］「経営理念序説」『富大経済論集』第38巻2号，23-53頁。

三戸公［2004］「人的資源管理論の位相」『立教経済学研究』第58巻第1号，19-34頁。

宮川満・佐藤一義・松村洋平［2010］「中小企業経営者の理念と行動」『立正大学産業経営研究所年報』第27号，1-7頁。

宮田矢八郎［2004］『理念が独自性を生む』ダイヤモンド社。

村松潤一　編著［2010］『顧客起点のマーケティングシステム』同文舘出版。

森康一［2001］「エンターテインメント・ビジネスにおける顧客ロイヤルティマネジメント」『北海道情報大学紀要』第12巻第2号，53-64頁。

森本隆男　編著［1996］『中小企業論』八千代出版。

森本三男［1982］「経営理念と経営行動基準」『経済と貿易』第134号，1-21頁。

森本三男［1995］『経営学入門－三訂版－』同文舘出版。

山岡徹［2006］「組織変革マネジメントの再考－環境適応志向の組織変革マネジメントへの問題提起－」『横浜国際社会科学研究』第11巻第1号，1-14頁。

山倉健嗣［1998］「組織論の構想」『横浜経営研究』第19巻第2号，167-177頁。

山﨑秀雄［2004］「組織変革プロセスと製品開発プロセスの統合的考察」『三田商学研究』第47

巻第 4 号，81-96頁。
山城章［1970］『経営原論』丸善。
山城章［1976］『日本的経営論』丸善。
横尾陽道［2010］「組織変革プロセスと企業文化」『北星学園大学経済学部北星論集』，第49巻第 2 号，29-39頁。
横川雅人［2010a］「現代日本企業における経営理念の機能と理念浸透策」『ビジネス＆アカウンティングレビュー』第 5 号，219-236頁。
横川雅人［2010b］「現代日本企業の経営理念－『経営理念の上場企業実態調査』を踏まえて」『産研論集（関西学院大学）』第37号，125-137頁。
横川雅人［2010c］「続　現代日本企業の経営理念－未上場企業への『経営理念実態調査アンケート』をもとにして」『経営戦略研究（関西学院大学）』第 4 号，5 -27頁。
横山正博［2007］「戦略的人的資源管理を生かす従業員の創造性について」『星城大学経営学部研究紀要』第 3 号，27-52頁。
横山正博［2014］『アイデンティティ経営論－豊かな成熟社会形成のための企業のあり方』創成社。
吉村輝彦［2006］「都市計画とソーシャル・キャピタル（社会関係資本）」（高見沢実 編著『都市計画の理論－系譜と課題－』）学芸出版社，169-193頁。
劉慧眞［1995］「経営理念の構造－その領域性と階層性について－」『立命館経営学』第34巻 3 号，131-157頁。
若林満・斎藤和志・中村雅彦［1991］「組織コミュニケーションとしての CI 活動と従業員の意識変化」『経営行動科学』第 6 巻第 2 号，81-91頁。
渡辺俊三［2008］「中小企業論研究の成果と課題」『名城論叢』第 8 巻 4 号，121-141頁。

索　引

■欧文（人名も含む）

Barnard（バーナード）……………2
CI（Corporate Identity）活動
　………………………62, 69, 176
CSR（Corporate Social Responsibility）
　………………………………151
GDP（Gross Domestic Product）…94
IT（Information Technology）……94
M&A（Merger and Acquisition）…127
OJT（On the Job Training）…131, 151
Schein（シャイン）………………38
Yin（イン）…………………77, 83

■あ　行

アイデンティティ………21, 42, 68, 141,
　　　　　　　　　　　153, 158, 183
暗黙知…………51, 67, 96, 161, 176, 183
意思決定…1, 9, 21, 26, 33, 34, 39, 42, 67,
　　　81, 86, 103, 111, 123, 126,
　　　130, 144, 147, 152, 155,
　　　167, 174, 176, 183, 190
異質多元………………10, 16, 28, 35
一貫性………7, 10, 29, 32, 33, 34, 77, 93,
　　　　　　　111, 129, 169, 190
一般性…………………10, 37, 42, 81
イノベーション………5, 32, 40, 86, 95
意味づけ…………………7, 21, 127
医療機器製造業……………………87, 105
インセンティブ……………………25
役務……………………32, 43, 67, 84, 93,
　　　　　　　108, 112, 169, 189
エスノグラフィー………………78
オープン・イノベーション………87

■か　行

解釈主義………………………60, 69
階層性……………………………86, 119
外部適応…………9, 25, 36, 56, 103, 141,
　　　　　　　　156, 177, 184
下位文化……………………………60
学際的…………………………14, 112
可視化……………………………159
価値観………………7, 13, 36, 41, 46,
　　　　　　　67, 68, 86, 91, 190
活力…………………………………2
関係アイデンティティ…………47, 112
冠婚葬祭業……………32, 82, 83, 87, 106,
　　　　　　　　114, 123, 152
観察学習…………………………177
感性………………………………158
感度………………………54, 149, 179
企業アイデンティティ……………63, 69
企業家精神…………………………86, 93
企業価値……………41, 67, 78, 103, 120,
　　　　　　　　127, 148, 156
帰属意識…………………………115
機能主義…………………………60, 69
規範…………26, 37, 54, 88, 147, 158, 175
基本的仮定………………………59
客体化……………………68, 158, 168
キャリアパス……………97, 158, 179
凝集性………………………………39, 67
競争優位性………………5, 127, 144
競争力………………………………4
業態変換…………………………124
協働システム………………………2
協働体制……………135, 165, 166, 178
業務標準…………………………57
経営革新……………………………31, 90

経営管理……………………34, 48, 57, 158
経営参画 ……115, 134, 158, 162, 166, 178
経営資源……5, 13, 43, 67, 85, 88, 114, 149
経営戦略論…………………………………14
経営哲学……………………………14, 187
経営トップ……1, 7, 14, 31, 36, 39, 67, 81,
　　　　83, 89, 106, 111, 119, 123, 125,
　　　　127, 143, 147, 152, 155, 161, 165,
　　　　　　　　　　174, 175, 181, 190
経験統合 ………………159, 166, 178
形式知……………51, 67, 96, 161, 176, 183
ケース・スタディ ……33, 60, 68, 77, 82,
　　　　　　　　　111, 129, 147, 152, 155,
　　　　　　　　　161, 166, 175, 183, 188
コア・コンピタンス …………47, 68, 161
高位平準化 …………………………102
行動基準 ……………14, 34, 48, 103, 151,
　　　　　　　　　　　　　157, 161, 168
行動規範 …14, 49, 119, 144, 157, 177, 186
行動指針……………………14, 119, 172
ゴーイング・コンサーン……………8, 87
　　　　　　　　　　　　124, 146, 149
コーチングスタイル………………………51
顧客満足……………………40, 67, 95, 168
互恵関係……………………………88, 180, 183
互助会 ………………………85, 97, 106
個人アイデンティティ…48, 68, 112, 132,
　　　　　　　　　153, 157, 165, 170, 184
個性記述主義………………………………81
個別事例研究………………………………77
コミットメント……………39, 67, 71, 165
コミュニケーション……2, 10, 14, 25, 32,
　　　　　　　39, 67, 83, 112, 129, 144,
　　　　　　　148, 162, 168, 176, 184, 189
コミュニティ・ビジネス………………88
コンプライアンス ……13, 27, 159, 169

■ さ 行

サービス経済化……………………32, 94

再現可能性……………………………81
産学官連携…………87, 105, 108, 124, 144
三角測量……………………………………78
参与観察 ………………………………162
士気……………10, 34, 62, 125, 147, 173
事業承継 ……………103, 126, 156, 185
自己実現……………………………68, 168
自尊心…………………………………49
質問紙調査…………………………37, 41, 77
社会関係資本（ソーシャル・キャピタル）
　　　………………………………85, 88
社会貢献 ……………119, 151, 157, 188
社会的アイデンティティ……48, 157, 165
社会的学習………………………177, 183
社会的カテゴリー………………………48
社会的責任 …6, 9, 13, 63, 86, 87, 130, 151
従業員満足……………………40, 67, 90
集団アイデンティティ ……112, 153, 161
受容…………2, 7, 9, 39, 67, 120, 130, 148,
　　　　　　152, 156, 162, 165, 176, 181
準拠 ……………………………173
少子高齢化…………………………………91
職位階層……1, 23, 115, 130, 133, 148, 158
職務満足………………………………68
自律性………………34, 39, 114, 131, 148,
　　　　　　　　153, 159, 178, 185, 188
新規性 ……………………………187
信条 ……………………6, 14, 69, 173
深層心理………………………………56
人的資源管理 ……………………14, 45, 158
浸透（促進）プロセス …7, 9, 16, 31, 33,
　　　　　　38, 67, 82, 90, 111, 133, 149,
　　　　　　　　153, 161, 176, 181, 189
信念………………2, 7, 13, 39, 68, 83,
　　　　　　　　　143, 149, 156, 173, 186
信用 ……………36, 85, 101, 126, 143
信頼…………7, 39, 78, 85, 88, 120, 126,
　　　　　　　　130, 148, 156, 169, 183
水平的・垂直的分業…………………9, 89

スケールメリット ……………………5
ステークホルダー ……4,32,83,88,130,
　　　　　　151,156,165,174,176,190
正統的周辺参加………………………24,162
制度的補完 …………………………52,69
戦術 …………………………………2,124
全体最適………………………………………95
専門化 ………………………………28,35
戦略 ………2,8,21,26,34,42,68,86,91,
　　　　105,114,124,144,159,166,177,185
相互作用………2,32,39,67,83,111,126,
　　　　　　132,148,152,158,165,
　　　　　　174,176,183,189,190
相互扶助 ……………………………88,98
組織アイデンティティ…48,141,157,170
組織学習 ……………………………64,70
組織シンボリズム論……………………60
組織統合 …36,86,103,156,174,177,183
組織内地図………………………………57
組織風土 ……………55,69,152,164,167
組織文化……10,16,26,34,47,55,68,83,
　　　　　90,113,149,161,164,167,173
組織文化の逆機能 …55,69,112,149,173
組織変革 ………………6,51,70,112,166
咀嚼 …………………………131,174,178
率先垂範 ……………………141,159,184

■ た　行

多義性 …………………………………149
多様性 ……………………4,29,34,39,81,84,89
知覚 …………3,48,59,134,157,166,183
逐語的……………………………………10
知的財産 ………………………………144
中小企業家同友会 ………………………90
中小企業基本法 …………………………87
中小企業経営論………………9,29,31,37
中小企業成長論 ……………………28,35,188
追試 ………………………………………78
統合 ……………………………………7,90

動機づけ ………………………14,26,45,159
同族経営 …………………………87,102,106
特異性 ……………………………27,114,191

■ な　行

内在化（内面化）…7,39,67,130,152,172
内省 ……………38,68,115,158,166,183
内部統制 ……………………………27,92,158
内部統合…9,25,36,56,141,156,176,184
ナレッジ産業 …………………………143
二重構造論 ……………………………28,35
ニッチ（隙間）………………………5,33
年功序列………………………………88,123

■ は　行

バイアス…………………………………78
パフォーマンス ………………40,67,165
半構造化面接…………………………82,109
ビジョン ………………14,45,64,68,111,
　　　　　　　　　　　127,166,185
非正規雇用者 ………32,87,106,133,186
非組織的な経営活動……7,9,27,31,103,
　　　　　　106,112,147,155,167,190
フィードバック…………………………45,126
不易流行 ………………………………187
フォロワー………………………………37
不確実性……………………45,67,85,149,189
付加価値 ……………………………26,94
俯瞰的…………34,101,131,159,162,165
分析的一般化……………………………81
文脈 ……………………………42,77,108
ベンチャー ……4,32,82,86,93,124,144
変容 ……………………………………24,59
補完制度 ………………………………141

■ ま　行

マクロ的 …………11,16,28,35,114,188
マニュアル ……………………84,96,189
マネジメント……6,32,36,45,68,86,97,

　　　　　　　123,125,131,159,167,
　　　　　　　173,178,180,184
マネジメントコントロールシステム
　（MCS）……………………………90
マネジメント層…13,41,69,89,115,125,
　　　151,153,157,162,167,173,183
ミクロ的 ……9,16,28,35,70,78,89,188
ミッション………………………………86
ミドル・アップダウン・マネジメント
　………………………………23,51,68,166
ミドルの結節機能 ………10,21,49,112,
　　　　　　　166,178,181,190
ミドル・マネジメント（ミドル）
　…1,10,33,37,43,68,81,83,101,106,
　　112,115,120,123,125,127,152,
　　155,162,165,174,176,190
モチベーション ………8,25,49,95,115,
　　　　　　　126,157,184

■や　行

やりがい……………………………96,127

■ら　行

リーダーシップ ……4,21,31,37,40,69,
　　83,115,120,125,131,143,148,
　　152,159,162,166,174,175,184
リスク ……5,43,67,85,106,114,132,
　　　　　　　149,158,166,178
理念経営 ……………7,32,130,151,161,
　　　　　　　169,174,176,189
倫理観………………………………83,141,184
連携…………………………………7,8,36
連結ピン …………………………………166
労働価値 …………………………………46,68

【著者紹介】

瀬戸　正則（せと　まさのり）

広島経済大学大学院経済学研究科兼経営学部経営学科教授。
広島大学大学院社会科学研究科マネジメント専攻博士課程後期修了。博士（マネジメント）。
1958年生まれ。青山学院大学卒業後，マツダ株式会社主幹，中国経済連合会調査部長，広島大学マネジメント研究センター客員研究員等を経て，2014年4月より現職。
広島大学経済学部客員教授。広島修道大学人間環境学部非常勤講師。法政大学大学院特定課題研究所「中小企業研究所」特任研究員。（公財）ひろしま産業振興機構経営委員会委員。社会保険労務士。
日本マネジメント学会常任理事，日本ベンチャー学会理事，九州経済学会理事
専門は中小企業経営論，経営組織論，経営理念論，人的資源管理論。

主著：

『中小企業経営入門』（共著，中央経済社，2014年）
『中小企業の戦略－戦略優位の中小企業経営論』（共著，同友館，2009年）
「ベンチャー型中小企業における理念経営に関する一考察－経営者の言行に着目して」『日本経営学会 経営学論集』（第88集，(24)，pp.1-8，2018年）
「経営理念浸透促進機能としての社会的アイデンティティの知覚に関する研究」『組織学会大会論文集』（Vol.2，No.1，pp.75-80，2013年）
「経営理念の組織内浸透に係わる先行研究の理論的考察」『マネジメント研究（広島大学マネジメント学会）』（第9号，pp.25-35，2009年）
「経営理念の組織内浸透におけるコミュニケーションに関する研究－同族経営中小企業における経営者・中間管理職の行動を中心に」『経営教育研究（日本マネジメント学会）』（第11巻，第2号，pp.125-139，2008年）など。

戦略的経営理念論
―人と組織を活かす理念の浸透プロセス―

2017年7月20日　第1版第1刷発行
2022年1月30日　第1版第4刷発行

著　者　瀬　戸　正　則
発行者　山　本　　　継
発行所　㈱中央経済社
発売元　㈱中央経済グループ
　　　　パブリッシング

〒101-0051　東京都千代田区神田神保町1-31-2
電話　03（3293）3371（編集代表）
　　　03（3293）3381（営業代表）
https://www.chuokeizai.co.jp
印刷／昭和情報プロセス㈱
製本／誠　製　本　㈱

© 2017
Printed in Japan

＊頁の「欠落」や「順序違い」などがありましたらお取り替えいたしますので発売元までご送付ください。（送料小社負担）

ISBN978-4-502-22611-3　C3034

JCOPY〈出版者著作権管理機構委託出版物〉本書を無断で複写複製（コピー）することは，著作権法上の例外を除き，禁じられています。本書をコピーされる場合は事前に出版者著作権管理機構（JCOPY）の許諾を受けてください。
JCOPY〈https://www.jcopy.or.jp　eメール：info@jcopy.or.jp〉